DER PROFILER

AXEL PETERMANN

EIN SPEZIALIST FÜR UNGEKLÄRTE MORDE BERICHTET

WILHELM HEYNE VERLAG
MÜNCHEN

Die in diesem Buch geschilderten Fälle entsprechen den Tatsachen. Bis auf die Fälle von Heike Rimbach und Alexandra Wehrmann wurden die Namen der genannten Personen und Orte des Geschehens anonymisiert. Etwaige Übereinstimmungen oder Ähnlichkeiten wären rein zufällig. Darüber hinaus sind alle Dialoge und Äußerungen Dritter nicht wortgetreu zitiert, sondern ihrem Sinn und Inhalt nach wiedergegeben.

Verlagsgruppe Random House FSC® N001967

7. Auflage
Originalausgabe 07/2015
Copyright © 2015 by Wilhelm Heyne Verlag, München,
in der Verlagsgruppe Random House GmbH,
Neumarkter Straße 28, 81673 München
Umschlaggestaltung: Hauptmann und Kompanie Werbeagentur, Zürich,
unter Verwendung eines Fotos von Stefan Kuntner
Redaktion: Marita Böhm
Satz: Buch-Werkstatt GmbH, Bad Aibling
Druck und Bindung: GGP Media GmbH, Pößneck
Printed in Germany

ISBN: 978-3-453-60359-2

www.heyne.de

Inhalt

Prolog:
Wie viele Mörder sind unter uns? 7

Heike Rimbach –
das Grauen auf dem Dachboden 11

Wer das Schweigen bricht –
das Geheimnis von Zelle 26 123

Torso – die Spuren lügen nicht 187

Mörder ohne Gesicht –
40 Jahre Warten oder die Tote am Bahndamm 253

Epilog:
Wer klärt die ungelösten Morde auf? 295

Dank 299

Prolog:
Wie viele Mörder sind unter uns?

Ich bin Profiler. Ein Spezialist für ungeklärte Morde. Ein Grübler und Querdenker unter den Ermittlern. Bei meinen Kollegen der Mordkommission bin ich in den letzten Jahren vielleicht nicht immer sehr beliebt gewesen, obwohl ich selbst viele Jahre in der Mordkommission gearbeitet habe, lange Zeit als deren Leiter. Aber meine Ansätze sind oft ungewöhnlich, nahezu verrückt: Ich stelle nach, wie Mörder töten. Ich begebe mich in die Rolle des Opfers. Ich stehe stundenlang an einem Tatort und warte darauf, dass er zu mir spricht. Nicht jeder versteht immer genau, was ich gerade tue.

Mit unseren besonderen Methoden und außergewöhnlichen Sichtweisen hilft die sogenannte Operative Fallanalyse (OFA), Verbrechen aufzuklären, die andere als unlösbar betrachten. Manchmal bewahren wir Profiler so Verdächtige vor falschen Verurteilungen und geben den Ermittlungen oft den entscheidenden Impuls. Die Mordserie des »Nationalsozialistischen Untergrunds« (NSU) in den Jahren 2000 bis 2007 mit zehn unschuldigen Opfern ist dafür ein mahnendes Beispiel. Da hatte es bereits nach den ersten Taten konkrete Hinweise von Fallanalytikern auf eine rechtsradikale Tätergruppe gegeben. Die Ermittler aber verfolgten andere Spuren: Sie suchten die Täter im Bereich der organisierten Kriminalität oder im ethnischen Umfeld der Opfer. Eine tragische Fehlentscheidung, wie wir heute wissen.

Die Statistik sagt, dass in Deutschland jedes Jahr rund 300 Morde geschehen. Die Statistik sagt auch, dass rund 90 Prozent dieser Verbrechen aufgeklärt werden. Was die Statistik nicht sagt: Wie viele dieser Ermittlungen haben tatsächlich den richtigen Täter identifiziert? Und wie viele Morde ereigneten sich, die wir nicht als Morde erkannt haben? Wie viele Unglücksfälle oder angebliche Suizide waren in Wahrheit gut getarnte Morde?

In meiner Arbeit als Profiler habe ich oft erlebt, wie schnell Ermittlungen eine falsche Richtung einschlagen. Wie hoher Zeitdruck, fehlende Mittel und zu wenig Personal zu vorschnellen Ergebnissen führen, an deren Ende die Falschen der Tat bezichtigt werden. Im Umkehrschluss stellt sich die Frage: Wie viele Mörder leben unerkannt in unserem Land, nur weil wir nicht alles Menschenmögliche in den Ermittlungen unternommen haben, um sie zu finden? Und wie viele Menschen sitzen unschuldig im Gefängnis, weil die Ermittlungen nicht zum wahren Täter führten? Die Operative Fallanalyse kann helfen, die Fehlerquote bei der Aufklärung zu senken.

Vor gut 25 Jahren wurde die fast 80 Jahre alte Wilhelmine Heuer in ihrem kleinen Tante-Emma-Laden in Bremen vergewaltigt, erschlagen und erdrosselt. Der Täter raubte mehrere Hundert Mark und flüchtete. Die Polizei ermittelte und schien schnell fündig geworden zu sein: Ein arbeitsloser Trinker aus der Nachbarschaft wurde als Verdächtiger identifiziert. Er kaufte häufig in dem kleinen Laden ein, hatte aber nur selten eigenes Geld. Alle Beweise sprachen gegen den Mann: Seine Blutgruppe stimmte mit den Spuren am Opfer überein. Auch Fasern seiner Kleidung wollte man am Tatort identifiziert haben. Zwar schien die DNA-

Untersuchung seiner Körperzellen in einem Labor in England seine Unschuld zu beweisen, doch methodische Fehler verhinderten, dass das Gutachten für seine Entlastung herangezogen werden konnte. 20 Jahre lang lebten der Mann und seine Familie mit dem Makel des Mordvorwurfs. Die Erlösung kam spät. Nach einer ausführlichen Fallanalyse und dem Fund einer winzigen Spermaspur des Täters konnte der wahre Mörder schließlich gefasst werden; es war der Enkel der besten Freundin der Toten. Seine Großmutter hatte ihm ein falsches Alibi gegeben.

Mit meiner Vehemenz und Ausdauer bei den Recherchen habe ich nur eines im Blick: die restlose Aufklärung eines Verbrechens, zumindest aber die Aufhellung eines Mysteriums. Die Ergebnisse einer Fallanalyse oder des »Profilings« sollen den Ermittlern der Mordkommission helfen, ein Verbrechen nachzufühlen, das Motiv des Täters zu erkennen und seine Persönlichkeit zu verstehen, sodass er aus einer Vielzahl von möglichen Verdächtigen herausragt und identifizierbar wird. Deshalb ist es auch mein Anliegen, der Methode der Operativen Fallanalyse mehr Raum zu geben: Mut bei den Ermittlungen! Nicht vom ersten Eindruck täuschen lassen! Geht ganz neue Wege! Nur so gelingt es uns, die Wahrheit hinter dem Verbrechen zu erkennen. Nur so verringern wir die Zahl der unentdeckten Verbrechen. Das Profiling ist keine Konkurrenz der klassischen Ermittlung, sondern eine Ergänzung. Es ist ein Serviceangebot für die Vertreter der klassischen Ermittlungen.

In meinem dritten Buch werde ich über einige spektakuläre Fälle berichten, die größtenteils nur durch die unkonventionellen Methoden des Profilings gelöst werden konnten. Das Buch ist nicht nur eine Abhandlung über die kriminalistische Arbeit bei Tötungsdelikten und die Erstellung von Täterprofilen. Detailliert zeige ich, wie ich im Zusammenspiel von Fakten und Beweisen, von Theorien und Studien, von Aussagen und Expertenmeinungen eine Ermittlungsstrategie entwerfe. Ich erkläre, was man alles aus den Spuren eines Tatorts lesen kann und wie am Ende ein Täterprofil entsteht. Ich schlüpfe in die Rolle des Mörders, um das Verbrechen mit seinen Augen sehen zu können. Der Weg dieser Erkenntnis führt auch durch Leichenhallen, Sektionssäle und Schlachthäuser. Das ist der Preis, den man zahlen muss, wenn man einen ganz anderen Blick auf das Böse haben will.

Heike Rimbach –
das Grauen auf dem Dachboden

August 2014. Bad Harzburg. Hauptfriedhof. Grab N 18. Die schwarze Lackfarbe auf dem verwitterten Kreuz ist an einigen Stellen abgeblättert. An der Wetterseite haben Moose und Flechten einen unwirtlichen Lebensraum gefunden und das Holz mit einer hauchdünnen grünen Patina überzogen. Auch die goldenen Buchstaben sind verblasst. Ich muss ein wenig näher an das Symbol des Todes herantreten, um die Inschrift lesen zu können:

25.12.1975 Heike 28.8.1995

Ich betrachte die Statue eines kleinen Engels, der vor dem Kreuz auf einer Stele sitzt und sich verstohlen eine imaginäre Träne aus dem Gesicht zu wischen scheint. Auch die weiße Oberfläche der Skulptur zeigt Spuren der Vergänglichkeit; die abgeplatzte Emaille, pockengleich, verleiht der Figur aus Ton den morbiden Charme der Sterblichkeit. Das in diesem Jahr zu früh von den nahe stehenden Linden herabgefallene Laub hat die immergrünen Pflanzen der Grabstätte mit einem alles verdeckenden gelb gefärbten Blätterteppich überzogen. Den Eindruck der stillen Endlichkeit können auch zwei frische Blumensträuße mit roten Rosen nicht verwischen; hier ruht ein vor vielen Jahren erloschenes Leben.

Ich stehe am Grab von Heike Rimbach. Als die junge Frau starb, war sie noch nicht einmal 20 Jahre alt und voller

Zukunftspläne. Sie lebte in Lüttgenrode, einem verschlafenen Örtchen im Harz, gut 15 Kilometer von ihrer letzten Ruhestätte entfernt: Auszubildende im dritten Lehrjahr in einer kleinen Landschlachterei und frisch verliebt.

Das leise Wimmern einer Frau reißt mich aus meinen Gedanken. Neben mir steht Heikes Mutter Maria – ihr Weinen wird nur durch ihr monotones Selbstgespräch und die gebetsmühlenartig vorgetragene Frage, wer ihre Tochter ermordete, unterbrochen. Ich schaue auf meine Begleiterin, die gerade das ewige Licht einer Grabkerze anzündet. Erschöpft und verbittert sieht die stämmige Frau mit ihren gut 50 Jahren aus. Verweinte, gerötete Augen, das vormals dunkle und zur Wasserwelle geschnittene Haar längst ergraut. Die Schultern hängen kraftlos herunter, der Oberkörper ist nach vorne gebeugt.

Auch wenn seit dem gewaltsamen Verlust ihrer Tochter fast auf den Tag genau etwas über 19 Jahre vergangen sind, hat sie den Tod ihres Kindes noch immer nicht verwinden können, aber auch noch nicht die Hoffnung aufgegeben, dass das Verbrechen nach dieser langen Zeit des Bangens und Hoffens aufgeklärt und der Täter bestraft werden könnte. Als Maria Rimbach nach wenigen Minuten ihre Stimmung wechselt und kraftvoll über ihre Zuversicht spricht, bin ich über ihre wieder einsetzende Leidenschaft nicht sonderlich überrascht. Ich kenne diese starken Stimmungsschwankungen auch von anderen Eltern, deren Kinder durch ein Verbrechen starben. »Ich möchte, dass Sie jede Einzelheit über Heikes Tod in Ihrem nächsten Buch schreiben. Der Mörder soll nie vergessen, was er Heike und uns angetan hat. Das bin ich meiner Tochter schuldig.« Diese energische Frau wird niemals aufgeben, den Mörder ihrer Tochter zu finden und von ihm Erklärungen für sein Tun zu verlangen.

Eine von Verzweiflung geprägte Einstellung, die ich immer wieder bei Menschen erlebe, deren Angehörige plötzlich und unvermittelt aus dem Leben gerissen wurden. Entsetzliche Momente, bei denen es keine logische Erklärung für den Tod gab und die Frage nach dem Warum wie ein Mahnmal stehen blieb. Manchmal konnte durch die Ermittlungen nicht einmal die Frage beantwortet werden, ob der Täter sein Opfer gezielt ausgesucht hatte oder ob dieses wegen einer unglücklichen Fügung zur falschen Zeit am falschen Ort gewesen war.

Ich merke, dass ich an diesem Ort der Stille zu sentimental reagiere, zu sehr die Nähe der Frau und ihren Kummer zulasse und mich nicht gegen ihre Gefühle abschotte. Der Wunsch nach professioneller Distanz – eine Haltung, die ich in meinem Ermittlerleben erst langsam erlernen musste. Zu viel Nähe kann den für die Aufklärung notwendigen objektiven Blick trüben. Natürlich muss ein Ermittler Hinterbliebenen kondolieren und darf auch seine Betroffenheit über das Verbrechen zeigen, dann allerdings muss er sich unvoreingenommen auf die Ermittlungen konzentrieren. Die Nachbetreuung der Angehörigen sollte nur durch speziell für diese Aufgabe ausgebildetes Personal oder Polizeipsychologen erfolgen.

Selbstverständlich kann dieser Wunsch nach Distanz als hartherzig empfunden werden. Ab und an wurde mir sogar dieser Vorwurf von Angehörigen gemacht. Doch in meinem Verständnis verpflichtet die Suche nach der Wahrheit die Ermittler zur Objektivität. Auch die Rechte eines vermeintlich Tatverdächtigen müssen geschützt sein, und nicht jeder erste Verdacht bestätigt sich im Nachhinein. Schon häufiger habe ich bei besonders aufwühlenden und sehr öffentlichkeitswirksamen Verbrechen erlebt, dass die eigene These unterstützende Informationen als wahr eingeordnet, während entlastende – und somit gegen die eigene Vorstellung sprechende Hinweise – vernachlässigt wurden. Zu groß kann in diesen Momenten der Wunsch gewesen sein, das Verbrechen aufzuklären und einen Verdächtigen zu präsentieren. Die Objektivität blieb dabei auf der Strecke.

Dazu ein mahnendes Beispiel: Vermutlich kennen viele von Ihnen das Drehbuch von Ladislao Vajda zum Film »Es geschah am hellichten Tag«. Gerd Fröbe verkörpert den Mädchenmörder Albert Schrott, Heinz Rühmann ist als Kommissär Matthäi der Ermittler. Eines Tages wird in einem fiktiven Schweizer Örtchen nahe Zürich die Leiche der kleinen Gritli Moser gefunden. Ein Serienmörder hat das Kind getötet. Als Matthäi den Eltern die Todesnachricht überbringt, verspricht er ihnen bei seiner Seligkeit, den Mörder ihrer Tochter zu finden. Matthäi ersinnt einen riskanten Plan: Er missbraucht ein kleines Mädchen ohne dessen Wissen als Lockvogel und stellt so dem Mörder eine Falle. Während es dem Kriminalisten in der Filmversion gelingt, Schrott auf frischer Tat zu überraschen, entwickelt sich der Schwur im später erschienenen Dürrenmatt-Roman »Das Versprechen« als unheilvolles Gelübde. Zwar macht sich Schrott auf den Weg, um den kleinen Lockvogel zu ermorden, doch der Zufall – und somit das Schicksal – spielt mit dem Kommissär ein grausames Spiel. Albert Schrott verstirbt auf dem Weg zu seinem nächsten Mord bei einem Autounfall, ohne dass seine Verwicklung in die Taten bekannt wird. Matthäi hingegen verliert im fatalen Bewusstsein, bei der Suche nach Gritlis Mörder versagt und sein Versprechen nicht eingehalten zu haben, jeglichen seelischen Halt und wird zum Trinker. Auch die späte Beichte von Schrotts Frau auf dem Sterbebett, ihr Mann habe ihr die Mädchenmorde gestanden, kann die abgrundtiefe Zerrissenheit des gescheiterten und inzwischen durch den Suff verblödeten Ermittlers nicht heilen.

Wenige Wochen vor dem Friedhofsbesuch hatte ein Anwalt wegen eines anderen Tötungsdelikts bei mir angerufen und während des Gespräches auch um meine Unterstützung im Fall von Heike Rimbach gebeten. Ein abscheuliches Verbrechen: Die junge Frau war im Haus ihrer Eltern mit äußerster Brutalität und Konsequenz förmlich hingerichtet worden – erschlagen, erstochen, erwürgt und erhängt. Völlig erniedrigt und abgeschlachtet wie ein Stück Vieh. Der Vater, so erzählte der Anwalt, habe die Tochter auf dem Dachboden stranguliert aufgefunden und sei später aus Gram darüber gestorben.

Ich hatte zunächst gezögert, bis ich meine Hilfe zusagte. Schließlich sollte es das erste Mal nach meiner Pensionierung sein, dass ich mich konkret mit einem mir völlig fremden und ungeklärten Verbrechen beschäftigen und nach eventuellen neuen Ansätzen zum Fallverständnis suchen sollte. Zwar hatten mich nach Lesungen oder Vorträgen Angehörige schon häufiger gefragt, ob ich sie bei der Suche nach der Wahrheit unterstützen könne, doch stets hatte ich diese Anfragen mit dem Hinweis, ich sei ja noch aktiver Ermittler, abgelehnt. Aber dann fiel mir wieder ein, wie ich mich vor Jahren gefühlt hatte, als das Kind von guten Freunden Opfer eines Verbrechens geworden war und lediglich mit viel Glück die Gräueltat überlebt hatte. Und ich spürte auf einmal wieder dieses Gefühl der Hilflosigkeit, wenn die Ermittler ihre Unterstützung aufgeben, die aufkeimenden Fragen nach dem Was und dem Warum der Tat, so als sei das Geschehen erst gestern gewesen. Und plötzlich war sie auch wieder da, die Erkenntnis, wie unvermittelt und voller Gewalt ein Leben plötzlich ausgelöscht werden kann. Und das Bewusstsein, dass für Angehörige, Partner und Freunde nach einer solchen Tragödie im Leben von der einen Sekunde zur anderen nichts mehr so ist, wie es einmal war.

Als ich das erste Mal nach dem Anwaltsgespräch mit Maria Rimbach telefoniere, sie mir erste erschreckende Details über den erbarmungslosen Tod ihrer Tochter berichtet und mich ebenfalls eindringlich bittet, ihr zu helfen, gibt es für mich keinen Zweifel mehr: Dieser leidgeprüften Frau muss ich helfen, es zumindest versuchen. Vielleicht, dass ich ihr nach der Analyse mehr zum Ablauf des Verbrechens sagen kann. Vielleicht, dass es mir gelingt, der Frau das Unverständliche der Tat verständlicher zu machen. Vielleicht, dass ich ihr erklären kann, weshalb ihre Tochter sterben musste. Allerdings knüpfe ich an meine Zusage eine Bedingung: Ich werde den Fall quasi als »Pro-bono-Ermittler« übernehmen, aber der Preis für meine kostenlose Beratung ist die völlige Unabhängigkeit bei der Bewertung der Rechercheergebnisse. Als Maria Rimbach diese Voraussetzung akzeptiert, bitte ich sie, den Anwalt von seiner Schweigepflicht zu entbinden und mir die Akten zur Verfügung zu stellen. Wenige Tage später steht tatsächlich ein großer Umzugskarton mit prall gefüllten Aktenordnern und Fotos vom Verbrechen bei mir im Arbeitszimmer.

Und so beginne ich zunächst damit, mir einen Überblick über den Fall zu verschaffen, und sondiere die im Netz veröffentlichten Informationen. Ich bin überrascht, wie viele Fakten die Ermittler bereits der Öffentlichkeit preisgegeben haben, auch Tatortfotos mit Spurentafeln, sodass ich keine Probleme habe, Details des ungeklärten Verbrechens auch hier im Buch zu thematisieren und den Tatablauf zu interpretieren. Schnell ist mir klar: Nur in ganz wenigen Fällen habe ich in den gut 35 Jahren als Mordermittler und Profiler ein derartig abscheuliches Verbrechen bearbeiten müssen.

Auch der im Netz veröffentlichte Text der TV-Dokureihe »Ungeklärte Morde, dem Täter auf der Spur« aus dem Jahr 2002 lässt mich nachdenklich werden: »… Mein Name ist Reinhard Fallak, ich bin Kriminalbeamter aus Hamburg und heute Abend wieder für Sie da. Jetzt zu einem besonders mysteriösen Mordfall, der seit Jahren meine Kollegen der Kripo Halberstadt beschäftigt: Ein junges Mädchen, Heike Rimbach, wurde bestialisch ermordet aufgefunden. Und ein ganzes Dorf schweigt …«

Ich frage mich, wie so etwas angehen kann. Ein bestialischer Mord und alle Bewohner des Dorfes bleiben still? Sollte bei den Menschen nach einem solchen Verbrechen nicht die Angst umgehen, dass sich in dieser ländlichen Idylle noch einmal eine solche Tat ereignen könnte? Wie muss man sich fühlen, auf einmal Gewissheit zu haben, dass das Verbrechen Einzug in das eigene Dorf gehalten hat und es doch das Böse gibt, das sich sonst ja nur immer ganz weit entfernt zeigt und meist nur aus den Medien bekannt ist? Dass das Opfer zudem noch jemand von ihnen ist, dass der Täter vermutlich unter ihnen lebt und kein anonymer Fremder ist? Wo bleiben Mitleid und Solidarität?

Weshalb also schweigt die Bevölkerung? Welche gruppendynamischen Konstellationen wirken hier? Wären nicht unzählige Hinweise die logische Folge, so wie ich es bei spektakulären Verbrechen in meiner Stadt erlebt habe? Ich beschließe also, mich mit der Mutter von Heike Rimbach zu treffen und mit den Nachforschungen zu beginnen. Vielleicht sollte es ja auch möglich sein, die Gründe für das Schweigen der Menschen in Lüttgenrode aufzudecken. Mir wird klar, dass ich so gut wie gar nichts über das Leben der Menschen im früheren Zonengrenzgebiet der DDR und die gesellschaftlichen Veränderungen nach der Wende im Jahr 1989 weiß. Auch darüber will ich mehr erfahren und deshalb muss ich auch mit Zeitzeugen aus dieser Region sprechen.

Wenige Tage später treffe ich Maria Rimbach, die Mutter von Heike, in ihrem kleinen Reihenhaus im Harz. Sie ist nicht allein. Ein kleiner drahtiger Mann mit großer Brille, akkurat geschnittenen silbergrauen Haaren und mächtiger Armbanduhr am linken Handgelenk begrüßt mich. Ich schätze ihn auf gut 70 Jahre. Ein Bekannter von Maria Rimbach, wie ich annehme. Zu meiner Überraschung stellt er sich als Heikes Vater vor. Der Mann lebt! Ich bin ziemlich irritiert. Hatte der Anwalt nicht gesagt, dass der Mann aus Gram verstorben sei? Vorsichtig frage ich nach, wie es zu diesem schrecklichen Irrtum kommen konnte. Achselzucken ist die Antwort.

Ich stelle mich kurz vor und bitte Heikes Eltern, einfach

zu erzählen. Wir sitzen in der Küche und trinken Kaffee. Es riecht nach Nikotin, die Aschenbecher auf dem Tisch sind voll. Ich bin gespannt, was ich über das Verbrechen erfahren werde. Mein erster Mord, den ich als privater Ermittler untersuchen werde.

Nach dem Tod ihrer Tochter hatten die Eltern Lüttgenrode sofort verlassen und das »Mordhaus«, wie der Vater es nennt, nie wieder betreten. Ihr neues Zuhause liegt knapp 20 Kilometer von dem ungeliebten Ort entfernt. Maria Rimbach und ihr Mann Karl-Heinz sind in den langen Jahren seit dem Tod ihrer Tochter verbittert geworden. Für die beiden Menschen ist es unverständlich, dass der Mörder immer noch nicht gefasst wurde trotz vieler Sonderkommissionen, unzähliger Vernehmungen und wissenschaftlicher Untersuchungen. Allein die Vorstellung, dass Heikes Mörder ganz in ihrer Nähe wohnen, eine Familie gegründet und Kinder haben könnte, lässt sie verzweifeln. »Wie schafft er es nur, eine ruhige Minute zu haben, unbeschwert einzuschlafen, mit seinen Kindern zu spielen und fröhlich zu sein?«, fragt mich Maria Rimbach. Dann steckt sie sich eine weitere Zigarette an. Es ist ihre dritte in der knappen halben Stunde, die ich bei ihnen bin.

Auf diese Frage kann ich Maria Rimbach leider keine abschließende Antwort geben. Doch aus Erzählungen von Tätern, die getötet haben, weiß ich, dass kaum einer von ihnen so weiterleben konnte wie vor der Tat. Ständig grübeln sie, wann die Polizei bei ihnen an der Tür klingeln wird. Denn sie wissen natürlich, dass die meisten Mörder gefasst werden. Zudem sind Tötungsdelikte häufig nicht geplant, ergeben sich manchmal aus dem Nichts, aus der

Situation heraus, und bilden dann den traurigen Höhepunkt in der Biografie eines Menschen. Das geht an niemandem spurlos vorüber. Ich spüre, dass Sachlichkeit gegen Emotionalität keine Chance hat und mein Versuch einer Antwort die Eltern nicht überzeugt. Ein Themenwechsel muss her, um die Stimmung zu entspannen.

Und so erkundige ich mich, wann und weshalb sich die Familie in dem kleinen und abgelegenen Ort Lüttgenrode angesiedelt hatte. Maria Rimbach ergreift wieder das Wort. Es sei im Dezember 1993 gewesen: eine günstige Gelegenheit, wenn auch eine sehr spartanische. Eine frühere Schäferei mit einer Einliegerwohnung und der Toilette über dem Hof war ihnen angeboten worden. Mit den Worten ihres Mannes hört es sich allerdings drastischer an: »Ein Saustall, wie ich ihn noch nie gesehen habe.« Da sie in der Nähe ihres neuen Domizils allerdings eine größere Halle für ihr Abbruchunternehmen hatten anmieten können, sei das Provisorium erst einmal akzeptabel gewesen.

Doch die geschäftlichen Erwartungen erfüllten sich nur zum Teil: keine Aufträge aus den Gemeinden der neuen Bundesländer, wiederholte Einbrüche und Sachbeschädigungen in der Firma. Dazu drei Wochen vor dem Mord an Heike bereits ein erster ungewöhnlicher Todesfall: Sie hatten ihren Gelegenheitsarbeiter Alfred morgens in der stockdunklen Firmenhalle unter mysteriösen Umständen erhängt aufgefunden. Die Leiche sei bis auf die Unterhose nackt gewesen, der Körper frei schwebend, die Füße nur wenige Zentimeter über dem Boden, das Seil mit einem Seemannsknoten an seinem Hals befestigt und über eine Strebe neben der Drehbank geworfen. Und noch weitere Merkwürdigkeiten habe es am Tatort gegeben. Das Tor zum Gelände sei sperrangelweit geöffnet gewesen, Alfreds Bungalow taghell erleuchtet, die Musik voll aufgedreht und auf dem ganzen Hof zu hören gewesen. Es habe keinen Abschiedsbrief gegeben. Für die Kripo sei es trotzdem eindeutig Suizid gewesen. Karl-Heinz Rimbach aber glaubt noch heute, dass es ein Verbrechen gewesen war. Als ich vorsichtig noch andere Möglichkeiten, zum Beispiel die eines autoerotischen Unfalls, andeute, merke ich, dass ich auch bei diesem Thema wenig Überzeugungskraft besitze. Für Familie Rimbach ist Alfreds Tod der erste Mord einer unheilvollen Serie. Mit dieser Entwicklung habe ich überhaupt nicht gerechnet; statt eines Mordes sollen nun zwei Fälle analysiert werden. Ich erkläre den beiden, dass ich mich zunächst nur um den Tod ihrer Tochter kümmern könne, denn nur zu diesem Fall besäße ich die Akten.

Es ist der Vater, der plötzlich aufgeregt und laut über die unfähigen Ermittler von damals zu schimpfen beginnt. Er zitiert einen Beamten nach dem Auffinden von Heike auf dem Dachboden: »Ich bin seit über 30 Jahren bei der Kripo. Sie machen mir nichts vor. Ich weiß genau, dass es einer von Ihnen war.« Und so einseitig seien dann auch die Ermittlungen gelaufen, andere Verdächtige als seine Kinder und ihn habe es erst viel später gegeben, sagt Karl-Heinz Rimbach und prangert weitere Unzulänglichkeiten bei den Ermittlungen an: verschwundene Beweismittel, nicht gesicherte Spuren. Wir sind auf dem besten Wege, völlig den roten Faden zu verlieren.

Ich unterbreche den Redefluss des erregten Mannes und versuche trotzdem zu erklären, dass innerfamiliäre Gewalt sehr verbreitet ist und es immer wieder – wenn auch selten – zu Tötungsdelikten kommt. Die Familie sei für mich eine der zerstörerischsten Institutionen, die ich kenne. Sie garantiere zum einen Nähe und Privatsein, zum anderen ermögliche sie aber auch den Tätern, von der Gesellschaft geächtete Bedürfnisse und Fantasien unbeobachtet auszuleben, da das Schamgefühl der Betroffenen auch einen Schutzraum für die Täter schaffe – was diese auch wüssten.

Doch meine Einwände zeigen keine Wirkung und könnten eher dazu führen, auch mich als befangen abzulehnen. Und so wechsele ich erneut das Thema und möchte wissen, wie ich mir ihre Tochter als Mensch, als junge Frau vorzustellen habe. Ich frage auch nach Fotos. Kurze Zeit später kommt Maria Rimbach mit Bildern zurück. Ich sehe eine schlanke, zierliche Frau. Das Kinn aufgerichtet. Mit ihren blauen Augen schaut sie selbstbewusst und stolz in die Kamera. Die langen, blonden, lockigen Haare umrahmen ihr Gesicht wie eine Löwenmähne. Ein zweites Foto: dieses Mal aus fernen Kindertagen. Der Mund eine Schnute und wieder der kesse Blick, der mir schon auf dem anderen Foto aufgefallen ist. Aber es sind wieder die Haare, die ihre Ausstrahlung bestimmen, dieses Mal erinnern sie mich jedoch an die des kleinen weißen Engels auf ihrem Grab.

Mit diesen Bildern vor Augen kann ich verstehen, dass Heikes Eltern ihre Tochter als sehr ruhig und zurückhaltend, gleichzeitig aber auch als selbstbewusst und zielstrebig beschreiben. »Eine, die nicht gleich jedem um den Hals gefallen und …«, wie Maria Rimbach beflissen ergänzt, »auch nicht mit jedem gleich ins Bett gegangen ist.« Zudem sei sie sehr fleißig und pünktlich gewesen, ihr Chef in der Schlachterei habe sie sehr gelobt und wollte sie nach der Lehre übernehmen. »Doch wenn ihr etwas partout nicht passte, dann konnte sie auch mal zickig sein.«

Ich möchte ein konkretes Beispiel für ihre »Zickigkeit« genannt bekommen, doch es scheint nicht viele Anlässe dafür gegeben zu haben – zumindest nicht in der Erinnerung 20 Jahre nach ihrem tragischen Tod. Und so erfahre ich, dass Heike manchmal keine Lust zum Helfen im Haushalt gehabt habe.

Heikes früherer Chef bestätigt diese Wesensmerkmale in einem Telefonat, das ich später mit ihm führe. Heike Rimbach sei ein »wundervolles Mädchen« gewesen. Alle in der Schlachterei hätten sie wegen ihrer freundlichen Art respektiert, sie sei absolut vertrauenswürdig, zuverlässig und pünktlich gewesen. »Man hat sie nie bemerkt, doch sie war immer da.«

Über eventuelle Liebschaften von Heike weiß der Exchef nichts zu berichten. Die ersten Ermittlungen nach dem Mord hätten ihn allerdings nicht sehr beeindruckt. »Es wirkte schon recht lässig.« Die Ermittler seien zwar sehr zuversichtlich gewesen, es habe angeblich eine heiße Spur gegeben. Doch welche das gewesen sei, habe er nie erfahren.

Ich finde Heikes Verhalten in der Familie nicht ungewöhnlich, ich kenne es auch von anderen jungen Menschen. Allerdings hat mich eine andere Information überrascht: Heike hat sich zum Schlafen immer in ihrem Zimmer eingeschlossen. Als ich Maria Rimbach nach dem Grund frage, bekomme ich keine Antwort; ihr Verhalten sei in der Familie nicht weiter thematisiert worden. Mir gefällt die Antwort nicht. Es sieht nach Vorsichtsmaßnahmen aus. Doch gegen wen sind diese gerichtet? Welche junge Frau verrammelt sich in einer intakten familiären Beziehung in ihrem Zimmer? Gab es persönliche

Gründe? Könnte dies ein Hinweis auf eventuelle schlechte Erfahrungen mit den männlichen Familienmitgliedern sein? Ein Hinweis auf körperliche oder sexuelle Übergriffe? Oder ist es doch nur der Wunsch nach Ruhe und Abgeschiedenheit?

Nun möchte ich wissen, wie sich Heike bei Streitigkeiten verhalten hat. Auf einmal wird Maria Rimbach ernst: »Es war ungefähr ein Jahr vor ihrem Tod. Heike und ihr damaliger Freund waren oben in ihrem Zimmer. Die beiden kannten sich gut vier Jahre; er war Heikes erster Freund und ein Jahr älter als sie. Plötzlich hörte ich, wie sie sich stritten. Der Freund brüllte, und auch Heike kreischte herum. Ich bin dann hoch, um zu schlichten, doch da tickte Heike völlig aus. Ich konnte sie überhaupt nicht beruhigen, so abgedreht war sie. Irgendwann kam dann Karl-Heinz, und ihm ist die Hand ausgerutscht. Dann war Ruhe, aber es schmerzt ihn heute immer noch, dass er sie geschlagen hat.«

Als Grund für diesen heftigen Gefühlsausbruch soll Heike später das kontrollierende Verhalten ihres Freundes angeführt haben: zu klammernd, zu eifersüchtig, zu aufdringlich. »Ich hatte überhaupt keine Freiräume mehr.« Und als er Heike zudem androhte, er werde sich im Falle einer Trennung umbringen, da sei ihr alles zu viel geworden. Allerdings schien in den folgenden Monaten die Beziehung zwischen Heike und dem Freund zu funktionieren, denn beide sprachen von Zusammenziehen. Und so waren die Eltern einigermaßen überrascht, als sich Heike im Mai 1995 – wenige Wochen vor ihrem Tod – doch von ihm trennte. Bei einer Catering-Schulung hatte sie sich in einen etwas jüngeren Mann verliebt.

Maria Rimbach war zunächst verwundert, dass Heikes früherer Freund die Trennung zu akzeptieren schien. »Er kam zu mir ins Büro. Ich merkte gleich, dass ihn etwas bedrückt. Hab ihn darauf angesprochen, doch dann behauptete er, sie hätten sich in aller Freundschaft getrennt. Ich war erstaunt, denn er wollte doch mit ihr die Zukunft gestalten.« Trotzdem sei er nach der Trennung noch sehr häufig bei ihr in der Firma oder bei ihnen zu Hause gewesen. Doch wegen des heftigen Streits im Jahr zuvor traute sich Maria Rimbach nicht, ihre Tochter zu fragen, wie der Exfreund die Trennung aufgenommen habe. Die Mutter trauerte der früheren Beziehung allerdings ein wenig nach, da sie und ihr Mann Heikes neuen Freund nicht mochten. »Er war doch wie ein dritter Sohn«, und so beruhigte sie sich mit dem Gedanken, dass der langjährige Partner ihrer Tochter immer noch Kontakt hielt.

Erst viele Monate später wird der Frau bewusst, wie konsequent die Entscheidung ihrer Tochter, sich von ihrer ersten Liebe zu trennen, gewesen sein dürfte. In einem von den Ermittlern in Heikes Zimmer übersehenen Heft findet sie zwei von ihr wohl für den neuen Freund geschriebene Gedichte: »Tränen der Liebe« und »Warum ich weine«. Als Maria Rimbach mir Kopien übergibt, werde ich gewahr, dass Heike einen dieser Verse erst wenige Stunden vor ihrem Tod geschrieben hat:

Warum ich weine

Oft weine ich,
weil ich Streit zu Hause habe.
Oft weine ich auch,

weil ich Angst habe,
dich zu verlieren.
Oft weine ich auch,
weil ich so glücklich bin
wie noch nie zuvor.
Und du akzeptierst es,
weil ich weine.
Du lachst nicht,
nimmst mich auch dann noch ernst.
Dafür danke ich dir sehr.
Ich danke dir auch für all das,
was du heute zu mir gesagt hast.
Du kannst mich immer wieder aufbauen —
Das kannst nur du!
Ich liebe dich und brauche dich.

Von H. R. an ...
geschrieben am 27. August 95 um 22.00 Uhr

Beide Gedichte sind in ihrer Art gleich melancholisch, traurig, und drücken für mich eine große Einsamkeit aus. Auch scheint es häufiger Streit in der Familie gegeben zu haben, was Heike wohl sehr belastet hatte – anders, als dies von ihren Eltern in der Gegenwart gesehen wird. Eine glückliche, fröhliche, junge Frau hat hier ihre Gefühle nicht beschrieben. Sie liebt den Freund, weil sie ihn braucht, um ihrer momentanen Situation zu entrinnen. Ich nehme mir vor, Heikes beste Freundin danach zu befragen.

In mehreren Telefonaten erfahre ich von ihr, dass sie Heike von der Berufsschule kannte. Zweimal in der Woche sahen sich die beiden Mädchen, doch in ihrer Freizeit trafen sie sich nicht. Zu weit wohnten sie auseinander. Es war eine Zeit, wie sie für uns heute so gar nicht mehr vorstellbar ist: Kaum jemand hatte damals einen Führerschein oder gar ein Auto. Handys, erst seit Anfang der 90er-Jahre überhaupt im Handel, waren selten. Die Frau schildert Heike als »liebes, zartes Wesen«, das in der Berufsschule sehr beliebt gewesen sei. Die Beziehung zur Mutter und den beiden Brüdern schätzt sie als stabil und gut ein. Über den Vater und die Gedichte ihrer Freundin weiß sie nichts zu berichten. Als ich sie nach einem möglichen Grund für das nächtliche Einschließen frage, scheint sie überrascht. Davon habe sie noch nie etwas gehört. Das fände sie »echt komisch«. »Das würde ich doch nie machen.« Heikes Exfreund hat meine Gesprächspartnerin nur einmal erlebt, und zwar auf der Fahrt zur Catering-Schulung. Der Mann sei ihr wegen seiner Eifersucht nicht sonderlich sympathisch gewesen. »Nicht einmal allein ausgehen sollte sie.« Außerdem habe er bei der Verabschiedung gemeint, dass Heike sich benehmen und auf dem Kurs nicht ihre neuen »Anziehsachen« trage solle, die sie sich dafür extra gekauft habe. »Ganz normale Sachen, wenn auch schon etwas kürzer.« Sie als Freundin machte Heike dagegen Mut, die Röcke doch zu tragen, denn »wir sind anständige Mädchen«.

Die Schulung dauert fünf Tage. In dieser Zeit lernt Heike einen Lehrgangskollegen kennen. »Ein netter, lustiger Typ, der gut zu ihr passte«, wie die Freundin erzählt, die es deswegen auch in Ordnung fand, dass beide sich anfreundeten und sich küssten. Bald darauf muss sich Heike von ihrem Exfreund getrennt haben. Bei einem nächsten Treffen berichtete Heike: »Der hat ganz schön getobt und wollte mich zurückhaben.« In dieser Zeit bemerkte die Freundin ein größeres Hämatom an Heikes Schulter. Als sie wissen wollte, woher die Verletzung stamme, schwieg Heike sich aus. Und noch eine Erinnerung lässt meiner Gesprächspartnerin keine Ruhe. Kurz vor ihrem Tod soll ihr Heike »etwas erzählt« haben, das sie sehr beunruhigte. Doch was sie damals so sehr beängstigte, erinnert die Frau nicht. Als ich ihr vorschlage, sie professionell unter Hypnose zu befragen, um die Erinnerung wieder wachzurufen, zögert sie für einen Moment. Dann aber lehnt sie ab.

Ich möchte von ihr wissen, ob sie sich mit Heike über intime Details ihrer Beziehungen unterhalten habe, doch die Freundin winkt ab: »Darüber haben wir nie gesprochen. Es war anders als heute.« Allerdings gewährte ihr Heike doch einmal einen kleinen Einblick in ihr Sexualleben, als sie davon sprach, dass da »etwas mit einem Arbeitskollegen gewesen sei«, auch noch zu der Zeit, als sie den neuen Freund auf dem Lehrgang kennengelernt hatte.

Für die konkreten Fragen zum Verschwinden Heike Rimbachs komme ich auf die Eltern zurück: Wann haben sie zuletzt Heike gesehen? Unter welchen Umständen wurde die Tochter tot aufgefunden? Diese Informationen sind für die Einschätzung sehr wichtig, wie hoch Heike Rimbachs Risiko war, Opfer eines Verbrechens zu werden. Es macht ja einen Unterschied, ob sich jemand im Schutzraum seines Hauses aufhält und dort getötet wird oder ob er sich an einem zweifelhaften Ort mit zwielichtigen Gestalten abgibt.

Es ist nun die Mutter, die spricht. Ich erfahre, dass sie mit ihrem Mann am Samstag vor der Tat die kranke Schwiegermutter in Dresden besucht hatte. »Der Sonntag war eigentlich ein schöner Tag. Die Jungs waren draußen, und Heike saß mit uns im Wohnzimmer. Wir haben ein wenig gequatscht und zusammen gegessen. Heike wollte gegen 20 Uhr noch rasch in den Ort zum Telefonieren fahren. Unser Telefon ging ja nicht. Sie hatte ja den neuen Freund. Ihn wollte sie anrufen.« Ich erfahre, dass Heike kurze Zeit später zurückkehrte, ohne den Freund erreicht zu haben. »Heike hat dann noch mit uns im Wohnzimmer eine ganze Weile gesessen und mit ihrem Kater gespielt, bis die Jungs kamen. Das war das letzte Mal, dass ich sie lebend gesehen habe. Von den Jungs weiß ich, dass sie noch ein wenig Fernsehen geguckt haben. Vielleicht bis gegen 22.30 Uhr. Es war ein ganz normaler Abend.«

Bei diesen Worten gießt sich Maria Rimbach einen weiteren Kaffee ein. Ihre Hand zittert ein wenig, als sie wiederum nach den Zigaretten greift, sich eine neue ansteckt und den Rauch tief inhaliert. Sie wirkt abwesend, als sie berichtet, dass Heike am Montag ausschlafen wollte. Sie sei erst wenige Wochen vorher ins dritte Lehrjahr gekommen, ihr freier Tag wurde auf den Montag gelegt. »Das wussten nur ganz wenige. Ihre Kollegen und natürlich ihre Freunde.« Ab 6.30 Uhr war Heike allein zu Hause, da ihre Familie zur Arbeit fuhr. Gegen 17.30 Uhr kehrte Heikes jüngerer Bruder mit dem Fahrrad heim, da er abends zur Jugendfeuerwehr wollte. Er sollte Heike ausrichten, dass sie ihre Mutter beim Einkaufen begleiten solle. Als Maria Rimbach gegen 18 Uhr ebenfalls nach Hause kam, war Heike nicht da. Die Frau fand das Verhalten ihrer Tochter zwar ungewöhnlich, denn in der Küche lag keine Nachricht wie sonst üblich, doch noch machte sie sich keine

Sorgen. Als Heike nach dem Einkauf immer noch nicht da war, beruhigte sie sich mit dem Gedanken, ihre Tochter könne den Zug genommen und zu ihrem neuen Freund gefahren sein. Die Mutter wusste jedoch kaum etwas über ihn und kannte dessen Telefonnummer nicht, sodass sie ihn auch nicht anrufen konnte. Auch ein flüchtiger Blick in Heikes Zimmer lieferte keinen Hinweis, wo die Tochter sich aufhalten könnte. Zwar bemerkte die Mutter, dass Heikes Portemonnaie offen auf dem Tisch lag, ebenso ihre Zigaretten und das Feuerzeug, allerdings schien ihre Jacke zu fehlen. Was die Frau bei dieser Gelegenheit übersah, waren wichtige Spuren im Zimmer, die Hinweise auf ein Verbrechen hätten geben können. An Heikes Bett und auf dem Fußboden war Blut, auf dem Teppich lagen die Scherben einer zerbrochenen Glasschale, und der Teppich war nass. »Ich spürte, dass da etwas faul ist«, sagt Maria Rimbach heute, doch sie redete sich weiterhin ein, dass Heike wohl bei ihrem Freund war. An einen Unfall oder gar ein Verbrechen mochte sie nicht denken.

Ich schaue Maria Rimbach aufmerksam an, achte auf ihre Mimik und versuche, mir die Situation von vor fast 20 Jahren vorzustellen. Sie bemerkt meinen prüfenden Blick, erkundigt sich aber nicht nach meinen Gedanken. Wäre es nicht zu erwarten gewesen, dass sie sich genauer im Zimmer umsieht und nach Hinweisen für Heikes Verschwinden sucht? War sie nicht von Neugier getrieben? War die Beziehung von Mutter und Tochter tatsächlich so vertraut und freundschaftlich, wie es die Frau heute behauptet? Gehen diese Gedanken zu weit? Sind es die eines Ermittlers, der mit Hunderten Mordfällen zu tun hatte?

Es ist zunächst nicht ungewöhnlich, wenn Menschen

vermisst werden, doch die meisten von ihnen kommen nach wenigen Tagen freiwillig zurück. Und so glaube ich Maria Rimbach auch, dass sie trotz ihres unguten Gefühls nicht an ein Verbrechen denken und sich mit anderen Erklärungen für das Verschwinden beruhigen wollte. Zusätzlich bedarf es manchmal auch einer besonderen Überwindung, die Polizei mit bösen Ahnungen zu kontaktieren. Wer weiß schon im Vorfeld, wie ernst die Polizei die eigenen Befürchtungen nimmt? Die Angst, als hysterisch zu erscheinen, ist in diesem Moment nicht zu unterschätzen.

Nach einer langen, unruhigen Nacht des Wartens fuhr Maria Rimbach am Dienstagmorgen zur Familie eines Geschäftspartners und rief von dort in Heikes Schlachterei an. Doch ihre Hoffnung, Heike könnte direkt vom Freund zur Arbeit gefahren sein, erlosch sogleich. Heike war nicht da. »In dem Moment wusste ich, ihr ist etwas passiert. Da hab ich gleich bei der Polizei angerufen. Der Beamte versuchte, mich zu beruhigen, und versprach, einen Streifenwagen zu schicken.«

Aus Maria Rimbachs bösen Ahnungen wurde jäh blutige Realität. Während sie mit dem Polizisten sprach, hatte sich ihr Mann von der Firma auf dem Weg nach Hause gemacht. Er ging davon aus, dass morgens ein Bus aus dem Umland nach Lüttgenrode kam. Er hoffte, Heike könne mit diesem gefahren sein. Es war kurz vor 8 Uhr, als er das Anwesen erreichte. Da nur die anderen Familienmitglieder einen Haustürschlüssel besaßen, klingelte er an der Haustür, doch Heike öffnete nicht. »Da hab ich die Katzen oben in der Dachluke entdeckt. Sie jaulten da rum, und ich wunderte mich, wie die dort hingekommen sind«, erzählt er. Der Mann mit der großen Armbanduhr am Handgelenk übernimmt nun das Gespräch. Auch er ist wie seine Frau Kettenraucher. Die Finger seiner rechten Hand sind vom vielen Nikotin ganz gelb. Zwischen zwei tiefen Zügen rührt er bedächtig seinen Kaffee um, ehe er weiterspricht: »Ich bin dann durch die immer unverschlossene Eisentür der Werkstatt ins Haus und von dort nach oben in die erste Etage.« Doch bevor er den Boden betrat, schaute er in Heikes Zimmer. Auch ihm fielen weder das Blut noch die Scherben auf. »Ich bin dann zurück bis zur Treppe und hab mich gewundert, dass die Tür zum Partyraum einen Spalt aufstand.« Ich erfahre weiter, dass die Tür lediglich in das obere Scharnier eingehängt war und deshalb beim Schließen auf dem Boden schleifte. »Man musste sie jedes Mal anheben.« Karl-Heinz Rimbach betrat nun einen kleinen Abstellraum, der während der Umbauarbeiten entstanden war, um dann durch eine kleine Öffnung in der Wand auf den Boden zu kriechen. Doch zwei große und mit Müll gefüllte blaue Säcke versperrten ihm den Weg, füllten die Öffnung vollständig aus. »Ich hab dann einen weggenommen und die Katzen gerufen.« Während die größere auch sofort kam, blieb die jüngere Katze zurück. Ich überlege, wie die Katzen an den Müllbeuteln vorbei auf den Boden gelangen konnten, und frage den Vater, weshalb ihm die Tiere so wichtig waren. Auf dem Land laufen Katzen doch normalerweise frei herum. Karl-Heinz Rimbach versucht, meine Bedenken zu zerstreuen, als er meint, dass Heike die kleine Katze erst einige Tage zuvor bekommen hatte. Ich bleibe nun ganz ruhig und höre dem Mann einfach nur zu, während ihm seine Anspannung immer mehr anzumerken ist.

Er räuspert sich, ehe er fortfährt: »Es war ziemlich dunkel auf dem Boden, doch plötzlich stand ich vor Heike. Ich bin direkt auf sie zugelaufen. Ich sah den Strick um ihren Hals. Blut hab ich keines gesehen, aber ich wusste sofort, dass sie tot war. Nix mehr zu machen. Ich hab sie nur kurz angefasst, doch sie war eiskalt und blaugefroren. Kein Atem mehr!« Das Grauen, das dem Vater auf dem Dachboden begegnete, kann ich sehr gut nachvollziehen. Selbst mich, der schon viele Tote gesehen hat, haben die Tatortfotos des toten Mädchens erschreckt: Die einst wilden Haare der Löwenmähne hängen schlaff und blutig herunter, der einst kesse Blick ist gebrochen. Das Rosa der Wangen ist verblasst und durch Blut und Schmutz ersetzt.

Ich frage, ob wir eine kleine Pause machen sollen, doch der Mann will weitererzählen. »Wissen Sie, diese Bilder des Grauens habe ich jeden Tag vor Augen. Seit fast zwei Jahrzehnten. Weglaufen geht nicht. Ich bin krank geworden, hatte Krebs deswegen, und auch das Herz spielte verrückt.«

Nach seiner grausigen Entdeckung verständigte Karl-Heinz Rimbach sofort die Polizei. Danach kehrte er wieder zum Haus zurück – und in den Albtraum, der bis heute anhält. Als ich mich von den Eltern verabschiede, verspreche ich ihnen, mich um den Fall zu kümmern. Ich setze mich in meinen Wagen und mache mich auf den Weg nach Lüttgenrode. Selbst wenn ein Verbrechen schon viele Jahre zurückliegt, gilt für mich als eiserne Regel: Der Tatort bildet das Zentrum einer Fallanalyse. Hier ist der Täter mit dem Opfer in Kontakt getreten. Hier hat er es getötet. Hier hat er sich mit der Leiche beschäftigt und dabei seine Bedürfnisse gezeigt. Hier hat er womöglich Einblicke in seine Fantasien erlaubt.

In der Ferne kann man den Brocken sehen, mit über

1100 Metern die höchste Erhebung im Harz, umgeben von einem Naturpark. Doch es fällt mir schwer, mich auf die malerische Landschaft und das Autofahren zu konzentrieren. Zu sehr kreisen meine Gedanken um das eben Gehörte. Ich überlege, wie ich vor 19 Jahren die Ermittlungen gestaltet hätte. Hätte ich mich nicht auch über die Umstände gewundert, unter denen Heike von ihrem Vater gefunden wurde? Die Katzen auf dem Boden als Erklärung für das Auffinden der Leiche? Ich denke an frühere Fälle, in denen Täter Familienangehörige ermordet hatten und später unter einem Vorwand die Taten entdeckten, weil sie diesen Druck, einen Menschen getötet zu haben, nicht mehr aushalten konnten. Oder bin ich einfach zu kritisch und sehe hinter jeder ungewöhnlichen Erklärung eine Lüge? Ich merke, ich bin immer noch der Mordermittler und Profiler, der ich nahezu 35 Jahre lang war. Fähigkeiten, auf die Heikes Eltern vertrauen. Ob ihnen diese Gedanken auch gefallen?

Deshalb verdränge ich schnell die Frage, wie ich mich verhalten soll, falls ich nach der Verbrechensanalyse ein Familiendrama nicht ausschließen kann. Kurz hinter Vienenburg passiere ich die frühere Zonengrenze. Wenige Minuten später bin ich am Ziel meiner Fahrt. Schon aus einiger Entfernung hat mir das auf dem Berg gelegene Wahrzeichen des Ortes, das 1000-jährige ehemalige Benediktinerinnenkloster Stötterlingenburg, den Weg gewiesen. Majestätisch überragt der mächtige, weiß gestrichene, markante Doppelturm mit den romanischen Fenstern das Dorf. Ich weiß, dass der Tatort in der früheren Stallung direkt neben dem Gotteshaus liegt, und finde so leicht meinen Weg.

Der 1879 aus großen Natursteinen erbaute Nebenbau eines herrschaftlichen Gutshofes blickt auf eine bewegte geschichtliche Vergangenheit in zahlreichen politischen Systemen zurück: Kaiserzeit, Weimarer Republik, Zeit des Nationalsozialismus, Zweiter Weltkrieg, sowjetisch besetzte Zone, DDR, Wiedervereinigung der beiden geteilten deutschen Staaten zur Bundesrepublik. Und dann gibt es diesen Mord, der bis heute ungeklärt ist.

Fast 50 Meter lang und 14 Meter breit, diente das mächtige Gebäude direkt neben der nur teilweise restaurierten Kirche lange Zeit als Stallung und Futtermittellager. Doch 1994 schien neues Leben in das vom Zahn der Zeit angenagte Gemäuer zu kommen, als der damalige Leiter der dort residierenden Agrargenossenschaft den vorderen Teil des Baus der Familie Rimbach als zukünftige Wohnung vermietete. Es sind große Pläne, die Karl-Heinz und Maria Rimbach samt den Kindern in den kleinen verschlafenen Ort verschlagen haben: der Aufbau eines auf Abriss- und Erdarbeiten spezialisierten Bauunternehmens, getragen von der Idee, dass Förderprogramme der Bundesregierung für das frühere Zonenrandgebiet zu Auskommen und Wohlstand verhelfen könnten. Während einerseits die neuen Dorfbewohner mit Hochdruck ihre wirtschaftlichen Interessen verfolgten, modernisierten sie gleichzeitig die frühere Wohnung des Schäfers im angemieteten Gebäude: Die zur Straße gelegene Haustür an der Giebelseite wird für immer verschlossen, der neue Eingang befindet sich nun auf der Hofseite des Gebäudes. Es wurden Wände gezogen, Stromleitungen verlegt, die Kanalisation gebaut. Zu viele Verpflichtungen gleichzeitig, die neuen Bewohner des Hauses waren überfordert.

Noch heute strahlt das Haus die Aura des Unfertigen und Provisorischen aus.

Ich beginne, die Umgebung zu erkunden, so wie ich es immer gemacht habe, wenn irgendwo ein Mord geschehen war. Ich muss versuchen, in gewisser Weise den Tatort mit den Augen des Täters zu betrachten. Ich vergleiche die Fotos aus der Lichtbildmappe mit der Realität von heute. Nur wenig erinnert noch daran, dass hier bis zu dem Verbrechen eine Familie einen Neustart beginnen wollte; der Verfall des Hauses und der Nebengebäude der ehemaligen Stallungen ist rasant vorangeschritten. An vielen Fenstern fehlen die Scheiben. Ich sehe durch die kaputten Öffnungen: Die dahinter liegenden Räume sind leer und unbewohnt.

Das ehemalige Kopfsteinpflaster der Straße wurde gegen graue Betonsteine ausgetauscht, und der zur Tatzeit an manchen Stellen niedergedrückte Maschendrahtzaun ist einer stabilen Einfriedung aus Metall gewichen. Auf dem vormals leeren Hofgelände lagern nun Baumstämme, gehobelte Balken und gestapelte Bretter. Gräser und Unkraut haben sich in den Ritzen der Steine des gepflasterten Hofes angesiedelt. Die auf den Tatortfotos weit geöffnete Haustür ist heute abgeschlossen und wie damals mit einem festen Knauf versehen; ein Name am Klingelschild fehlt. Einen Spion in der Tür und eine Gegensprechanlage hat es nie gegeben. Zahlreiche Spinnweben zeugen davon, dass seit längerer Zeit niemand mehr die Tür geöffnet hat. Ich gehe zu der rostigen Eisentür, durch die Karl-Heinz Rimbach am 29. August 1995 das Haus betreten haben will, um nach den Katzen zu schauen. Auch sie ist verschlossen und von innen mit einer starken Eisenkette gegen das Aufziehen gesichert. Mir fällt ein, in den Akten von einem dritten Zugang am Ende des Gebäudes gelesen zu haben, nur wenige Meter von der Klosterruine entfernt. Eine zur Tatzeit stets unverschlossene Holztür, von der über eine Stiege der Dachboden und somit auch über den Partyraum das Zimmer von Heike Rimbach erreicht werden konnte. Am Ende des Hauses bemerke ich den Eingang, aber auch er ist nicht zu öffnen.

Auch wenn ich das Haus nicht betreten kann, so zeigt diese kleine Ortsbesichtigung doch, dass der Täter verschiedene Möglichkeiten hatte, sich dem Haus zu nähern: über die Straße, über die Stallungen und von der Ruine des früheren Klosters. Doch was war dann passiert? Hatte Heike Rimbach ihrem Mörder die Haustür geöffnet, hatte er für sie unbemerkt eine der beiden anderen Eingänge benutzt? Besaß er vielleicht selbst einen Schlüssel?

Langsam schlendere ich zur Straße zurück. In knapp hundert Metern Entfernung sehe ich eine gut 50 Jahre alte Frau. Sie raucht und beobachtet mich argwöhnisch. Ich gehe zu ihr, stelle mich vor und frage sie, ob sie etwas über den lange zurückliegenden Mord direkt vor ihrer Haustür weiß. Ich bin überrascht, als sie meine Frage bejaht und erwidert, bereits damals hier gewohnt zu haben. Ich mag es kaum glauben: Sollte ich wirklich das Glück haben, gleich einen Zeugen aus der unmittelbaren Nachbarschaft zu finden, der mir etwas zu dem Verbrechen und der Stimmung im Ort erzählen kann? Doch meine Hoffnungen werden augenblicklich gedämpft. Die Frau will weder Heike Rimbach noch ihre Eltern noch ihre Brüder gekannt noch sie einmal gesehen haben. »Es gab keinen Kontakt zu der

Familie. Die waren aus dem Westen. Mehr weiß ich nicht. Bin morgens früh zur Arbeit und abends erst spät zurück.« Ich mag diese Antwort so nicht akzeptieren, schließlich ist die Frau doch jeden Tag an dem Haus vorbeigefahren. »Ja, stimmt, aber wir haben trotzdem nie gesprochen!« Ich muss an den Kommentar über das »schweigende Dorf« in der Dokureihe denken und möchte von der Nachbarin wissen, was damals im Dorf über das Verbrechen gesprochen wurde. Es müsste doch Vermutungen gegeben haben, manche hatten doch sicher Angst vor einem weiteren Mord. Ein Schulterzucken ist ihre einzige Reaktion: »Was soll ich dazu sagen?«

Als ich mich von der Frau verabschiede, spüre ich in meinem Rücken misstrauische Blicke. Ich mache mir Notizen von der Umgebung, schlendere dabei gedankenverloren zur Kirchenruine und passiere das frühere Verwaltungsgebäude des landwirtschaftlichen Betriebs. Es liegt gerade einmal zehn Meter vom Rimbach-Haus entfernt und ist nur durch eine schmale Straße getrennt. Eine rote Schrift an einer grau gestrichenen Garagentür leuchtet mir entgegen. Ich bin neugierig und frage mich, wer hier in dieser doch relativ einsamen Gegend Texte sprayt, wo ich doch sonst noch keine Graffiti gesehen habe. Die Botschaft ist erschreckend und bösartig zugleich, ich kann es zunächst gar nicht fassen, was ich da lese. Hier hat jemand, anders ist es nicht zu erklären, die tote Heike Rimbach verunglimpft:

ein zickiges Miststück, mit hang zur Selbstzerstörung, grad aufm Egotripp, aber dennoch ein liebes mädel

Unter dem Text hat der Schreiber noch eine Nachricht hinterlassen. Doch die einzelnen Zeichen sind nur schwer zu entziffern, und auch die Botschaft ist kryptisch.

by ›SHE‹

Ein alter Mann kommt mir entgegen; ich deute auf den Text. Er kennt ihn, weiß aber nicht, wann er geschrieben wurde, wenngleich er fast täglich an dem verrosteten Garagentor vorbeikommt. »Nicht lang her.« Ich überlege, was »nicht lang her« bedeuten kann. Als ich ihn frage, ob er etwas über den Rimbach-Mord wisse, schüttelt er den Kopf, zuckt mit den Schultern und bedauert, keine Zeit mehr zu haben.

Ich gehe weiter bis zu den Ruinen der alten Kirchenanlage. Eine Gedenktafel zeugt davon, dass, als Heike 1995 starb, hier der 1000-jährige Geburtstag der wiederaufgebauten Kirche stattfand. Welcher Widerspruch: Während das Leben eines jungen Mädchens jäh endet, wird zur selben Zeit eine verfallene Ruine zu neuem Leben erweckt.

Ich setze mich auf einen großen Sandsteinquader, einen Überrest des Kirchenschiffes, und überlege, welche Botschaften in diesen Zeilen stecken. Was meint der Schreiber mit »by ›SHE‹«? Weshalb ist er dafür ins Englische übergegangen. Soll es so viel bedeuten wie »Ich bin in Gedanken bei ihr«? Das wäre eine Möglichkeit. Doch wer ist fast 20 Jahre nach dem Mord immer noch so stark und emotional mit einer Toten verbunden? Familienangehörige sicherlich, doch würden sie die tote Tochter beschimpfen? Nein. Sicher nicht. Woher nimmt der Autor dieser Zeilen sich überhaupt das Recht, Heike als »ein zickiges

Miststück« zu diffamieren, das darüber hinaus noch einen »Hang zur Selbstzerstörung« habe? Kannte er sie persönlich? Was hat sie ihm angetan, um auf diese üble Weise diffamiert zu werden. Weil sie etwa nicht das tat, was er oder andere von ihr erwarteten? Weil sie sich dabei auch noch als gemein und niederträchtig entpuppte? Offenbart sich hier eine eigene Betroffenheit des Schreibers, eine Zurückweisung, die er sich mit Heikes Egotrip erklärt? Hat die Tatsache, dass sie einen neuen Freund hatte, damit etwas zu tun? Natürlich sind es erste und unsortierte Überlegungen, die ich im Schatten des fast 40 Meter hohen Zwillingsturms anstelle. Aber was wäre, wenn meine Deutung die richtige sein sollte? Hätte dann der Mörder diese Botschaft so lange Zeit nach Heikes Tod geschrieben? Für einen Moment fasziniert mich dieser Gedanke. Die klassische Annahme, dass ein Täter nach vielen Jahren wieder an den Ort seines Verbrechens zurückkehrt. Man kennt es aus der Literatur, aber auch aus dem echten Leben: Serienmörder oder Sexualtäter, die am Ort der Tat noch einmal in der Fantasie den Rausch der Tötung erleben und ihre vermeintliche Allmacht genießen möchten.

Aber gelten solche Motive auch für den Mörder von Heike Rimbach? Größenwahn und das Ausleben von sexueller Macht und Dominanz? Mein erster Eindruck vom Verbrechen spricht dagegen. Weshalb sollte der heute mindestens 40 Jahre alte Täter überhaupt das Risiko eingehen, beim Schreiben dieser bösen Nachrede überrascht zu werden und sich dadurch erst in den Kreis der Verdächtigen zu katapultieren, sofern er nicht sowieso bereits dazugehört? Und ist es nicht eher die Sprache von Jugendlichen, die ohne größere Probleme gerne Anglizismen verwenden?

Deutet das falsch geschriebene Wort »Egotripp« nicht darauf hin, dass der Schreiber in Ansätzen die neue Rechtschreibung kennt und sich dabei von »Tipp« leiten ließ? Zeugt nicht auch die Formulierung »mit Hang zur Selbstzerstörung« lediglich von Heike Rimbachs momentaner Tendenz zu diesem Verhalten und der vermeintlichen Unfähigkeit, nicht richtig abschätzen zu können, was für sie gut oder schlecht war? Und würde der Mörder tatsächlich von ihr als »dennoch ein liebes Mädel« sprechen, obwohl er sie so unbarmherzig hingerichtet hatte? Nein, diesen Text hat nicht der Täter geschrieben. Es war jemand, für den dieser ungeklärte Mord eine große Faszination besitzt. Vielleicht verfolgt er diesen Fall ja auch im Netz und tauscht sich auf entsprechenden Foren darüber aus.

Es ist spät geworden, als ich mich auf den Weg zu meiner kleinen Pension ganz in der Nähe mache. Meine Gedanken schweifen zurück in die Vergangenheit, in das Lüttgenrode vor 20 Jahren. Das kleine sachsen-anhaltinische Dorf im Harz liegt nur wenige Kilometer von der früheren innerdeutschen Grenze entfernt. Gerade einmal 450 Menschen lebten hier, als das Verbrechen geschah, heute sind es gut 700. Zu Zeiten der 1989 untergegangenen DDR befand sich der Ort im fünf Kilometer breiten Grenzstreifen, der sich auf knapp 1400 km von der Ostsee bis zum Dreiländereck in Bayern, der DDR und der Tschechoslowakei erstreckte, ohne dass für die Bewohner ein direkter Zugang zur hermetisch abgesicherten Demarkationslinie möglich gewesen wäre. Nur mit einem Sonderausweis, der Kontrolle durch Posten der Nationalen Volksarmee sowie dem Passieren eines Schlagbaumes durften Bewohner und Besucher den 500 Meter schmalen Schutzstreifen betreten.

Zudem versuchten bis zu 30 000 Soldaten der Grenztruppen, die Bürger der DDR am unerlaubten Verlassen des Landes zu hindern, und hatten ein hermetisch abgesichertes und nahezu unüberwindliches Bollwerk errichtet: den Grenzzaun mit dem vorgelagerten zehn Meter breiten gepflügten Kontrollstreifen – im Volksmund auch »Todesstreifen« genannt –, mit Selbstschussanlagen und Minenfeldern. Sogenannte Abschnittsbevollmächtigte (ABV) der Volkspolizei sorgten zudem für die Einhaltung der sozialistischen Auffassung von öffentlicher Sicherheit und Ordnung, achteten auf die Erfüllung der Meldepflicht, kontrollierten auswärtige Besucher und gaben Einschätzungen über Bewohner ihres Abschnitts ab. Sie waren somit wichtige Informationsquellen für Mitarbeiter des Ministeriums für Staatssicherheit.

Zwar waren auch in Lüttgenrode die wirtschaftlichen Möglichkeiten eingeschränkt, doch staatliche landwirtschaftliche Genossenschaften (LPG) zur Tier- und Pflanzenproduktion prägten die Region und boten vielen Menschen eine Beschäftigung. Arbeitslosigkeit gab es nicht. Das abgeschiedene Leben barg noch einen weiteren Anreiz: Für die Bewohner des Schutzstreifens – häufig besonders linientreue Parteigenossen – gab es lukrative Vorteile: zum Beispiel Sonderprämien oder die Versorgung mit exotischen Früchten wie Bananen. Und auch das Sicherheitsgefühl der Menschen war im Sperrgebiet sehr eigen: Keine Tür war verschlossen, der Schlüssel lag unter der Fußmatte; Handwerker gingen selbstständig ins Haus und führten unbeaufsichtigt Arbeiten durch. Allerdings schien die Einstellung der Bevölkerung zu den staatlichen Machthabern der Sozialistischen Einheitspartei (SED) und ihren zahlreichen Parteivertretern sehr reserviert gewesen zu sein. Es herrschte Angst vor der Obrigkeit, vor informellen Informanten und heimlichen Lauschaktionen. Man sah sich als Untertan, immer auf der Hut vor den höheren Stellen. Problematisches wurde nur im kleinen Kreis und meist im Freien besprochen. In größeren Gruppen hieß es, vorsichtig mit Äußerungen zu sein, denn niemand wusste, ob ein Spitzel dabei war. Furcht lähmte den Alltag. Um sich abzuschotten, herrschte bei vielen Bewohnern ein generelles Desinteresse an den anderen, zumal so mancher DDR-Bürger die Einstellung vertrat, es sei das Beste, nichts zu wissen und sein eigenes Leben ungestört zu verbringen.

Ich versuche, mir die Situation zur Zeit der Wende 1989 und die Jahre bis zur Tat in der Grenzregion vorzustellen. Vermutlich muss ich mehr darüber wissen, ehe ich mich mit weiteren Details des Verbrechens beschäftige. Mir fällt es als Westdeutscher schwer, mich in diese mir fremden Lebensbedingungen hineinzuversetzen, bin ich doch auch erst nach der Wiedervereinigung der beiden deutschen Staaten das erste Mal in das Gebiet der früheren DDR gefahren, zu Lesungen und Vorträgen. Ich überlege, wer mir dabei helfen kann, die Lücke zu schließen. Unverhofft habe ich Glück: Die Inhaberin meiner kleinen Pension eines Nachbarortes von Lüttgenrode kennt sich mit den örtlichen Gegebenheiten sehr gut aus und hat viele persönliche Kontakte, auch wenn sie erst vor 15 Jahren aus dem Westen in die frühere Grenzregion gezogen ist. Seither betreibt sie ein florierendes Café, das weit über die Grenzen des Ortes bekannt ist. Es dauert nur einige wenige Telefonate, bis sie für mich den Kontakt zu früheren DDR-Bewohnern aus der Grenzregion hergestellt hat; auch der ehemalige

Abschnittsbevollmächtigte, der sogenannte ABV, der frühere Grenzpolizist für diese Region, ist zu meiner Überraschung und Freude dabei. Denn er war auch als erster Beamter am Tatort, nachdem Heike Rimbach tot aufgefunden worden war. So bin ich auf die Einblicke in eine für mich fremde Welt und weitere Tatortinformationen gespannt. Ganz zu schweigen von der geschürten Neugier durch meine Vermieterin. Diese sprach davon, der Mann habe angedeutet, dass es bei den Untersuchungen »nicht koscher« zugegangen und ganz schlampig ermittelt worden sei. »Als wollten die etwas verbergen.«

Wir treffen uns wenig später in dem malerischen Fachwerkhaus eines ehemals unzuverlässigen DDR-Bewohners, der nur mit sehr viel Fortune die Aktion »Ungeziefer« – die Deportation von als politisch unzuverlässig eingeschätzten Personen aus dem Sperrgebiet – glimpflich überstand. Er hat das Leben in der DDR und den Wandel nach der Grenzöffnung hautnah erlebt. Heute ist der Mann Rentner und führt gelegentlich Urlauber an die nur noch in den Köpfen der Bewohner existierende frühere Grenze des ehemals zweigeteilten Staates, die sich jetzt als unberührte Wiesenlandschaft zeigt.

Mein Gastgeber und der frühere Abschnittsbevollmächtigte scheinen einen großen Redebedarf zu haben. Sie möchten gerne über sich berichten. Nur selten – wenn überhaupt – scheint sich bisher jemand für sie und ihr Leben interessiert zu haben. Und so brauche ich auch nur eine kurze Anstoßfrage zu geben, um die früheren Grenzbewohner zum Erzählen zu bringen.

Nach der Wende, so erzählen die beiden, verließen viele Bewohner des früheren Zonengrenzbezirks das Gebiet, um sich im Westen neu zu orientieren. Für die Region hatte das schwere Konsequenzen, denn viele Häuser standen auf einmal leer, und die landwirtschaftlichen Produktionsgenossenschaften verloren ihre Beschäftigten. Gut situierte Bürger aus dem Westen nutzten diese Chance und kauften sehr preiswert die Häuser, insbesondere junge Familien mit Kindern. Das hatte zwar den Vorteil, dass sich die Bevölkerungsstruktur veränderte und dies der Überalterung entgegenwirkte. Doch die unterschiedlichen Lebensformen des Ostens und des Westens ließen sich nicht so leicht zu einer neuen gemeinsamen Identität verschmelzen. Die Bürger im Osten glaubten, eine unterschwellige Arroganz der Westdeutschen wahrzunehmen. Die noch heute geltenden Begriffe »Wessi« und »Ossi« etablierten sich im allgemeinen Sprachgebrauch. »Die konnten sich überhaupt nicht richtig anpassen. Die ließen sich beim Hausbau und dem Anlegen des Gartens helfen, doch dann, als alles fertig war, wollten sie sich mit dem Gartenzaun nur noch abgrenzen und ihre Ruhe haben«, erzählt die Ehefrau des Gastgebers. Ich erfahre weiter, dass zu DDR-Zeiten die Unterstützung des Nachbarn an der Tagesordnung war und ein Miteinander herrschte. Doch die Zeiten änderten sich schleichend. Je mehr Wohlstand, je mehr Individualität der Einzelne erfuhr, desto mehr griff die Abgrenzung vom anderen um sich. »Früher fuhren wir alle das gleiche Auto, entweder einen Wartburg oder einen Skoda. Auf einmal kamen die neuen Modelle aus dem Westen, und der Neid hielt Einzug.«

Schnell bemerkten die Alteingesessenen auch im politischen und behördlichen Bereich das Gefälle zwischen West und Ost. Während höhere Posten in der Verwaltung, in den Schulen oder bei der Polizei durch westdeutsche »Spitzenkräfte« ersetzt wurden, blieben die unteren Gehaltsgruppen den Menschen aus der ehemaligen DDR vorbehalten. Zudem gab es Zulagen für »Wessis«, während sonst die Löhne und Gehälter deutlich unter dem Westniveau lagen. Und nicht immer kamen die besten Kräfte aus dem Westen, häufig waren es diejenigen, die bei sich zu Hause nicht weitergekommen sind. »Wenn jemand aus dem Westen kam und irgendetwas wollte, dann hat die immer noch SED-orientierte Verwaltung gekuscht und beschied Anträge von BRD-Bürgern großzügiger als bei uns. Wie sollten wir da Vertrauen haben?«

Meine Gesprächspartner beklagen auch die fehlende Anerkennung ihrer Leistungen im Westen: »Die haben uns doch nur wenig zugetraut und meinten, dass wir vielleicht mit Hammer, Meißel, Schraubstock oder Pflug umgehen könnten, aber weder innovativ noch kreativ sind. Unsere Fachkompetenz wurde einfach unterschätzt.« Und so machten sich schnell Unzufriedenheit und Verbitterung breit, sodass schon wenige Jahre nach der Grenzöffnung die Euphorie der Menschen allmählich nachließ. Eine Rückbesinnung auf alte Traditionen folgte.

Ich bitte den ehemaligen ABV zu berichten, welche Erinnerungen er noch an den Mord an Heike Rimbach hat. Ob er sich beispielsweise noch an die Fundsituation erinnert, ob er den Tatort verändert habe? Diese Informationen sind für die Rekonstruktion des Verbrechens und die Interpretation des Täterverhaltens wichtig. Immer wieder habe ich es bei früheren Ermittlungen erlebt, dass Zeugen oder einschreitende Beamte – häufig unbewusst – die Tatsituation veränderten, ohne dass dies in den Aussagen oder Berichten jemals erwähnt wurde. Die Veränderungen könnten als Täterverhalten fehlinterpretiert werden und zu falschen Rückschlüssen führen.

Der Mann ist 72 Jahre alt, groß und kräftig. Seine Augenbrauen sind buschig, die Nase ist knorrig. Sein kantiges und narbiges Gesicht zeigt zudem, dass das Leben bei ihm auch äußerliche Spuren zurückgelassen hat. Mit erstaunlich ruhiger Stimme berichtet er, dass er bis 1990 als Oberleutnant in der Volkspolizei »Dienst versehen« habe, dann nach der Wende als Hauptmeister in den Polizeidienst der BRD übernommen wurde. Ich muss darüber schmunzeln, dass der Mann immer noch den in der DDR gängigen Begriff für die Bundesrepublik wählt, doch seine unterschwellige Enttäuschung über die dann neuen Laufbahnbedingungen kann er nur schlecht verbergen. »Das bedeutete Degradierung um drei Dienstränge. Dazu noch ein neuer Chef aus dem Westen. Als ob wir nicht lange genug unsere Arbeit getan hätten.«

Ich zeige Verständnis für seine Situation und versuche dezent, den immer noch enttäuschten Mann auf seinen Einsatz auf dem Rimbach-Anwesen einzustimmen. Er solle mir doch einfach nur schildern, wie er von dem Mord erfuhr. Der Versuch gelingt. Sein Körper spannt sich noch mehr an, er schaut jeden Einzelnen am Tisch an, sitzt nun beinahe kerzengerade vor und scheint unsere Aufmerksamkeit zu genießen:

»Maria Rimbach rief auf der Wache an. Sie meinte, dass ihre Tochter seit einem Tag weg sei. Ich habe sie nach dem Alter gefragt und versucht, sie zu beruhigen. Die Tochter war doch 19 Jahre alt.« Obgleich er sich vorstellen kann, dass Heike einfach nur bei ihrem Freund ist, sagt der Polizist sein Kommen zu. Er will in ihrem Zimmer nach Hinweisen suchen, die ihre Abwesenheit erklären. Als er kurze Zeit später mit einem Kollegen am Haus erscheint, findet er eine völlig andere Situation vor. Maria Rimbach steht mit ausgebreiteten Armen an der Treppe und versucht, ihm den Weg nach oben zu versperren: »Hier kommt niemand hoch!« Der Polizist drängt sich an ihr vorbei und geht sofort in Heikes Zimmer. »Ich wusste sofort, dass hier ein Mord geschehen ist: das Bett total zerwühlt, Blutflecken am Bettrahmen, eine zerschlagene Schale auf dem Boden.« Deutliche Schleifspuren führen ihn dann zu einem Loch in der Wand des Abstellraums. »Habe dann um die Ecke geschaut und fand Heike. Sie war tot. Das kleine Mädchen hing knapp drei Meter entfernt an einem dicken Tau. Blutige Schleifspuren führten bis dorthin.«

Mit dieser Schilderung habe ich überhaupt nicht gerechnet. Ich frage diskret nach, ob denn nicht der Vater die Tote … Ehe ich meinen Satz beenden kann, werde ich schon unterbrochen. Der Mann besteht darauf, dass er die Leiche gefunden hat. »Ich bin doch an sie ran, hab geschaut, ob sie noch lebt und den Puls gefühlt. Aber alles zu spät: kalt, starrer Blick, kein Atem.« Nein, Veränderungen habe er nicht an der Leiche und dem Tatort vorgenommen. Per Funk informierte er dann das Revier über den Mord, forderte die Kripo an und sperrte den Tatort ab. Die Situation sei für ihn völlig undurchsichtig gewesen, erzählt der Mann, »denn wenn die Mutter oben gewesen sein sollte, dann hätte sie die Spuren auch sehen müssen. Stattdessen schrie sie unten herum, weinte und fragte immer wieder, was denn passiert sei.«

Als der Mann weiter auf seiner Version beharrt, wird mir klar, dass er mir bei meinen Überlegungen zum Tatgeschehen nicht helfen kann. Fast 20 lange Jahre und ein vielleicht etwas gesteigertes Geltungsbedürfnis haben vermutlich dazu geführt, dass in seinen Erinnerungen eine andere Wahrheit entstand. Ein Phänomen, das ich bei Zeugenaussagen schon häufiger erlebt habe. Deshalb bin ich auch froh, dass ich in diesem Fall nur die Spuren am Tatort und damit die Entscheidungen des Täters bewerten muss. Zeugen spielen für eine Fallanalyse meist keine Rolle. Trotzdem unternehme ich noch einen zaghaften Versuch und frage nach eventuellen Ermittlungspannen oder unterdrückten Beweisen. Der frühere Gesetzeshüter schaut mich aufmerksam an, ehe er antwortet, dass er dazu überhaupt nichts sagen könne. Da müsse er wohl falsch verstanden worden sein. Seine Arbeit sei mit dem Absperren des Tatortes abgeschlossen gewesen.

Ich ziehe ein erstes Resümee des Tages. Mir wird mehr denn je bewusst, dass ich wie bei jedem anderen ungeklärten Fall die Tat rekonstruieren und versuchen muss, mich durch das Nachahmen und Nachstellen von einzelnen Tatsequenzen so weit der Realität zu nähern, dass ich eine Aussage zum Motiv oder den Motiven des Täters machen kann. Erst wenn mir dies gelungen ist, kann ich in einem letzten Schritt hoffentlich eine Aussage zum Profil des Täters ableiten: Angaben zu seinem Geschlecht, zu seinem Alter, zu seiner Sozialisation und – ganz wesentlich für die weiteren Ermittlungen und für Maria Rimbach – zu seiner Beziehung zum Opfer. Kannte er Heike oder war er ihr fremd?

Man muss sich das so vorstellen: Ein Täter trifft ständig Entscheidungen, vor, während und nach dem Verbrechen.

Er bestimmt die Tatzeit, sucht den Tatort aus, wählt die Tatwaffen, entscheidet sich für die Art und Weise der Tötung und überlegt, was er mit der Leiche macht. Ob er diese einfach liegen lässt, verstümmelt, abdeckt oder an einen anderen Ort bringt, damit die Tat zunächst noch unentdeckt bleibt und Familie wie Ermittler von einem freiwilligen Verschwinden ausgehen. Durch seine individuelle Vorgehensweise verrät ein Täter seine Bedürfnisse. Diese Bedürfnisse werden durch die Spuren am Tatort und an der Leiche dokumentiert. Doch es ist nicht der klassische Fingerabdruck an der Tatwaffe, der blutige Profilabdruck eines Schuhs auf dem Linoleum oder das verlorene Haar an der Kleidung des Opfers, es ist vielmehr »die Spur hinter der Spur«, mit der ich mich auseinandersetze. Der Täter hinterlässt einen »psychologischen Fingerabdruck«, der ihn von anderen Tätern unterscheidet.

Als Ermittler in der Mordkommission hatte mich interessiert, woher die Tatwaffe stammte oder in welchem Baumarkt zum Beispiel der verwendete Hammer verkauft wurde, um auf diese Weise gegebenenfalls den Täter ermitteln zu können. Als Fallanalytiker interessiert mich viel mehr, weshalb der Täter überhaupt den Hammer als Tatwaffe benutzt und damit auf das Opfer eingeschlagen hat. Hatte er das Werkzeug mit zu dem Verbrechen genommen? Dann könnte es ein Hinweis auf eine geplante Tat sein. Oder war es eine sogenannte Waffe der Gelegenheit: der zufällig vorgefundene Hammer bei einer ungeplanten Tat. Daraus ergeben sich dann weitere Fragen: Wie häufig hat er mit dem Werkzeug auf das Opfer eingeschlagen? Gibt es in seinem Verhalten Anzeichen unbeherrschter Wut? Können diese Umstände dafür sprechen, dass sich

Täter und Opfer möglicherweise nahestanden, oder dürfte eher von einer milieubedingten Tat auszugehen sein? Fragen, die ich mir sicherlich auch im Fall von Heike Rimbach zu stellen habe.

Und noch ein dritter Komplex ist in der Fallanalyse wichtig. Neben den Informationen des Tatortes und den Traumen an der Leiche muss ich mich sehr intensiv mit der Persönlichkeit des Opfers beschäftigen. Es gilt nämlich die Frage zu beantworten, ob der oder die Getötete bewusst und gezielt vom Täter ausgesucht wurde oder ob das Opfer einfach Pech hatte und zur falschen Zeit am falschen Ort war. Dann hätte sich die Tat nicht persönlich gegen ihn oder sie gerichtet, dann war er oder sie ein Opfer des Zufalls. Um auf all diese Fragen Antworten geben zu können, muss ich den Tatort besichtigen und auch die Ermittlungsakte lesen. Ich muss möglichst alle Informationen über das Opfer darin finden. Ich muss wissen, wer der Mensch Heike Rimbach gewesen ist.

Im Idealfall weiß ich bei Analysen am Ende so viel über das Opfer wie kaum ein zweiter Mensch. Ich bin gespannt, ob mir das auch bei Heike Rimbach gelingt. Die lange Zeit, die seit ihrem Tod vergangen ist, macht diese Herausforderung nur noch größer. Warum wir uns als Fallanalytiker ungern auf Zeugenaussagen stützen, hat einen einfachen Grund: Menschen haben nach meiner Erfahrung die Angewohnheit, Erlebnisse und Ereignisse der Vergangenheit zu idealisieren, häufig nur das Positive zu bewahren und die Wahrheit gerne zu beschönigen. Manchmal vergessen sie auch ganz einfach Details, schließen Lücken in ihren Erinnerungen mit eigenen Gedanken und schaffen sich somit ein geschlossenes Bild, das ihren Vorstellungen entspricht. So wie es bei dem früheren Abschnittsbevollmächtigten der Fall war.

Das Ziel meiner Arbeit ist ein ehrgeiziges: Ich will die Fragen beantworten können, weshalb Heike Rimbach am 28. August 1995 umgebracht wurde und wer dafür verantwortlich ist.

Ich weiß, dass die Chance des Scheiterns groß ist. Haben in den vergangenen zwei Jahrzehnten doch mehrere Ermittlungsgruppen viel Zeit, Energie und wohl noch mehr schlaflose Nächte darauf verwandt, genau diese Antworten zu finden. Ich möchte auch nicht behaupten, dass ich mehr Erfolg bei meinen Recherchen haben werde als meine früheren Kollegen. Aber ich weiß, dass die Bearbeitung eines Mordes in der Kommission von anderen Gesetzmäßigkeiten gesteuert wird als die Analyse eines Verbrechens mit den Methoden des Profilings. Deshalb werde ich jede vermeintlich festgezurrte Information zur Fundsituation der Toten, zur Tatrekonstruktion, zur Todeszeitbestimmung, zu den Verletzungen und der Todesursache des Opfers neu bewerten, auch wenn es hierzu bereits umfangreiche Gutachten gibt. Ich muss neue Experten unterschiedlicher Disziplinen finden, um mich mit ihnen über die auftretenden Fragestellungen auszutauschen. Ich bin froh, dass Maria Rimbach bereits ihren Anwalt autorisiert hatte, mir alle Fallinformationen zur Verfügung zu stellen. Nur so kann ich überhaupt mit einer ernsthaften Analyse beginnen. Eine nur auf Teilinformationen basierende Untersuchung wäre von vornherein zum Scheitern verurteilt.

Sieben Wochen später bin ich mit Maria Rimbach ein zweites Mal im Harz verabredet. Ich soll ihr die Tatortfotos und das Obduktionsprotokoll erläutern, während ich die Gelegenheit nutzen werde, das Tathaus aufzusuchen. Diesmal will ich es nicht nur von außen betrachten, sondern auch ins Innere gelangen. In der Zwischenzeit hatte ich die Unterlagen so weit durchgesehen, dass ich mir ein Bild von den vielen Verdächtigen machen konnte, die im Laufe der Jahre von den Ermittlern überprüft worden sind. Schnell hatten sich die Mordkommissare – wie von Karl-Heinz Rimbach angeprangert – auf ein innerfamiliäres Verbrechen konzentriert, ohne dass sie die Verdachtsmomente gegen Heikes Eltern und ihre beiden jüngeren Stiefbrüder weiter hätten konkretisieren können. Vorhandene Alibis und abweichende DNA-Merkmale an den Tatwerkzeugen wurden genauso wenig berücksichtigt wie die Frage nach einem überzeugenden Motiv.

Zudem waren die Überprüfungen von Heike Rimbachs Intimpartner nicht von Erfolg gekrönt. Heikes neuer Freund wohnte zur Tatzeit gut 120 Kilometer von Lüttgenrode entfernt und hätte mit öffentlichen Verkehrsmitteln oder einem Auto mehrere Stunden für die Fahrt zum Tatort und zurück benötigt. Er hatte für den Tattag ebenfalls ein Alibi.

Doch 2005, zehn Jahre nach dem Verbrechen, kommt plötzlich wieder Bewegung in den Fall. Eine Bluttat im Bad Harzburger Rotlichtmilieu zeigt bei der Tatausführung Parallelen mit dem Mord in Lüttgenrode. Heikes früherer Arbeitskollege wird angeklagt, im September 2005 einer thailändischen Prostituierten mit einem hammerähnlichen Gegenstand schwere Kopfverletzungen zugefügt zu haben. Als eine Kollegin der bedrängten Frau zu Hilfe eilt, drischt der Täter auch auf ihren Kopf ein. Es gelingt ihr jedoch zu fliehen, worauf er ihr folgt und versucht, sie mit Messerstichen in den Hals zu töten. Die Frau hat Glück, sie überlebt trotz Schädelfrakturen, Platzwunden und Schnitten. Der Täter kehrt nun in das Studio der Thailänderin zurück und sticht ihr mit dem Messer in den Hals und die Schulter. Die Frau verblutet. In einem Indizienprozess wird der Mann allerdings freigesprochen. In der Harzburger Zeitung lese ich das Fazit der Pressestelle des Landgerichts zur Beweisaufnahme: »Die während der viermonatigen Beweisaufnahme festgestellten Indizien reichen für eine Verurteilung des Angeklagten in allen Punkten nicht aus, weder einzeln für sich noch in der Gesamtschau.«

Drei Jahre später glauben die Ermittler, den wahren Täter von Heike Rimbach gefunden zu haben: den Exfreund. Blutspuren an den sichergestellten Schuhen des Verdächtigen können dem Opfer zugeordnet werden. Der Fall scheint klar, der ehemalige Partner wird verhaftet und kommt in Untersuchungshaft. Drei Monate später aber nimmt der Fall wieder eine Wende: Das Gericht hebt den Haftbefehl auf, die Staatsanwaltschaft zieht die Anklage gegen den Mann zurück. Ein Sprecher der Staatsanwaltschaft kommentiert die Entscheidung so: »Es haben sich neue Ermittlungsansätze ergeben, denen nun nachgegangen wird.«

Ich kann mir gut vorstellen, dass mit dieser Entscheidung für Maria Rimbach und ihre Familie der Glaube an einen funktionierenden Rechtsstaat erneut einen großen Dämpfer erhält und fortan Bitterkeit ihren Weg bestimmen wird. Ich muss ständig an den Titel der Fernsehdokumentation über den Fall denken – »... und ein Dorf schweigt«, den ich fast als Aufforderung verstehe: Irgendjemand im Dorf muss doch bereit sein, über den Mord zu sprechen. Ich mache mich auf die Suche und kann nach mehreren Telefonaten tatsächlich einige Bewohner aus Lüttgenrode davon überzeugen, sich mit mir über ihr »Schweigen« zu unterhalten.

Meine Gesprächspartner sind misstrauisch und können meine Motivation, Familie Rimbach zu helfen, nicht so recht einschätzen. Doch je länger unsere Telefonate dauern, desto mitteilsamer werden sie. Auch wenn nach der Tat so viele Jahre vergangen sind, verletzt sie der mediale Vorwurf immer noch. Und so lautet die einhellige Antwort auch, dass bei einem solch abscheulichen Verbrechen von bewusstem Schweigen keine Rede sein kann. Vielmehr habe man keine relevanten Beobachtungen gemacht und über die Rimbachs nichts gewusst. Sie seien die »Zugereisten aus dem Westen« gewesen, die sich abgeschottet hatten. Abgesehen vom jüngsten Sohn hätten sie auch kein Interesse am Dorfleben gezeigt. Unisono höre ich den unterschwelligen Vorwurf: »Die wollten für sich sein!« Natürlich sei man sehr über das Verbrechen entsetzt gewesen, habe sich untereinander ausgetauscht und sei jedoch zu der Erkenntnis gekommen, dass es »von uns hundertprozentig niemand war«. Und so hat sich bis heute in den Gedanken der Dorfbewohner die Vorstellung manifestiert, dass es sich um eine Beziehungstat gehandelt hat. Manche sahen auch Parallelen zu dem unnatürlichen Todesfall in der Lagerhalle der Rimbachs, drei Wochen vor Heike Rimbachs Tod. Trotzdem sei man erst vor wenigen Jahren zu der Teilnahme an einem freiwilligen DNA-Massentest bereit gewesen. Ein Ergebnis hatte dieser nicht erbracht. Für mich klingen die Argumente glaubwürdig, und ich muss mir eingestehen, vielleicht zu übereilt der Schlagzeile der Fernsehdoku Glauben geschenkt zu haben.

Als ich Maria Rimbach auf meine Telefonate mit den Dorfbewohnern anspreche, bestätigt sie deren Eindrücke: »Kann schon sein. Wir hatten einfach keine Zeit, und unsere privaten Kontakte waren ja im Westen.«

Sie wechselt das Thema, spricht mich erneut auf die Tatortfotos an und wiederholt ihren Wunsch, dass ich ihr die Fundsituation am Tatort erläutere. Ich habe meine Zweifel, ob die Konfrontation mit der verstörenden Realität so gut für die Frau ist. Es müsste doch reichen, dass ich ihr die Tatumstände schildere. Schon in meiner aktiven Zeit als Leichensachbearbeiter habe ich stets versucht, Hinterbliebene nicht mit dem Gesicht des Todes zu konfrontieren. Stattdessen sollten sie an einen gemeinsamen und schönen Moment mit dem Verstorbenen denken und dieses Bild in ihrer Erinnerung bewahren. Doch Maria Rimbach sieht das anders. Die Fotos seien ihr bereits bei der Polizei gezeigt worden. Mit meiner Hilfe will sie zudem der Öffentlichkeit die Geschichte vom Tod ihrer Tochter präsentieren. Und so willige ich einerseits widerstrebend ein, andererseits weiß ich, dass Maria Rimbach mit einem solchen, für mich gleichsam selbstzerstörerischen Wunsch nicht allein dasteht. Ich kenne viele Hinterbliebene, die im Besitz von Tatort- und Obduktionsfotos ihrer getöteten Kinder sind und erst auf diese Weise sich nach und nach mit der Absolutheit des Todes arrangieren können. Meistens sind es Mütter, die diesen für mich als Vater von drei Kindern nur schwer nachzuempfindenden Weg gewählt haben und mit einer Vehemenz ohnegleichen alles über den Tatablauf wissen möchten.

Und noch etwas hat Maria Rimbach mit ihrer energischen Vorgehensweise erreicht: Ich kann am nächsten Tag den Tatort in Lüttgenrode aufsuchen; für mich eine wichtige Voraussetzung für die Tatrekonstruktion.

Bevor ich allerdings noch tiefer in das Verbrechen eintauche und mit Maria Rimbach die Tatortbilder analysiere, gebe ich ihr zu bedenken, dass ich nicht versprechen könne, den Mörder ihrer Tochter tatsächlich zu entlarven. Vermutlich sei es nur möglich, das Tatgeschehen sehr detailliert zu rekonstruieren und Angaben zum Motiv zu machen. Sie möge überlegen, ob sie das wirklich wolle. Ich brauche die Frau nur anzusehen. Maria Rimbachs Blick ist Antwort genug. Fast flüsternd antwortet sie: »Ich will alles wissen, was diese Bestie meiner Tochter angetan hat.«

Wenige Stunden später sind wir am Polizeirevier ihres Ortes, um mit der zuständigen Sachbearbeiterin die Fotomappe mit den Tatortbildern anzuschauen. Auch die das Verfahren leitende Staatsanwältin ist zu diesem Termin gekommen. Wir unternehmen einen gemeinsamen Versuch, Maria Rimbach von ihrem Vorhaben abzubringen. Alles vergeblich: Die Frau will die Fotos ihrer toten Tochter sehen. Wir beginnen mit den Außenaufnahmen vom Tatort. Das ist unverfänglich, schließlich hat die Familie dort gewohnt. Ich schlage ein Blatt der Fotomappe nach dem anderen um. Langsam nähern wir uns über das Erdgeschoss Heikes Zimmer in der ersten Etage. Dort, wo die Tat begann.

Bei Maria Rimbach kehren die Erinnerungen zurück, und sie kommentiert das eine und andere Foto. Ich bin überrascht, wie ruhig und beherrscht sie neben mir sitzt und die Eindrücke langsam auf sich wirken lässt. Was mag jetzt wohl in ihrem Kopf vor sich gehen? Zunächst wirkt sie unbeteiligt. Nur gelegentlich verraten kleine Gesten ihre Nervosität, dann, wenn sie zum Beispiel die Augen zusammenkneift, ihre Stirn runzelt oder zur Beruhigung ihren Nacken berührt. Ich fühle mich nicht wohl in meiner Haut, als wir uns den Aufnahmen vom Dachboden nähern und somit auch den Detailaufnahmen des Todes. Ich unternehme einen letzten Versuch, ihr die Fotos vorzuenthalten. Doch Maria Rimbach lässt sich nicht darauf ein. Dann atmet sie tief durch, trinkt hastig einen Schluck Kaffee und fordert mich mit einem Nicken zum Umblättern der folgenden Seite auf. Ich schaue fragend die Beamtin an. Auch sie scheint die Situation ähnlich wie ich zu sehen. Doch welche Entscheidung ist jetzt die richtige? Soll ich Maria Rimbach die Fotos nun präsentieren oder nicht? Ich entschließe mich für das Zeigen und wähle ein Foto, auf dem ihre Tochter in der Distanz in der Schlinge hängt. Die Mutter wird ganz still. Sie ballt die Hände zu Fäusten, bis das Weiß ihrer Knöchel hervortritt. Dann das nächste Foto. Eine Nahaufnahme vom Gesicht der malträtierten Tochter. Diese Fülle der Gewalt hat Maria Rimbach nicht erwartet. Abrupt steht sie auf und kehrt nicht mehr zurück: Die Bilder der Realität sind eben schonungsloser als die eigene Fantasie. Mir wird in diesem Moment klar, dass sie diese Fotos nicht kannte. Als ich sie wenige Minuten draußen auf dem Parkplatz treffe, hat sie verweinte Augen und bittet mich, sie nach Hause zu fahren. Gierig zieht sie an ihrer Zigarette. Während der Fahrt schweigt sie.

Auch ich schweige, denn Heike Rimbachs massive Kopfverletzungen gehen mir nicht aus dem Sinn. Es braucht einige Zeit, bis ich selbst verstehe, was mich an den Aufnahmen irritiert: Im blutigen Gesicht der Toten konnte ich weder an den Augen noch der Nase noch dem Mund Eigelege von Fliegen erkennen.

Denn normalerweise gilt: Stirbt ein Mensch im Freien oder bei geöffnetem Fenster in seiner Wohnung, so ist fast immer zu beobachten, dass schon wenige Minuten nach dem Tod Schmeißfliegen-Weibchen unzählige winzige Eier an Augen, Nase, Mund und den Schleimhäuten anderer Körperöffnungen ablegen. Diese Fliegen können die mit dem Tod einhergehenden Verwesungsgerüche durch die dabei abgebauten Aminosäuren bereits über Hunderte von Metern registrieren.

Gut kann ich mich noch an einen von mir organisierten Lehrgang zur Berechnung der Leichenliegezeit erinnern, für den mir von einem Schlachthof zwei Schweine zur Verfügung gestellt worden waren. Bereits wenige Minuten nachdem die toten Tiere aus dem Kühlhaus geholt worden waren, hatten sich zahlreiche Fliegen eingefunden und an den Kadaverköpfen stecknadelkopfgroße Eier abgelegt. Während Fliegen von Blütennektar leben, ernähren sich die Maden von verwesendem Gewebe. Ich konnte beobachten, dass der Schlupf des Nachwuchses sehr zügig erfolgte und bereits nach einem Tag winzige Fliegenmaden die beiden toten Kadaver als Nahrungsquelle nutzten und sich vollfraßen. Während ihres rasanten Wachstums häuteten sie sich zweimal und verließen nach gut einer Woche das Aas, um sich an einer dunklen Stelle unter Blättern zu verpuppen. Aus der Puppe, dem Puparium, schlüpften nach kurzer Zeit die erwachsenen Fliegen. Der biologische Kreislauf begann von Neuem.

Doch was bedeutet die fehlende Besiedelung mit den

Fliegeneiern an der Toten für diesen konkreten Fall? War der blutüberströmte Leichnam von Heike Rimbach für die Fliegen doch nicht so attraktiv gewesen, obwohl sonst Blut mit seinem markanten Geruch eine große Anziehungskraft auf diese Tiere ausübt? War es zu kühl gewesen, was den Verwesungsprozess erheblich verlangsamen kann? Oder war das schmutzige Geschirr mit den Essensresten in der Küche anziehender als die biochemischen Veränderungen an der Leiche eine Etage höher auf dem Boden? Oder aber hatte jemand die Tote abgedeckt, sodass die Fliegen keinen Zugang zur Leiche hatten und zunächst erst einmal keine Eier ablegen konnten? Sollte dies der Grund für die fehlende Besiedelung sein, so würde das bedeuten, dass Heikes Vater die Fundsituation verändert haben müsste. Doch warum? Auch diesen Überlegungen muss ich nachgehen und Expertengespräche führen. Am Tatort werde ich Köder für die Fliegen auslegen und beobachten, was passiert. Auch wenn inzwischen viele Jahre nach der Tat vergangen sind, kann dies noch immer aufschlussreich sein.

Ich besorge mir also vier Plastikschalen, mache mich auf dem Weg zum örtlichen Schlachter, kaufe Tartar sowie blutige Schweineleber und verteile das Fleisch auf die Schalen. Zwei Schalen deponiere ich von der Straßenseite in offene Fenster des Hauses, die anderen beiden im Bereich der Bodenluke, unweit der Stelle, wo vor 19 Jahren Heike Rimbach starb. Mich beschleicht ein mulmiges Gefühl, zumal jetzt die Fundsituation der Toten plastisch vor meinen Augen erscheint. Während ich drei Proben offen auslege, schiebe ich die verbleibende in eine Plastiktüte, um somit ein Abdecken der Leiche nachzuahmen. Auch die Witterung jetzt im Oktober gleicht in etwa der von damals im August 1995: bedeckt, regnerisch und maximal 14 °C. So bleibt es auch den ganzen Tag über. Ich bin sehr gespannt, was in den nächsten 24 Stunden passieren wird. Werden die Fliegen auf die Köder aufmerksam werden?

Als ich am nächsten Tag meine Experimentiergeräte einsammle, schwärmen mir von der offenen Schale auf dem Scheunenboden mehrere bläulich schwarz glänzende Fliegen brummend entgegen. Aber auch bei den anderen Proben sind die Fliegen aktiv gewesen. Ich kann an allen Auslagen mehrere Ansammlungen von Eiern erkennen; am Tartar deutlich mehr als an der Leber. Ein befreundeter Entomologe, der sich auf die Insektenbestimmung der Ordnung Diptera, also Zweiflügler wie Fliegen und Mücken, spezialisiert hat, nimmt noch am Abend die Proben entgegen. Bereits in der Nacht schlüpfen die ersten Maden und können später von dem Fachmann als Calliphora vicina oder Blaue Schmeißfliege bestimmt werden. Ein häufig auftretender Hygieneschädling, der vornehmlich im Siedlungsraum der Menschen lebt und sich sowohl auf Nahrungsmitteln als auch auf organischen Abfällen aufhält und dadurch vielerlei Krankheiten übertragen kann. Ich schaue mein Gegenüber fragend an, denn für mich sehen Fliegenmaden alle gleich aus. Der Mann schmunzelt, als er mich zu seinem Mikroskop bittet, mir die Präparate zeigt und mich auf ein winziges Knöchelchen, den Oralsklerit, zwischen den beiden Mundhaken und speziell angeordnete winzige Zähnchen auf den Verbindungsringen der einzelnen Segmente des Madenkörpers hinweist. Ich bin vom Variantenreichtum der Natur und dem Beobachtungsvermögen dieses Wissenschaftlers sehr beeindruckt.

Die fehlende Besiedlung der Leiche mit den Eiern kann sich mein Experte gut mit dem drastischen Temperaturabfall von über 5 °C von Sonntag auf Montag und dem kalten, regnerischen Wetter erklären. »Sie waren einfach flugfaul und auch nicht bereit, Eier abzulegen. Vermutlich haben sie in dieser Zeit in Büschen und Sträuchern unter Blättern auf bessere Witterungsverhältnisse und höhere Temperaturen gewartet.« Diese Erklärung macht für mich Sinn. Spontan muss ich an die schmutzigen Teller mit den Essensresten in der Küche denken. Als Fliege würde ich mich dort sicherlich wohler fühlen als auf einem unwirtlichen und zugigen Dachboden.

Bald darauf treffe ich mich mit den zuständigen Ermittlern am Tatort. Wir benutzen die frühere Eingangstür und betreten das Haus. Trotz der zerbrochenen Fensterscheiben schlägt mir ein modriger Geruch entgegen. Abgeplatzter Putz von den Wänden, herabhängende Tapeten und nackte Fußböden zeigen ein trauriges Bild des Niedergangs des über hundert Jahre alten Anwesens. Direkt hinter der Eingangstür führt eine steile Stiege nach oben zu den Zimmern in der ersten Etage. Ich brauche ein wenig Zeit, bis ich mich in die räumlichen Gegebenheiten einfühlen kann, die ich bisher nur aus Beschreibungen und von Fotos kenne. Ich gehe nach rechts und komme zu den früheren Wohnräumen der Familie im Erdgeschoss. Auch hier ist heute alles unbewohnbar. Nur der Kamin im Wohnzimmer scheint die langen Jahre des Verfalls einigermaßen unbeschadet überstanden zu haben.

Hier unten habe ich genug gesehen und gehe zurück zum Eingang. Ich zähle 14 Stufen, bis ich das obere Stockwerk erreicht habe. Ein Weg, den auch der Mörder gegangen sein dürfte. Ich muss aufpassen, um nicht zu straucheln, denn der Belag der Stufen ist wellig und rutschig. Am Ende der Treppe stehe ich vor dem Eingang zum früheren Abstellraum. Der Partyraum, wie er bei den Rimbachs genannt wurde und der, wie ich bereits weiß, eine besondere Bedeutung bei der Tat hatte. Die Tür zum Raum fehlt, sie steht angelehnt an einer Wand. Auch die Scharniere an der Zarge sind nicht mehr vorhanden. Ich bedauere das, denn so kann ich die Angaben von Karl-Heinz Rimbach zur schleifenden Tür nicht überprüfen. Doch ich möchte der Chronologie der Ereignisse folgen und gehe zunächst nach rechts, muss zwei Stufen nach oben steigen und komme zu einem kleinen Flur, von dem die Zimmer der Kinder und die nachträglich eingebaute Toilette abgehen. Heike bewohnte dort das mittlere der drei zur Straße gelegenen Räume.

Auch hier offenbart sich wie überall im Haus das trostlose Bild des Niedergangs: zerbrochene Fensterscheiben, heruntergefallener Mörtel auf dem Boden, und nur an einigen Stellen klebt noch die weiß gestrichene Raufasertapete mit den halbhohen Dreiecken und dem an Flammenspitzen, Zähne oder gar Dornen erinnernden roten Fries an der Wand: eine wahrlich spannungsgeladene Form der Zimmergestaltung. Ich muss bei diesem exzentrischen Wandschmuck an Maria Rimbachs Worte über die Ausstrahlung und Energie ihrer Tochter denken: »Sie hat es sich nicht einfach gemacht und alles hingenommen. Fuhr ihre Stacheln aus, wenn ihr etwas nicht gefiel oder ihr jemand zu nahe kam.«

Das alte, von innen auf die Tür aufgeschraubte Kastenschloss, mit dem Heike nachts ihr Zimmer verschloss, ist noch vorhanden; die Verriegelung ragt heraus. Für einen kurzen Moment bin ich überrascht, als ich sehe, dass das Schließblech in der Türzarge verbogen ist und die Schrauben locker sind. Sollte der Täter etwa versucht haben, gegen Heikes Widerstand in das Zimmer zu dringen? Doch dann fällt mir ein, dass ein entsprechender Hinweis in dem erst fast ein Jahr später geschriebenen Tatortbericht fehlt. Vermutlich ist die Beschädigung später geschehen. Doch warum? Haben Ermittler versucht, den Tatablauf zu rekonstruieren? Probierten sie, bei verriegelter Tür ins Zimmer zu gelangen? Das wäre eine Erklärung.

Ich stehe nun in dem Zimmer, in dem das Verbrechen seinen tragischen und brutalen Verlauf nahm. Der Raum ist sehr klein, vielleicht gerade einmal 13 Quadratmeter groß und knapp 2,50 Meter hoch. Dort, wo einst das Bett von Heike stand, liegt jetzt ein Heizkörper auf dem nackten Beton. Ich erinnere von den Tatortfotos, dass hier einst ein grauer Teppich mit geometrischen Ornamenten ausgelegt war. Er ist vor einigen Jahren zur kriminaltechnischen Untersuchung gebracht worden; Es ging um Blutspuren, aber vom Täter waren keine dabei. Nun liegen nur noch abgeschabte, wellige graue PVC-Bahnen auf dem Boden. Ich blicke aus dem Fenster und überlege, welchen letzten Blick Heike wohl nach draußen hatte. Langsam werden die Tatortfotos von damals zu Bildern vor meinen Augen, wie es hier aussah, als das Verbrechen geschah.

Die rote Jalousie vor dem Fenster ist heruntergelassen, die Lamellen sind geschlossen. Nur wenig Tageslicht dringt in den Raum ein. Die Bettdecke in Heikes Bett ist zurückgeschlagen, zwei Kopfkissen liegen am anderen Ende. Etwas unterhalb der Kissen sind zwei Fernbedienungen dicht nebeneinander abgelegt. Ich frage mich, ob Heike so eingeschlafen ist oder bereits am Morgen ferngesehen hat. Als sie am Abend des 28. August vermisst wird, ist ihr Fernseher jedenfalls ausgeschaltet. In der Mitte des Raumes steht ein Couchtisch. Darauf sehe ich Papiere, Zeitschriften, ein geöffnetes Portemonnaie, Heikes Führerschein, zwei Tetrapaks Eistee, eine große Flasche Cola. Keine Gläser. Ein geöffneter Beutel Kartoffelchips verdeckt zur Hälfte einen wohl benutzten Teller, auf dem ein Besteckteil abgelegt ist. In zwei Aschenbechern liegen Zigarettenkippen, daneben eine Schachtel Zigaretten und ein Feuerzeug. Auf dem Fußboden sind mehrere Jugendzeitschriften verstreut. Vorne, an der Tischkante und in der Nähe der Tür, liegen ein College-Schreibblock und ein einzelner goldener Ring. Zwischen beiden befinden sich mehrere Schreibstifte: Kugelschreiber und ein Filzstift. Das Foto ist leider unscharf, doch der Ring scheint einen gefassten Stein zu haben. In dem College-Block will Maria Rimbach Heikes Gedichte gefunden haben. Am Zimmereingang steht ein Polstersessel, auf dem Textilien liegen. Auch hier vermag ich leider nichts Genaues zu erkennen, doch vermutlich liegen eine weiße Jeans und ein weißer Gürtel unter anderen zerknautschten und nach hinten geschobenen Kleidungsstücken. Es sieht so aus, als hätte jemand auf dem Sessel gesessen, vor dem zwei Stofftiere auf dem Boden liegen.

Doch ist das auch tatsächlich die Situation, wie sie der Täter zurückließ, nachdem er Heike überwältigt und auf den Boden verschleppt hatte? Ich habe noch deutlich Maria Rimbachs Worte im Ohr, dass sie in Heikes Zimmer nach Hinweisen auf ihren Aufenthalt gesucht hätten. Doch was sie bei ihrer »Spurensuche« veränderte, erfahre ich leider nicht aus den Akten.

Bei einem ersten flüchtigen Blick in den Raum, in dem ich mich nun um 19 Jahre zurückversetze, macht die Szenerie auf mich zwar einen etwas unaufgeräumten, jedoch durchaus entspannten Eindruck. Hier hatte es sich jemand gemütlich gemacht. Doch beim genaueren Betrachten der Bilder weicht die vermeintliche Idylle brutaler Realität. An der Bettkante haftet Blut. Einige wenige Tropfen nur, teilweise verwischt und verlaufen. Auf dem Teppich darunter ist ein weiterer gefallen. Auch der halb aus dem Bett gefallene rosarote Plüschelefant hat rote Flecken. An seinem Nacken ist das Blut halbmondförmig und mehrere Zentimeter breit verwischt. Neben dem Bett steht eine Couch. Die darauf liegende blaue Wolldecke ist an einer Seite verrutscht. Mir kommt es so vor, als sei der ursprünglich davor stehende Tisch in die Mitte des Raumes verrückt worden; zu groß ist jetzt der Abstand, um gemütlich auf dem Sofa sitzen, rauchen und trinken zu können. Die auf dem Boden liegenden Zeitschriften scheinen erst mit dem Verrücken des Tisches heruntergefallen zu sein. Die Illustrierten umrahmen mehrere und zum Teil verwischte Bluttropfen. Auf dem Teppich liegen zudem mehrere Glasscherben, die fast bis zum Bett verteilt sind. Aus dem Tatortbefundbericht weiß ich, dass die Bruchstücke von einer ehemals mit Wasser gefüllten Schale mit Schwimmkerzen stammen, die ursprünglich auf einem nur etwa 30 Zentimeter hohen Hocker in der Ecke des Zimmers stand. Hier soll auch der Bodenbelag nass gewesen sein. Auf den Fotos mit den abgebildeten Zeitschriften ist kein Blut zu sehen.

Doch was bedeuten diese Spuren für den Tatablauf?

Heike Rimbach hat nicht im Bett gelegen. Die Bettwäsche ist sauber, die Fernbedienungen liegen fast parallel nebeneinander. Das Blut ist fast ausschließlich auf dem Teppich zwischen Tisch und Couch getropft und zum Teil verwischt. Für mein Gefühl ist es wenig Blut. In diesem Bereich kam es zur Auseinandersetzung mit dem späteren Mörder. Hatte Heike in ihrer Impulsivität die dickwandige Schale mit den Schwimmkerzen auf den Boden geworfen? Ich mag das nicht ausschließen, da die Scherben über einen größeren Bereich und bis fast zum Bett auf dem Boden verteilt sind; beim bloßen Herunterfallen des Glases von dem niedrigen Hocker entstünde ein anderes Spurenbild, die Scherben würden vor dem Sitz und mehr oder weniger noch im Verbund liegen, sofern das Gefäß bei dieser geringen Fallhöhe überhaupt zersprungen wäre. Leider fehlen auch für diese Fragestellung aussagekräftige Bilder. Ich ärgere mich über die mangelhafte Tatortsicherung, denn auch das Kastenschloss an der Tür war nicht fotografiert worden. Auf eine Scherbe ist Blut getropft, die Schale muss vorher zerbrochen sein. Ich muss an Maria Rimbachs Worte denken, hatte sie doch ihre Tochter als impulsiv und »voller Stacheln« beschrieben. Als es beispielsweise um die Trennung von ihrem langjährigen Freund ging, war es zu einem heftigen Streit gekommen, da sie den Trennungswunsch ihrer Tochter nicht akzeptieren wollte: »Wie eine Furie hat sie geschrien. Ich konnte sie nicht beruhigen. Ihr Gezeter ging so lange, bis ihr Karl-Heinz eine geknallt hat. Erst dann wurde sie ruhig.«

Am 28. August 1995 ist niemand da, der Heike Rimbach helfen kann, als es zur tödlichen Auseinandersetzung kommt. Das Geschehen eskaliert, der Täter reagiert mit

Schlägen ins Gesicht, auch mit Würgen. Im Obduktionsprotokoll sind Hämatome in Gesicht und zwei Unterblutungen am Hals beschrieben. Für mich steht fest, dass anschließend Heikes Blut aus der Nase rinnt und auf den Boden tropft. Sie kommt zu Fall und verwischt dabei einige Bluttropfen auf dem Teppich. Dabei zeigt ihr Kopf in Richtung des Bettes, wo weiteres nasales Blut senkrecht auf die Bettkante tropft und die Wischspur am Plüschelefanten entsteht.

Während ich mir diese Situation vorstelle, überlege ich, weshalb Heike in diesem Moment nur mit T-Shirt und Slip bekleidet ist. Von ihrer Mutter weiß ich, dass sie im Körperlichen sehr zurückhaltend war: »Nicht einmal vor uns hätte sie sich mit fast nichts an gezeigt.«

Mir gehen noch mehr Fragen durch den Kopf: Welche Bedeutung hat der goldene Ring auf dem Tisch? Ich finde es ungewöhnlich, dass er als einziges Schmuckstück so offen und gleichzeitig isoliert von den anderen Dingen auf dem Tisch liegt. Fern von den Zigaretten, dem Feuerzeug und den beiden Aschenbechern. Es erinnert mich eher an eine Inszenierung. Oder hatte jemand im Sessel mit den zerknautschten Textilien gesessen und den Ring demonstrativ abgelegt?

Als ich Maria Rimbach die Fotos aus Heikes Zimmer zeigte, erwähnte sie, dass ihre Tochter lediglich Silberschmuck getragen habe. Der Exfreund wollte Heike nach der Trennung einen goldenen Ring schenken, als Versöhnungsgeste. Als sie jedoch das Schmuckstück nicht wollte, habe er den Ring an einer Halskette getragen. Ob es der Ring auf dem Foto ist, vermag sie nicht zu bestätigen.

Was geschieht dann, nachdem Heike Rimbach auf den

Boden gefallen ist? Die Spuren im Zimmer sprechen nicht dafür, dass sie großen Widerstand leistet. Sonst würde noch mehr Blut zu sehen sein. Der Raum ist zu ordentlich. Nur wenige Dinge sind umgefallen oder liegen auf dem Boden. Der Täter also gewinnt sofort die Kontrolle über die zierliche Person und hält diese, wie es in der Sprache der Fallanalytiker heißt, auch. Mit anderen Worten: Er kann mit Heike Rimbach tun, was er will.

Die nächsten Blutspuren zeigen sich erst wieder im Partyraum, und der ist mehrere Meter von Heikes Zimmer entfernt.

Auch wenn es heute bei der Tatortbesichtigung das Zimmer und die Trennwand mit der kleinen Öffnung zum Boden nicht mehr gibt, so habe ich trotzdem eine Vorstellung von den räumlichen Verhältnissen, als sich das Verbrechen ereignete. Ich konzentriere mich wieder auf die Tatortfotos. Der etwa drei mal drei Meter große Partyraum hat offensichtlich nur eine Funktion: Er ist ein Sammelplatz für Sperrmüll und Abfälle jeder Art, dicht vollgestellt und wenig Platz zum Bewegen; eine Party war dort nie gefeiert worden. Ich frage mich, wer von diesem erst bei Ausbau des Bodens entstandenen Raum in der ersten Etage überhaupt wusste. Als die Familie in das Haus einzog, trennte sie aus Energiespargründen den Wohnbereich mit Leichtbauwänden und Steinwolle zum offenen Dachbereich ab. Gleichzeitig aber wollte sie den angrenzenden riesigen Boden zum Trocknen der Wäsche nutzen. So entstand in der Wand ein Loch in der Größe von etwa 75 mal 80 Zentimetern, das zudem nur in gebückter Haltung zu passieren ist.

Die Frage nach den Blutspuren lässt mir in all den Überlegungen und Betrachtungen keine Ruhe. Welche Erklärung gibt es, dass die Spuren hier fehlen? Heike Rimbach wird bewusstlos vom Täter in den Partyraum transportiert, ohne dass dabei Blut auf den Boden tropfen kann. Bei ihrem Körpergewicht von gerade einmal 45 Kilogramm ist dies für den Täter kein Problem. Aus den Akten weiß ich, dass bei den Ermittlungen ein Wegrennen, eine Flucht der jungen Frau in diesen Raum diskutiert wurde. Aber würde bei der Flucht nicht Blut auf den Boden tropfen? Würde es nicht eine Zeit des Verharrens auf dem Flur geben, als Heike Rimbach vom Täter eingeholt wird? Und weshalb sollte sie überhaupt in diesen mit Gerümpel vollgestellten Partyraum mit der nur kleinen Öffnung in der Wand fliehen, wenn doch auf der anderen Seite die Treppe nach unten führt? Das ist ein Weg in die Sicherheit, führt er doch zum gemeinsamen Hof der Agrargenossenschaft. Schon allein das Öffnen der nach außen gehenden Tür würde einen Zeitverlust bedeuten. Der Täter könnte Heike Rimbach inzwischen einholen, zumal sich die Tür nach Angaben ihres Vaters nur durch Anheben öffnen und schließen ließ. Eine Erklärung, die sich durch die Tatortfotos allerdings nicht belegen lässt, denn die Tür scheint in beiden Angeln zu hängen.

Der Täter legt Heike Rimbach mit dem Rücken auf den nackten Beton des Partyraumes ab und zieht sie dann durch die kleine Wandöffnung. Die wenigen Blutflecken auf dem Beton und an den unterschiedlichen Gegenständen sind dafür ein Indiz. Keine dieser Spuren scheint deutlich höher als zehn Zentimeter über dem Boden angetragen zu sein. Zudem muss ich berücksichtigen, dass bereits jetzt, zumindest aber nach dem Mord der Täter Heikes

Blut an seinen Händen oder seiner Kleidung hat und dies als sogenannte Kontaktspur überträgt.

In dieser Situation scheint Heike Rimbach völlig handlungsunfähig und wehrlos zu sein. Nichts deutet darauf hin, dass sie sich noch gegen den Täter zur Wehr setzt und dabei als Zeichen ihres Widerstandes Blutspuren hinterlässt.

All das geschieht vermutlich im Halbdunklen. Als der Vater seine tote Tochter findet, brennt im Abstellraum kein Licht. Es gibt in dem Raum oder auf dem Flur keinen Schalter. Licht kann, wie ich aus der Akte weiß, nur von einem der Kinderzimmer eingeschaltet werden.

Wenige Meter auf der anderen Seite der Öffnung beendet der Mörder den Transport. Er hat nun den riesigen und nahezu leeren Boden vor sich. Er ist allein und kann jetzt mit der jungen Frau alles tun, was er will. Niemand wird ihn daran hindern. Auch Heike Rimbach nicht, denn sie liegt noch immer völlig wehrlos und handlungsunfähig auf dem nackten Beton. So folgt eine Tötung, die in ihrer Konsequenz und dem Ausmaß der Aggression ihresgleichen sucht. Nur wenige Male, wenn überhaupt, habe ich bei von mir bearbeiteten Fällen bei einem Täter eine derart stringente Entschlossenheit, einen solch absoluten Tötungswillen festgestellt.

In Gedanken krieche ich durch die kleine Öffnung der nicht mehr existierenden Trennwand. Ich muss mich tief bücken und stehe nun ungefähr an der Stelle, wo vor vielen Jahren Heike Rimbach ermordet wurde. Es ist für mich befremdend, dem Tod des jungen Mädchens örtlich so nahe zu sein und trotz dieser bedrückenden Nähe die letzten Minuten in ihrem Leben nüchtern zu rekonstruieren. Schnell wische ich die Vorstellung von Heikes letzten Empfindungen, bevor sie starb, weg.

Durch die geöffnete Luke und undichte Stellen im Dach dringt wie damals nur wenig Licht in den Raum ein. Langsam gewöhnen sich meine Augen an das Halbdunkel. Auch dem Täter muss es so ergangen sein. Heute ist das Dach leer geräumt; es wirkt wie gefegt. Damals hingegen herrscht das Chaos mit vielen stummen Zeugen der Tat: Plastiktüten, Schulhefte, Bücher, einzelne Blätter, mit Glasfaser kaschiertes Dämmmaterial, Hölzer, Bretter, Rohre, ein blauer und prall gefüllter Müllsack, dazu auf der anderen Dachseite ungezählte Metallhaken. Aber auch Tapeten und Styroporreste. Dazu Schmutz und Getreidereste, die den Untergrund an manchen Stellen sanft wie eine Schneedecke umhüllen. Der Titel eines Buches lässt mich trotz aller Tragik schmunzeln: »Das Forscherbuch«. Auch ich beginne, die stummen Zeugen auf dem Dach zu erforschen, die auf ihre Weise nach und nach zu sprechen beginnen. Zunächst hatte der Täter Heike Rimbach bis knapp einen Meter durch die Öffnung gezogen und sie dann erst einmal liegen lassen; ihr Kopf zeigt nun in Richtung der Luke, die Füße deuten zur Wandöffnung. Sie ist zu keiner Reaktion mehr fähig, an Flucht ist überhaupt nicht zu denken.

Der Täter kann also in aller Ruhe im Partyraum und auf dem Boden nach Tatwerkzeugen suchen. Doch hat der Täter diese Ruhe tatsächlich? Ist er nicht eher hektisch und aufgeregt? Verzweifelt über das, was sich gleichsam aus dem Nichts entwickelt hat, was er nun glaubt, mit weiterer Gewalt beenden zu müssen? Oder geht er jetzt vielmehr planvoll vor? Der Transport zum späteren Fundort ist in meinen Augen ein erstes Indiz dafür. Er will nicht, dass Heike ermordet in ihrem Zimmer gefunden wird. Die Bemühungen des Mörders sind erfolgreich, er findet einen schweren Eisenhaken und ein Messer, das nach dem Zuschneiden der Isolierung für die Trennwände vergessen wurde und nun herumliegt – sogenannte Waffen der Gelegenheit. Sie sind häufig ein Indiz für eine ungeplante Tat und ein eskaliertes Tatgeschehen. Wie aber stößt der Täter auf diese Zufallswaffen? Muss er nach dem Messer suchen oder weiß er, dass es in dem mit Müll vollgestellten und dunklen Partyraum zu finden ist? Würde ein Täter, für den der Ort nicht vertraut ist, nicht zuerst in der Küche nach einem Messer suchen?

Doch zurück zu den Fakten. Heike Rimbachs Position und ihre Wehrlosigkeit ergeben sich für mich eindeutig aus den massiven Blutpuren auf dem Boden. Der Täter schlägt ihr an dieser Stelle wie von Sinnen mit dem schweren Metall ein ums andere Mal auf den Kopf und sticht auch wiederholt mit dem Messer auf den Körper ein. Das Eisen bleibt achtlos weggeworfen nur wenige Meter von dieser Stelle am Tatort zurück. Es ist dem Täter nicht wichtig, ob man die Tatwaffe findet oder nicht; sie hat keinen Bezug zu ihm.

Heikes Verletzungen bilden einen abgegrenzten Blutsee. Dunkelrot zeichnet sich die Lache auf den Tatortfotos ab und ist zum Zeitpunkt der Spurensicherung bereits angetrocknet. Auch die Blutlache spricht dafür, dass Heike Rimbach längere Zeit regungslos in der gleichen Position liegt, ehe der Täter ihren Körper umdreht, um auch in dieser Position weiter auf sie einzustechen. Erst die im Obduktionsprotokoll aufgeführten Verletzungen werden mir später das ganze Ausmaß der Gewalt verständlich machen. Auf den Abbildungen kann ich weiter erkennen, dass der Täter Heike erst nach einer Zeit, aber zielstrebig und ohne Halt über den groben Beton gezogen hat. Dabei hinterlässt das Blut von Heikes Körper eine breite Wischspur. Nach einigen Metern endet jedoch die Spur abrupt und setzt sich nur noch als dezente Schleifspur im Staub bis zur Fundstelle der Leiche fort. Mir fällt ein, dass in dieser Höhe das Tatmesser wenige Meter entfernt auf der Zwischendecke der eingezogenen Trockenbauwand liegt. Es handelt sich um ein besonders scharfes Steakmesser mit schmaler, leicht nach oben gebogener, etwa zwölf Zentimeter langer und spitzer Klinge. Das Metall ist bis zum Griff blutig; der Täter hat es tief in Heike Rimbachs Körper gestochen. Ich erinnere mich an einen Werbetext, der die Funktion dieser Messerart hervorhob: »Beim Zerkleinern wird das zarte Steakfleisch nicht gerissen, sondern geschnitten.« Mir schaudert bei der Vorstellung, wie zweckentfremdet der Mörder das Messer benutzt hat und wie zynisch und sarkastisch der Werbespruch in diesem Zusammenhang klingt.

Es spricht viel dafür, dass sich der Täter dann hinter den Rücken der Wehrlosen stellt, ihren Oberkörper aufrichtet und vermutlich die Sterbende mit weiteren Stichen in die Halsregion malträtiert. Dann wirft er die Tatwaffe auf die Zwischendecke und zieht im Rückwärtsgehen Heike zum finalen Hinrichtungsplatz. Es ist in meinen Augen eine logische Entscheidung des Täters, die Waffe hier auf die offene Zwischendecke zu werfen. Er steht direkt darunter und braucht für sein weiteres Handeln zwei freie Hände. Fallanalytisch ist diese Entscheidung des Täters von Bedeutung: Auch das Messer ist ihm – genauso wie der Eisenhaken – nicht wichtig, da es ihm nicht gehört. Er hat die Waffe also nicht mit zum Tatort mitgebracht, sondern sie dort gefunden, wiederum eine Waffe der Gelegenheit.

Doch welchen Sinn ergeben die Reste mehrerer zusammengelegter Stücke des Isoliermaterials, die auf der breiten Blutspur liegen? Das obere Stück könnte, ehe es zurückgeschlagen wurde, im Blut gelegen haben, denn es zeigt die Konturen des Blutsees. Warum aber hat das Isoliermaterial überhaupt im Blut gelegen? Welches Bedürfnis hat dieses Mal die Entscheidung des Täters bestimmt? Sollten damit etwa die Blutspuren abgedeckt werden? Doch welche Logik steckt dahinter – bei dem ganzen Blut auf dem Boden und der wie zur Schau gestellten Leiche?

Ich denke an alte Fälle. Mir fällt eine Ermittlung von vor einigen Jahren ein, in einem Neubaugebiet am Hafen. Der Mörder hatte in einer Tiefgarage seinem Opfer aufgelauert, es sofort angegriffen. Die Frau hatte sich verzweifelt gewehrt, konnte einige Meter weit fliehen, wurde dann jedoch von ihrem Mörder eingeholt und mit zahlreichen Messerstichen getötet. Auch dieser Täter hatte die Tote dann wie ein Stück Vieh über viele Meter hinter sich hergezogen und in einem kleinen Raum unter einer Treppe abgelegt. Hier wollte er wahrscheinlich seine sadistischen Fantasien an der Frau ausleben. Doch er kam nicht mehr dazu, denn Hausbewohner waren auf das Verbrechen aufmerksam geworden. Auch bei diesem Mord hatte der Täter versucht, die Spuren der Tat zu verwischen. Ein verzweifeltes und völlig unmögliches Unterfangen bei der Menge an Blut.

Mir erscheinen bei diesen Gedanken die Bilder aus der

Tiefgarage vor meinen Augen. Ich sehe die breite blutige Schleifspur und die tiefroten Schuhabdrücke mit dem markanten Profil des Täters auf dem grau gestrichenen Betonboden. Allerdings ist schnell klar, dass sich die beiden Verbrechen nicht vergleichen lassen, auch wenn sich die extremen Blutspuren gleichen. Der Täter aus der Tiefgarage hatte jedes Detail geplant: Er hatte die Tatwaffe mitgebracht sowie eine Gasmaske, Klebeband zum Fesseln und verschiedene andere Accessoires, um die Frau zu quälen und seine devianten Fantasien zu realisieren. Er hatte sich an dem lebendigen Opfer vergehen wollen. Der Mörder von Heike Rimbach hat ein anderes Motiv: Er will sicher sein, dass sie stirbt. Nach ihrem Tod beschäftigt er sich nicht weiter mit der Leiche, obwohl er das ungestört hätte tun können.

Der Mörder erreicht schließlich mit Heike Rimbach den Ständer des Dachstuhls und lehnt sein Opfer an den Pfosten. Hat er jetzt schon das Seil parat oder muss er es suchen? Es wäre das dritte situative Tatwerkzeug. Von Maria Rimbach weiß ich, dass auf dem Hof und auch im Haus mehrere Hanfstricke achtlos herumliegen. Und auch auf einer Übersichtsaufnahme des Gebäudes erkenne ich direkt unterhalb der mannshohen Ladeluke auf gestapelten Baumstämmen ein längeres Seil, das dem Strang um Heikes Hals ähnelt. Ich frage mich, weshalb der Täter sich für das Erhängen und nicht beispielsweise für das Erdrosseln entscheidet, so wie es viele Mörder, die mir bei meinen Ermittlungen begegnet sind, in ähnlichen Situationen getan hatten. Dafür geeignete dünnere Stricke oder Kabel sehe ich mehrfach auf den Fotos des Dachbodens und im Partyraum. Sogar neben der blutigen Schleifspur und den Beinen der Toten liegt eine längere grüne Kunststoffschnur. Warum also die bewusste Entscheidung für das Erhängen? Warum war das dem Täter wichtig?

Mir fallen verschiedene Möglichkeiten ein: Der Täter will auf diese Weise absolut sichergehen, dass das bewusstlose Opfer auch tatsächlich stirbt. Doch dazu hätte das Erdrosseln mit der Schnur genügt. Oder es geht um die Demütigung des Opfers über seinen Tod hinaus. Aber das hätte der Mörder durch andere, einfachere symbolische Handlungen erreichen können. Zum Beispiel durch das Spreizen der Beine, was ich oft bei Beziehungsmorden gesehen habe. Das Scheitern einer Beziehung war oft die Ursache dafür, der Täter wollte mit der Symbolik die frühere Intimpartnerin als »Schlampe« diskriminieren. Aber diese Form der Degradierung scheint für den Täter keine Bewandtnis zu haben; es ist ihm nicht wichtig. Ein dritter Grund für die Inszenierung kommt mir in den Sinn: Vielleicht will der Täter Parallelen zum unnatürlichen Todesfall des Gelegenheitsarbeiters Alfred erwecken. Doch dann hätte er von Alfreds Tod wissen und damit gleichzeitig Nähe zur Familie Rimbach haben müssen.

Der Täter knotet nun den Strick um den Hals seines Opfers, führt das Seil über das rostige Türscharnier und fixiert die Schlaufe mit zwei Knoten. Heikes Gesäß schwebt jetzt über dem Boden. Wenige Zentimeter nur, doch die reichen schon aus, um den tödlichen Prozess des Erhängens einzuleiten. Aber wie geht der Täter genau vor? Reicht seine Kraft, um die am Strick hängende 45 Kilogramm schwere junge Frau in die Höhe zu ziehen und gleichzeitig mit den beiden Knoten die Schlaufe zu fixieren?

Später, zurück in Bremen, ahme ich diese Situation mit

einer Testperson nach. Ich stranguliere dabei natürlich nicht die ungefähr gleich schwere Probandin. Ich binde ihr das Seil unterhalb ihrer Achseln um. Ohne Probleme kann ich sie an ihren Armen mehrere Meter über den nackten Beton des Rekonstruktionsraumes bis zu einem Eisenhaken ziehen, den ich wie am Tatort in 1,50 Meter Höhe an die Wand geschraubt hatte. Während das Schleifen der Frau mir überhaupt keine Probleme bereitet, gelingt mir allerdings das Hochziehen des Körpers nicht. Ständig kippt »mein Opfer« zur Seite und wirkt auf mich in diesem Moment extrem schwer. Damit habe ich überhaupt nicht gerechnet. Ich bin außer Atem, als ich es endlich schaffe, auf diese Weise das Gesäß der Frau einige Zentimeter über dem Boden anzuheben. Die nächste Hürde folgt sogleich: Meine Probandin rutscht nach unten und kommt immer wieder zum Sitzen, wenn ich das Seil mit zwei Knoten zu fixieren versuche. Erst als ich das Seil ein zweites Mal um das Scharnier wickele, bleibt der Körper in der hängenden Position. Plötzlich wird mir klar, wie der Täter vorgegangen sein muss: Nachdem er der Wehrlosen die Schlinge am Hals fixiert hat, knotet er eine zweite Schlaufe, hebt den Körper des Mädchens an und hängt die Schlaufe über das Eisen. Ein Akt von wenigen Sekunden und überhaupt nicht anstrengend. Der Selbstversuch zeigt aber noch mehr: Der Täter geht sehr entschlossen und zielstrebig vor. Er verwirklicht seinen Plan stringent.

Nachdenklich betrachte ich noch einmal die Fotos. Das Seil um den Hals ist in Höhe der Schlaufe blutig, im weiteren Verlauf nach oben zum Scharnier weist es aber nur noch wenige oberflächliche rote Kontaktspuren auf. Ich bin mir sicher, dass diese von den mit Opferblut beschmierten Händen des Täters beim Knoten der Schlaufe entstanden sind.

Ein großer Knoten verdeckt die Verletzungen an Kopf und Hals. Daraus wird auch deutlich, dass der Täter der Wehrlosen an dieser Stelle keine weiteren Schläge oder Stiche zugefügt hat. Mit einer Lupe suche ich am Holzbalken und dem Seil nach typischen Blutspritzern, wie sie bei mehreren Schlägen in eine blutende Wunde entstehen. Doch es gibt keine. Die Kopfverletzungen wurden Heike Rimbach vorher zugefügt. Das Erhängen ist tatsächlich die finale Handlung des Täters.

Heike Rimbachs Kopf ist jetzt nach vorne gebeugt, ihre Arme hängen schlaff herab und berühren den Boden. Sie sind völlig blutverschmiert. In Höhe der beiden Ellenbogen erkenne ich außen weitere kräftige blutige Flecken. Sie erinnern mich an Griffspuren von Händen, so als würde der Täter vor Heike stehen und sie dort fassen. Dass sie durch einen Griff unter die Arme beim Transport über dem Boden entstehen, schließe ich aus. Oder rühren sie vielleicht von Verletzungen her? Die Antwort auf meine Überlegungen erwarte ich im Sektionsprotokoll, doch im Untersuchungsbericht gibt es keine entsprechenden Hinweise. Auf dem rechten Oberschenkel entdecke ich zudem einen lang gezogenen Blutwischer, der von Heikes Hand stammen dürfte. Vermutlich ist ihre Hand während des Erhängens darüber gerutscht.

Was macht der Mörder als Nächstes, nachdem er sich nun sicher ist, dass Heike Rimbach sterben wird? Welchen Fluchtweg benutzt er? Er wird keine Spuren hinterlassen, zumindest werden später keine im Haus gefunden. Wenn jedoch die Erinnerungen von Heikes Vater zutreffen sollten, dass er bei der Suche nach den Katzen erst einen vor dem Durchgang zum Bodenraum stehenden Plastiksack mit Unrat wegräumen musste, so spräche das für die Flucht des Täters durch die rimbachsche Wohnung. Wichtig ist auch, was dieses Szenario für die Fallanalyse bedeutet. Der Täter drückt mit seiner Wahl des Ablageortes der Leiche ein Bedürfnis aus: Die Tote soll spät gefunden und damit die Tatzeit verschleiert werden. Durch die verstellte Öffnung soll der Eindruck erweckt werden, dass sich Heike nicht auf dem Boden aufhält, sobald ihr Verschwinden bemerkt und nach ihr gesucht wird.

Allerdings habe ich in den mir vorliegenden Aussagen des Vaters bei der Kriminalpolizei dieses Detail nicht gefunden, er hat nur mir persönlich davon erzählt. Warum? Als ich ihn darauf anspreche, erklärt er dies mit Kommunikationsproblemen zwischen den Ermittlern und ihm. Seine Aussagen seien nicht richtig protokolliert worden, es würden sogar welche fehlen. Ich nehme seine Erklärung zunächst hin und versuche, seine neuen Angaben durch objektive Beweise auf den Fotos zu bestätigen. Und tatsächlich: Auf mehreren Bildern vom Partyraum sind zwei blaue Müllsäcke zu sehen, von denen einer direkt neben der provisorischen Öffnung in der Wand steht. Er weist dunkelrot-braune Kontaktspuren auf. Für mich sieht das nach Blut aus, und möglicherweise stammt es von den blutigen Händen des Täters. Doch die Säcke sind nur zur Hälfte gefüllt. Sie können das Loch gar nicht völlig verdecken.

Ich bedanke mich bei den Ermittlern dafür, dass ich mit ihnen den Tatort besichtigen konnte. Wir verabreden ein neues Gespräch nach Abschluss meiner Recherchen.

Einige Tage nach meiner Rückkehr aus dem Harz suche ich eine Rechtsmedizinerin auf, um mit ihr Heike Rimbachs Verletzungen zu diskutieren. Ich hole das Obduktionsprotokoll mit den zahlreichen Fotos über die Leichenöffnung aus meiner Ledertasche und zeige ihr die Unterlagen. Wir beabsichtigen, alle Verletzungen an der Leiche von Kopf bis Fuß zu thematisieren. Ich möchte mir ein genaues Bild über das Ausmaß des Exzesses und – wenn möglich – über die Reihenfolge der Traumen machen. Zwar hat die Gerichtsärztin die Tote selbst nicht untersucht, doch ich schätze ihren Fachverstand. Wir kennen uns seit Jahren, sie konnte mir stets bei verschiedenen Fragestellungen in anderen Fällen weiterhelfen. Sie war es, die mich auch im Fall des an den Füßen verletzten Häftlings aus der Bremer Justizvollzugsanstalt beriet. Dem Fall, den ich im Kapitel »Wer das Schweigen bricht – das Geheimnis von Zelle 26« beschreibe.

Auf dem ersten Foto liegt Heike Rimbach auf dem Rücken des Sektionstisches, eine weiße Papierbahn unter sich. Ich sehe eine zarte, zerbrechliche, junge Frau mit ihrem knapp 45 Kilogramm Körpergewicht. Aus dem Obduktionsprotokoll weiß ich, dass sie gerade einmal 160 Zentimeter misst. Heike trägt noch die Kleidung, mit der sie auf dem Boden gefunden worden ist: das schwarze, blutbesudelte T-Shirt mit dem überdimensional großen Fingerabdruck auf der Brust. Zudem einen weißen Slip, der auf der Vorderseite blutdurchtränkt ist. Wie Konfetti sind auf der Kleidung Getreidekörner und einzelne gelbe Fasern der Steinwolle verteilt. Vorne und hinten am T-Shirt erkenne ich unterhalb des Kragenbündchens drei kleinere Löcher im Stoff, die durch Messerstiche entstanden sein konnten, ebenso drei kleine Beschädigungen auf der Rückseite vom Slip.

Die Augen der Toten sind geschlossen, der Mund ist einen Spalt weit geöffnet. Für einen Moment kommt es mir vor, als würde die junge Frau friedlich schlafen. Doch dieser Eindruck verblasst bei einem zweiten Hinsehen sofort, zu blutverschmiert sind Gesicht, Arme, Hände, Beine. Heikes Kopf ruht auf der rechten Seite, sodass ich den daumendicken und aus drei Strängen gedrehten groben Hanfstrick um den Hals mit dem mächtigen Knoten unterhalb des linken Ohres deutlich erkennen kann. Heikes mittelblonde und fast 30 Zentimeter lange Haare sind vom Blut rot gefärbt; unter dem Haaransatz beginnen mehrere Blutbahnen, die von einem zunächst horizontalen Verlauf in einen vertikalen übergehen, dann über das Kinn reichen und unter dem Tau zu enden scheinen. Das spricht dafür, dass Heike zeitweilig auf dem Boden lag, aus den Halswunden blutete und später zum Erhängen in die finale aufrechte Position gebracht wurde. Da ihr Kreislauf zu diesem Zeitpunkt noch aktiv war, wurde bei jedem Herzschlag Blut aus den verletzten Gefäßen gepumpt, wodurch sich die ausgeprägten Blutbahnen bildeten. Ein grünes Freundschaftsbändchen am rechten Fußgelenk ist ihr einziger Schmuck.

Das nächste Foto ist eine Nahaufnahme ihres malträtierten Gesichtes. In der Mitte der Stirn verläuft eine leicht diagonale, etwa vier Zentimeter lange Platzwunde, die bis zur Knochenhaut des Stirnbeines reicht. Die rechte Gesichtshälfte weist eine mehrere Zentimeter breite und von der Stirn bis zum Kinn reichende intensive Schürfung auf. Zudem kann ich am Nasenrücken, an der Oberlippe sowie am Kinn Blutergüsse erkennen, die dafür sprechen, dass der Täter Heike Rimbach mindestens drei bis vier Mal hart ins Gesicht geschlagen hat, woraufhin sie bewusstlos wurde.

Um die Dimension der Verletzungen für mich besser dokumentieren zu können, trage ich mit Buntstiften auf einem Körperschema die Traumen von Heike Rimbach ein: rot für blutende Wunden, blau für Hämatome. Nach und nach wird auf diese Weise ein umfassendes Bild des Umfangs der Zerstörung entstehen. Ich muss lange malen, denn der Täter hat drei weitere Male mit enormer Gewalt und einem schweren Gegenstand auf Heikes Kopf eingeschlagen. In der auch für mich schwer verständlichen Sprache der Rechtsmediziner heißt es dazu im Sektionsprotokoll:

»Umschriebene kantige Gewalteinwirkungen am Hinterkopf links mit Übergriff auf die Schläfen- und Scheitelregion, in Stirnmitte und an der rechten Stirnhaargrenze. Flächenhafte Unterblutung der Schädelschwarte. Eindellungsbruch von 6,5 : 3,0 cm mit 7 größeren Knochenstücken des Schädeldaches, welcher sich in der linken mittleren Schädelgrube durch den Türkensattel bis zum rechten kleinen Keilbeinflügel fortsetzt. Zerreißung der harten Hirnhaut von 4,3 : 1,5 cm. Unterblutung und Zerreißung der weichen Hirnhäute. Hirnprellungszone des linken Schläfen- und Scheitellappens von 7,0 : 10,0 cm, die sich überwiegend auf die Hirnrinde beschränkt.«

Ich schaue die Fachärztin für Rechtsmedizin fragend an und bin froh, als sie mir dazu erklärt: »Alle Verletzungen liegen einige Zentimeter oberhalb des linken Ohres. Es sind Eindellungsbrüche, die die Hirnhaut durchtrennt haben, sodass das Hirngewebe verletzt wurde. Der knöcherne Schädel ist elastisch verformbar. Eine Fraktur tritt erst dann ein, wenn die Auftreffgeschwindigkeit des Werkzeuges so hoch war, dass die Elastizitätsgrenze des Knochens überschritten wurde.« Die Ärztin geht davon aus, dass die Verletzungen durch Schläge mit einer Geschwindigkeit von über 0,5 bis 0,7 Metern pro Sekunde entstanden sind und somit zum sicheren Tod geführt hätten.

Die Fotos des verletzten Kopfes zeigen deutlich, dass alle Schläge aus einer Richtung geführt wurden. Heike Rimbach lag zu diesem Zeitpunkt vermutlich auf dem Rücken und konnte sich nicht mehr gegen die Hiebe wehren. Ich versuche, mir die Situation vorzustellen: Heike liegt jenseits des Durchgangs vom Partyraum. Sie ist bewusstlos und somit zu keiner Reaktion mehr fähig. Sie kann nicht mal ihre Hände oder Unterarme schützend vor ihr Gesicht halten oder den Kopf zur Seite drehen. Ich erinnere mich an das Foto mit dem blutigen Eisenhaken in unmittelbarer Nähe des Durchgangs zum Partyraum. Hatte Heike hier die Prügel gegen ihren Kopf erhalten, hatte sie dort danach einige Minuten gelegen? Vermutlich war dies der Fall, wie sonst ist die große Blutlache auf dem Betonboden zu erklären.

Ich diskutiere mit der Rechtsmedizinerin noch eine andere Frage, die mich auch immer als Mordermittler beschäftigt hat: Lagen die Verletzungen am Kopf oberhalb der sogenannten »Hutkrempenlinie«? Dieser Begriff stammt noch aus dem frühen 20. Jahrhundert, aus der Zeit, als fast alle Männer Hüte trugen. Die darauf basierende rechtsmedizinische Regel besagt, dass Verletzungen oberhalb der imaginären Hutkrempe vermutlich auf

Schlageinwirkungen zurückzuführen sind, während Traumen unterhalb dieser Linie wahrscheinlich durch Stürze entstanden sein dürften. Angewandt wird diese Regel in der Praxis, wenn es darum geht, eine Fremdeinwirkung festzustellen. Bei Heike Rimbach war die Frage eindeutig zu beantworten: Ein Sturz hat diese Verletzungen nicht verursacht.

Wir lesen weiter im Obduktionsprotokoll und erfahren, dass nahezu 30 Stich- und Schnittverletzungen über den Körper der jungen Frau verteilt sind, insbesondere am Hals und Nacken. Während einige lediglich die oberen Hautschichten durchdrangen, haben andere mehrere Zentimeter tiefe Stichkanäle im Leichnam zurückgelassen, so zum Beispiel eine Verletzung im Bauch oberhalb des Nabels. Ich erinnere mich an die sechs Löcher in Heike Rimbachs Kleidung; sie waren allerdings nicht im vorderen unteren Teil des T-Shirts zu finden. Das könnte bedeuten, dass der Täter das Oberteil hochgeschoben hatte, als er auf sein Opfer einstach.

Auffällig ist auch, dass es keine Abwehrverletzungen an Händen und Armen gibt; bis auf ein winziges Trauma an der linken Hand finden sich keine Schnitte, keine Stiche. Rechtsmediziner unterscheiden hierbei »offensive« und »defensive« Abwehrverletzungen, die dadurch entstehen, dass Opfer gezielt versuchen, das Tatmesser zu ergreifen, und dabei in die Klinge fassen. Oder sie halten ihre Arme und Schultern schützend vor dem Kopf und Oberkörper, um so Verletzungen lebenswichtiger Körperpartien zu verhindern. Fehlen diese, so ist das ein Hinweis darauf, dass das Opfer handlungs- und reaktionsunfähig war oder der Angriff plötzlich und unerwartet erfolgte. Der Fachbegriff des FBI hierfür lautet »blitz attack«, eine Anspielung aus dem englischen Sprachraum für die Luftangriffe der deutschen Wehrmacht auf Städte in Großbritannien im Zweiten Weltkrieg.

Unsere Aufmerksamkeit richtet sich jedoch auf mehrere dicht beieinanderliegende, waagerechte und scharfkantige Hautdurchtrennungen am Hals, nur wenige Zentimeter vom rechten Ohr entfernt, direkt unter dem rechten Unterkieferknochen. Deutlich ist zu sehen, dass die Stiche alle aus derselben Richtung kamen. Von rechts zur Halsmitte, von oben nach unten. Im Obduktionsprotokoll können wir nachlesen, dass die meisten Stichkanäle in der Halsmuskulatur endeten und keine blutführenden Gefäße verletzten. Ich frage mich, weshalb der Täter hier so zaghaft agierte, während er die Schläge auf den Kopf doch mit enormer Kraft ausgeführt hatte. Handelte es sich um sogenannte Probierschnitte? So etwas kenne ich vor allem aus Selbstverletzungen: Menschen sind unsicher und haben Angst, wenn sie an sich selbst Hand anlegen. Sie stechen deshalb zunächst vorsichtig. Das Gleiche gilt für Schnittverletzungen. Aber auch bei Tätern, die einen anderen Menschen verletzen oder töten wollen, habe ich ein ähnliches Verhalten festgestellt: Der Hals und der Kopf scheinen beim Töten mit einem zusätzlichen Tabu belegt zu sein, wohl weil sich dort das Zentrum des Lebens, das Gehirn, befindet.

Ein anderer Stich dagegen zeugt von größter Konsequenz: Er ist fast sechs Zentimeter lang, durchtrennte teilweise die Schlagader des Kehlkopfes und sorgte für eine erhebliche Blutung im umgrenzenden Gewebe. Dieses Blutgefäß ist ein kurzer Ast einer Arterie, die den oberen

Teil des Kehlkopfes bis zur Stimmritze mit Blut versorgt. Die Rechtsmedizinerin zeigt mir am Hals den Ort der Verletzung an. Der Täter hat mit diesem Stich nur um wenige Millimeter die Halsschlagader verfehlt, die den größten Teil des Kopfes mit arteriellem Blut versorgt; Heike Rimbach wäre bei einem entsprechenden Trauma nach kürzester Zeit verblutet.

Die Wunde weist zudem an einem Ende einen sogenannten »Schwalbenschwanz« auf, eine zweite kleine Schnittwunde am Wundwinkel der Schneide, die dadurch entstand, dass der Täter das Messer beim Ein- und Ausstich in der Wunde verdrehte. Schwalbenschwänze geben Hinweise darauf, ob nur eine oder beide Seiten der Klinge geschliffen waren. In unserem Fall war es nur eine.

Dann wende ich mich zwei weiteren Traumen zu: eine lediglich anderthalb Zentimeter tiefe Verletzung an der Vorderseite des Halses sowie eine Stichverletzung im Nacken. Auch diese dokumentieren für mich die Entschlossenheit des Täters, die junge Frau zu töten. Wenige Zentimeter neben der Mittellinie des Körpers, also der Wirbelsäule, erkenne ich einen bis tief in die Halsmuskulatur reichenden, fünf Zentimeter langen Einstich. Er hat die Halswirbelsäule getroffen und endet auf dem sechsten Halswirbelkörper. Im Gegensatz zu den anderen Stichverletzungen verläuft die Wunde senkrecht und nahezu parallel zur Wirbelsäule. Ich überlege, welches Bedürfnis beim Täter bei diesem Stich vorlag. Wollte er sich von anderen Tätern unterscheiden, die ihre Opfer meist durch Stiche in den Brustkorb und das Herz umbringen? Wollte er individuell sein? Ich frage mich, bei welchen Gelegenheiten auf ähnliche Weise getötet wird. Ich muss an Jäger denken, die so das verletzte

Wild abstechen, ebenso Angler, die ihre Fische weidmännisch töten wollen. Und im Stierkampf beendet der Torero auf diese Weise mit einem Nackenstich das Leben des Tieres. Die markanten Verletzungen an Heike Rimbachs Kopf und Hals lassen mir keine Ruhe. Zu viel erinnert mich an das professionelle Töten von Tieren: das Betäuben durch Schläge auf den Kopf, die Art der Halsstiche.

Kurz entschlossen rufe ich beim Betriebsleiter eines Schlachthofes an. Wir haben schon früher zusammengearbeitet. Und so vereinbare ich mit ihm problemlos einen Termin für den nächsten Tag. Doch die Rechtsmedizinerin will mir noch weitere Details erklären.

Wir wenden uns der Strangulation des Halses zu, der letzten Handlung des Täters. Sie besiegelte Heike Rimbachs Tod endgültig. Ich vermute, dass der Täter in Eile handelte, als er das Seil um den Hals der Totgeweihten band. Auf den Fotos ist zu erkennen, dass er dabei die Haare der jungen Frau unter dem Strick einklemmte, was typisch ist, wenn es sich um keinen Suizid handelt. Befinden sich Haare oder Teile der Kleidung unter dem Strangwerkzeug, so spricht das eher für ein Tötungsdelikt. Selbstmörder achten in der Regel darauf, dass die Schlinge sich direkt auf der Haut befindet. Diese Erkenntnis bringt uns in diesem Fall freilich nicht weiter: Wir wussten ja schon zuvor, dass dieser Tod keine andere Erklärung als ein Tötungsdelikt zulässt.

Eine Frage hatte ich bereits geklärt, bevor ich mich mit der Rechtsmedizinerin traf: die Art des Knotens in dem Seil, mit dem Heike Rimbach erhängt wurde. Ich hatte dazu einen Mann angerufen, der in mehreren deutschen Städten Bootsschulen betreibt und Schulungen für Segelscheine durchführt. Auf seiner Homepage erläutert er viele unterschiedliche Knoten. Ich zeige ihm die Fotos vom Seil. Rasch hat er die Knoten nachgebaut und kommt zu dem Ergebnis, dass es sich bei dem Täter um keinen ausgewiesenen Experten für Knoten handelt und er demzufolge keine entsprechende Schulung hatte. Wir suchen vermutlich also nicht nach einem passionierten Segler oder Gebirgskletterer. Bei den Knoten am Türscharnier handelt es sich um zwei gleichläufige sogenannte »halbe Schläge«. Der Täter band sie aber falsch, da sie beide Male von derselben Seite ausgeführt wurden. Ich erfahre, dass dieser Knoten in leicht abgewandelter und gegenläufiger Form in der Schifffahrt als »Webeleinstek« beziehungsweise bei der Feuerwehr oder der Deutschen Lebensrettungsgesellschaft als »Mastwurf« gelehrt und eingesetzt wird.

Auch bei den Knoten der Halsschlinge handelt es sich um zwei »halbe Schläge«. Der Mann meint, dass es sich dabei um einfache Haushaltsknoten handelt, wie wir sie bereits unzählige Male gebunden haben dürften. Interessant findet er jedoch, dass der Knoten mit nur einem halben Schlag nicht halten würde. »Dieser Knoten wurde für diesen Zweck nicht spontan zum ersten Mal gemacht.« Der Knotenexperte hat noch einen anderen Hinweis, der extrem wertvoll werden kann: Der Knoten könnte von einem Linkshänder gebunden worden sein.

Die Rechtsmedizinerin nimmt sich nun das Obduktionsprotokoll und erläutert mir dabei an den Fotos, dass das Seil in der Haut des Halses eine oberhalb des Kehlkopfes und bis zu den Ohren reichende tiefe Einschnürung, die sogenannte »Strangfurche«, gebildet hat. Obwohl Heike Rimbach nur 45 Kilogramm wog, müsste ihr

Körpergewicht ausgereicht haben, um die Schlinge um ihren Hals so fest zuzuziehen, dass ihre vorderen Halsschlagadern komprimierten und so die weitere Blutzufuhr zum Gehirn unterbrochen wurde. Selbstversuche unerschrockener Gerichtsmediziner haben gezeigt, dass bereits eine äußere Druckeinwirkung auf die Halsschlagader von 3,5 bis 5 Kilogramm genügt, um schon nach fünf bis acht Sekunden Bewusstlosigkeit und eine damit einhergehende Handlungsunfähigkeit herbeizuführen. Ein Mensch ist dann nicht mehr imstande, sich selbst zu retten.

Das einsetzende Sterben verläuft bei dieser Art zu töten sehr langsam. Täter, die ihre Opfer erdrosselt oder erwürgt hatten, haben mir in Vernehmungen berichtet, dass dieser Vorgang viele Minuten dauert. Dem Mörder kann das wie eine Ewigkeit vorkommen. Manche Täter hatten die den Tod begleitenden Krämpfe als aktive Lebensreaktionen gedeutet und in ihrer Panik die Aggressionen gegen das Opfer noch erhöht. Sie prügelten zum Beispiel mit großer Brutalität auf den Kopf ihres Opfers ein oder stachen wiederholte Male mit Messern in die Herzregion, ehe dann der Tod endlich wie eine Erlösung eintrat – vermutlich für das Opfer wie für den Täter.

Auf einem Video, das ich besitze, ist das Sterben eines Menschen bei einem autoerotischen Unfall schonungslos und beängstigend zu sehen. Der Mann hat sich voller Vorfreude auf die sexuelle Gratifikation auf eine Leiter gestellt, eine Schlinge um seinen Hals befestigt und schaukelt dann für wenige Momente frei hängend hin und her. Er steigt dann von der Leiter, richtet seine Kamera ein, um den Akt der Selbstbefriedigung zu filmen. Als er einen weiteren Versuch unternimmt, verliert er unvermittelt das Bewusstsein. Völlig hilflos und erschlafft hängt er nach wenigen Sekunden in dem Seil, während die Kamera die letzten Minuten seines Lebens filmt. Schon nach etwa 30 Sekunden beginnt der Sterbende tief und panisch einzuatmen, das einsetzende heftige Röcheln kann ich kaum ertragen. Kurze Zeit später treten intervallartig sogenannte konvulsive Spasmen auf, die den Körper verkrampfen lassen, dann jedoch abebben, um nach etwa 30 Sekunden wieder einzusetzen. Insgesamt wiederholen sich die Krämpfe acht Mal, erst dann ist der Mann tot. Bis dahin zucken seine Gliedmaßen unkontrolliert und stoßen an der Leiter an, auf der er steht. Bei manchen Opfern entstehen dabei Verletzungen, die man sich nur erklären kann, wenn man diese Details des Sterbevorgangs kennt.

Bei Heike Rimbach aber scheinen die spastischen Zuckungen keine zusätzlichen Verletzungen hervorgerufen zu haben. Mir stellt sich deshalb die Frage, ob Heike Rimbach tatsächlich noch lebte, als ihr Kopf in die Schlinge gelegt wurde. Die Ärztin scheint meine Gedanken zu erraten, denn sie meint: »Die Halsweichteile sind tief bis in die Muskelschichten unterblutet. Außerdem finden sich zahlreiche flohstichartige Blutungen in den Augenbindehäuten und der Mundschleimhaut. Das sind eindeutige vitale Reaktionen.« Heike Rimbach lebte also noch. Durch die Bearbeitung von ungezählten Sterbefällen und mehrwöchigen Hospitationen in Rechtsmedizininstituten weiß ich, dass diese sogenannten Petechien oder Erstickungsblutungen entstehen, wenn die Venen durch Verschluss daran gehindert sind, das über die Arterien in den Kopf geflossene Blut zurück zum Herzen zur Sauerstoffanreicherung zu transportieren. In den Verästelungen der Kopfgefäße entsteht ein Überdruck, der die feinsten Äderchen zerplatzen lässt, um sich dann als minimale und stecknadelgroße Einblutungen in den Augenlidern, dem Zahnfleisch und, bei einer vollständigen Kompression des Halses, auch in der Gesichtshaut zu zeigen.

Mir fallen die kräftigen Blutspuren an den Außenseiten von Heike Rimbachs Ellenbogen ein. Ich frage mich, wie diese wohl entstanden sind. Hat der Täter mit seinen blutigen Händen die hilflos in der Schlinge hängende Frau ergriffen und ihren Körper nach unten gezogen, um das Sterben zu beschleunigen?

Es gibt eine grausame Parallele aus der Zeit des Nationalsozialismus. Im Konzentrationslager Neuengamme, vor den Toren Hamburgs, hat zum Beispiel der Lungenfacharzt Dr. Kurt Heißmeyer zur Entwicklung eines Impfstoffes 20 deportierten Kindern Tuberkulosebakterien injiziert. Um diese Gräueltat zu vertuschen, wurden die Kinder kurz vor Kriegsende erhängt und später verbrannt. Dabei umklammerte der SS-Unterscharführer Johann Frahm die Körper der Kinder und zog diese mit seinem ganzen Körpergewicht nach unten. Ich nehme an, weil er unter Zeitdruck stand und befürchtete, dass das Körpergewicht der Kinder zu gering wäre, um sie zu töten. Vermutlich hatte Heike Rimbachs Mörder die gleiche Sorge.

Die Ursache des Todes von Heike Rimbach ist nun geklärt. Die Schläge und Stiche haben bei dem Opfer zu einem sehr starken Blutverlust und massiven Schädel-Hirn-Verletzungen geführt. Aber es war das Erhängen, das Heike Rimbach am Ende umbrachte. Dem Täter war dabei wichtig, sie genau auf diese Weise zu töten. Ich bedanke mich bei der Gerichtsärztin für die Unterstützung und fahre wieder nach Bremen zurück.

Allerdings ist eine Frage noch nicht geklärt: Wann genau ist Heike Rimbach gestorben? Der Todeszeitpunkt gehört mit zu den spannendsten Fragen bei den Ermittlungen, hängt doch davon im Wesentlichen die Alibiüberprüfungen potenzieller Verdächtiger ab. Stirbt ein Mensch, so stehen innerhalb der nächsten 48 bis 72 Stunden zahlreiche Untersuchungsmethoden zur Verfügung, die eine relativ sichere Eingrenzung der Todeszeit erlauben. Zu den bekanntesten gehören Körperkerntemperatur, Totenflecken, Leichenstarre. Zudem werden elektromuskuläre Tests und diverse biochemische Untersuchungen durchgeführt. Aber trotzdem kann niemand die Todeszeit eines Menschen genau bestimmen, wenn er beim Sterben nicht selbst zugegen war. Mordermittler müssen also mit ungefähren Angaben leben. Je später eine Leiche gefunden wird, je später die Todeserscheinungen dokumentiert werden, desto schwieriger ist die genaue Zeitbestimmung. Insbesondere dann, wenn sich die Körpertemperatur bereits der Umgebungstemperatur angepasst hat, sich die Totenflecken nicht mehr wegdrücken lassen und die Leichenstarre schon wieder gelöst ist. Als Faustformel gilt: Nach dem Tod bleibt für die ersten zwei Stunden die Körpertemperatur von 37 °C erhalten, danach nimmt sie jede Stunde um ein Grad ab.

Anders verhält es sich mit den Veränderungen bei den Totenflecken (Livores). Bereits 20 bis 30 Minuten nach dem Todeseintritt zeigen sich erste Leichenflecken an den seitlichen Halspartien und im Nacken. Innerhalb von sechs Stunden verteilen sie sich über den ganzen Körper.

Das liegt daran, dass das Herz nicht mehr arbeitet und das Blut durch die Gefäße pumpt. Es bleibt in gewisser Weise stehen, die Schwerkraft lässt das Blut absinken. Je nach Körperposition werden sich Totenflecken an den »abhängigen« Körperpartien zeigen. Lag also die Leiche auf dem Bauch, so befinden sich die Flecken im Gesicht, an der Brust, den Oberschenkeln, dem Span. Sollte bei einem Toten innerhalb von sechs Stunden die Position verändert werden, so verschwinden die ursprünglichen Flecken. An der jetzt unten liegenden Körperseite bilden sich neue. Doppelte Totenflecken an den abhängigen Partien und der Gegenseite des Körpers sprechen für eine Lageveränderung der Leiche innerhalb von sechs bis zwölf Stunden nach dem Tode. Nach zwölf Stunden verändern sich die Totenflecken nicht mehr. Verschwinden bei der Untersuchung einer Leiche die Totenflecken durch Daumendruck also nicht mehr, so spricht dies für einen Todeseintritt vor mehr als zwölf Stunden.

Auch das Einsetzen und das Lösen der Leichenstarre (Rigor mortis) unterliegen gewissen biochemischen Gesetzmäßigkeiten, die allerdings von der Umgebungstemperatur, der Feuchtigkeit sowie der Luftbewegung in der Leichenumgebung abhängig sind. Durchschnittlich tritt die Starre jedoch nach etwa vier Stunden post mortem ein, nach sechs bis acht Stunden ist sie am ganzen Körper ausgeprägt, nach etwa 36 bis 72 Stunden hat sie sich gelöst; der Körper ist dann wieder frei beweglich. Diese zeitlichen Schwankungen lassen sich dadurch erklären, dass Wärme und Hitze den Prozess beschleunigen, während Kälte ihn verlangsamt.

Wann Heike Rimbach gestorben ist, lässt sich leider aus

den oben genannten Gründen nicht so einfach feststellen. Im Gutachten zur Todeszeitbestimmung lese ich, dass zum Zeitpunkt der gerichtsmedizinischen Untersuchung am 29. August 1995 Uhr, 13.00 Uhr, nasskaltes und windiges Wetter herrschte. Auch auf dem Scheunenboden war es kühl, lediglich 13,5 °C betrug die Temperatur. Da die Tür der Bodenluke offen stand und das Dach undicht war, herrschte Luftzug. Gegebenheiten, die einerseits die Abkühlung des Körpers beschleunigten, andererseits das Einsetzen der Leichenstarre verzögerten. Jedoch war in allen Gelenken der jungen Frau die Starre stark ausgeprägt, und die Totenflecken waren nicht mehr wegzudrücken. Sie befanden sich lagegerecht an den Unterarmen, am Gesäß, den Unterseiten der Beine, den Hacken. Die tief im Enddarm mit einem Thermometer gemessene Temperatur betrug 13,5 °C und war somit identisch mit der Umgebungstemperatur. Und so errechneten die Gerichtsärzte eine Todeszeit von mindestens 20 Stunden. Danach starb Heike Rimbach spätestens am 28. August um 17 Uhr und somit wenige Minuten vor dem Eintreffen ihres Bruders auf dem Hof.

Wendet man allerdings die oben beschriebene Faustformel für die Abkühlung der Leiche an, zugegeben ohne Berücksichtigung der dünnen Bekleidung und der widrigen Umgebungstemperaturen, kommt man auf ungefähr 26 Stunden. Demnach wäre Heike Rimbach spätestens um 11 Uhr gestorben.

An einer anderen Stelle des Todeszeitgutachtens finde ich den Hinweis, dass die Bestimmung der Kaliumkonzentration im Glaskörper des Auges einen Wert von 12,1 Millimol pro Liter ergab. Dieser Wert beschreibt die

Mengenangabe nach einer chemischen Reaktion. Allerdings war die Probe erst anlässlich der Obduktion am 30. August um 9.20 Uhr entnommen worden. Später sollte sich zeigen, dass es sich um eine sehr unsichere Methode für die Todeszeitbestimmung handelt: Ein entsprechender Wert kann postmortal innerhalb von 13 bis 53 Stunden einsetzen, eine zu große Zeitspanne für konkrete Ermittlungen. Heike Rimbachs Tod wäre somit frühestens in der Nacht vom Sonntag auf Montag gegen 4 Uhr, spätestens am Dienstag um 9 Uhr eingetreten. Zu der Zeit war die Ermordete jedoch bereits aufgefunden worden.

Aufgrund der ungenauen Zeitangaben überlege ich, eine Neuberechnung der Todeszeit in Auftrag zu geben. Doch dafür benötige ich zunächst konkrete Wetterdaten für den fraglichen Todeszeitraum, also von der Nacht von Sonntag zum Montag bis zum Auffinden der Toten am Dienstag. Und ich habe auch dieses Mal wieder Glück. Gleich meine erste Anfrage ist erfolgreich. Der Betreiber einer privaten Wetterstation im nahe gelegenen Bad Harzburg hat die relevanten Daten für den Tatzeitraum gespeichert. Ein paar Tage später weiß ich, dass es von Sonntag auf Montag sehr stark bis auf 9 °C abkühlte und die Durchschnittstemperaturen des Tages bei 11 °C lagen. Das Wetter war recht unbeständig, und es kam bei einem überwiegend bewölkten Himmel immer wieder zu Regenfällen.

Die Berechnung des Kaliumgehaltes im Augenglaskörper geht mir nicht aus dem Kopf. Lässt sich mit dem Wert kein genauerer Zeitpunkt bestimmen? Für einen kurzen Moment keimt Hoffnung auf, als ich bei einer Internetrecherche einen Link finde. 2008 haben spanische Mediziner ein Computerprogramm zur genauen Bestimmung des

Todeszeitpunkts entwickelt. Die bisherigen mathematischen Berechnungsmodelle des Kaliumgehaltes sind demnach von falschen Annahmen ausgegangen. Doch meine großen Erwartungen werden genauso schnell enttäuscht. Nicht nur die Gerichtsärztin bezeichnet diese Methode als wenig hilfreich, auch andere Wissenschaftler schließen sich dieser Aussage an und erklären mir, dass in den 90er-Jahren die Todeszeitbestimmung mittels Kalium und anderer Elektrolyte aus dem Augenkammerwasser en vogue gewesen sei. Die Verfahren hätten sich aber nie wirklich durchgesetzt, da diese Methode doch zu viele Unwägbarkeiten aufweist.

So rasch mag ich nicht aufgeben: Ich nehme mir das Obduktionsprotokoll noch einmal vor, um nachzusehen, ob sich im Magen und Darm der Toten noch Nahrungsreste befanden. Ich lese, dass lediglich 15 Gramm flüssiges, wenig angedautes Blut nachgewiesen werden konnten. Zudem war der Enddarm schlaff und weit. Seit der letzten Nahrungsaufnahme müssen also mehrere Stunden vergangen sein, damit der Speisebrei im Magen verdaut und ausgeschieden werden konnte.

Ich weiß, dass die Bestimmung der Todeszeit über den Mageninhalt einerseits eine unsichere ist, da diese Ergebnisse aus klinischen Versuchsreihen resultieren, bei denen Probanden Magensonden eingeführt wurden, was zu individuellen Ergebnissen führte. Andererseits hatte mir in früheren Fällen, bei denen die Bestimmung des Todeszeitpunkts mit den klassischen Parametern nicht möglich war, die Analyse des Mageninhalts zur Eingrenzung des Sterbezeitpunkts geholfen. Normalerweise verlässt die Nahrung nach zwei bis vier Stunden den Magen, wobei die Studien auch gezeigt haben, dass die Verdauung von weiteren Faktoren abhängt: Im Schlaf schreitet sie zum Beispiel langsamer voran. Auch die Seitenlage beim Liegen kann Einfluss auf die Nahrungsverarbeitung im Magen haben. Wichtig für die Rückrechnung ist jedoch der Zeitpunkt, zu dem der Verstorbene die letzte Mahlzeit zu sich genommen hat. Bei einem Anruf bei Maria Rimbach erfahre ich, dass Heike wohl zwei Scheiben Graubrot mit Wurst und Käse gegessen und Tee getrunken hatte. Sie habe keinen Alkohol getrunken, niemand in der Familie würde dies tun. Vermutlich habe sie gegen 20 Uhr oder kurze Zeit danach gegessen. Ich bin ein wenig skeptisch, ob diese Angaben tatsächlich so stimmen, denn dies würde zeitlich mit dem Anruf bei Heikes neuem Freund zusammenfallen. Leider muss ich mich wohl mit dieser Unsicherheit zufriedengeben, da auch in den früheren Vernehmungen die Frage nach dem Zeitpunkt des letzten Essens nicht thematisiert worden war.

Die Mutter bestätigt im Gespräch noch einmal, dass ihre Tochter am Montagmorgen noch schlief, als die Familie gegen 6.30 Uhr das Haus verließ. Normalerweise habe Heike an ihren freien Tagen bis zum Mittag geschlafen, sich dann etwas zu essen gemacht; sie sei ein Milchreisfreak gewesen. Doch ob Heike sich tatsächlich Essen zubereitet und vielleicht auch Reis gekocht habe, wisse sie nicht. Bei ihrer Rückkehr am Montagabend will sie keine Hinweise dafür gefunden haben. Oder sie hat nicht darauf geachtet, was ich eher vermute. Ich muss an einen Vermerk über die polizeiliche Durchsuchung des Hauses nach tatrelevanten Spuren denken, kurz nachdem Heike am Dienstag tot auf dem Boden gefunden worden war. Dort heißt es sinngemäß, dass in der Küche größere Mengen von ungewaschenem Geschirr mit Essensresten herumstanden. Doch niemand hat von der Situation Fotos gemacht oder die Essensreste näher beschrieben.

In einer Tabelle mit Verdauungszeiten lese ich, dass Brot und gesottener Reis den Magen nach drei bis vier Stunden verlassen. Mit diesem Ansatz komme ich nur bedingt weiter, aber manches spricht doch dafür, dass Heike nach dem Abendbrot, abgesehen von vielleicht einigen Kartoffelchips, nichts mehr gegessen hat. Dann wären das Brot und die Chips spätestens in der Nacht von Sonntag auf Montag verdaut gewesen. War Heike möglicherweise am Montagmittag schon tot? Ich muss an die Faustformel für die Abkühlung der Körpertemperatur von etwa einem Grad pro Stunde denken. Danach wäre Heike am Montag so gegen 11 Uhr gestorben. Aber wie ist der leere Teller auf dem Couchtisch in Heikes Zimmer zu bewerten? Stand er dort schon längere Zeit? Hatte sich Heike ihr Abendessen am Sonntag mit ins Zimmer genommen oder hatte sie sich doch noch am Montag Essen zubereitet? Leider lassen sich die Versäumnisse bei den zurückliegenden Ermittlungen nicht mehr heilen. Mit Lücken auszukommen ist vielleicht die größte Kunst der Fallanalyse.

Ich versuche es mit einer neuen Überlegung, mit einem weiteren Sektionsergebnis. Es geht um die Frage, wie voll die Harnblase der Toten bei der Obduktion war. Der Ansatz aus der Praxis sagt, dass die Füllung der Blase bei einem nächtlichen Todeseintritt ein wichtiges Kriterium zur Eingrenzung der Todeszeit ist. Ist die Harnblase leer, so spricht dies für einen Tod in der ersten Hälfte der Nacht, ist sie hingegen gefüllt, ist eher von einem Sterben in den frühen Morgenstunden auszugehen. Augenblicklich habe ich den Part im Sektionsprotokoll gefunden: Die Blase war leer.

Auf den Fotos sehe ich mir noch einmal Heikes Slip an. Abgesehen von den Blutflecken und den Anhaftungen vom Betonboden spricht nichts dafür, dass Heike während des Sterbens Urin gelassen hat. Auch im Sektionsbefund und im Tatortbefundbericht fehlen entsprechende Hinweise. Häufig können bei Erhängungstoden in einem frühen Stadium, ab etwa einer Minute, unwillkürlich Urin, Stuhl oder Samen des Sterbenden abgehen. Doch ist die leere Blase der Beweis dafür, dass Heike Rimbach tatsächlich in der frühen Nacht von Sonntag auf Montag gestorben ist? Könnte man die leere Harnblase nicht auch damit erklären, dass sie noch kurz vor ihrem Tod die Toilette aufgesucht und danach noch nichts getrunken hatte? Am Ende aber vertraue ich der Berechnung durch die Abkühlung der Körpertemperatur mehr als der Harnblasenberechnung, die doch zu viele Unsicherheiten aufweist. Ich glaube immer mehr, dass Heike Rimbach am Montag gegen Mittag starb.

Gedanklich wende ich mich nochmals den massiven Stich- und Schlagverletzungen an Heike Rimbachs Kopf zu und der Tatsache, dass sie am Ende durch das Erhängen getötet wurde. Hatte ich in älteren Fällen jemals eine solch konsequente Vorgehensweise des Täters erlebt? Immer wieder hatten Täter ihre Opfer durch exzessive Gewalt getötet: durch Schläge, durch Würgen, durch mannigfaltige Stiche, durch massive Schnitte und manchmal auch mit Stricken, Kabeln oder Tüchern erdrosselt. Aber die Stiche in den Hals und das Erhängen des Opfers als finalen Akt hatte ich in keinem dieser Fälle erlebt.

Sehr häufig war es bei den von mir untersuchten Mordfällen zu einer Kombination verschiedener exzessiver Tötungsarten gekommen, wobei das Opfer bei jeder einzelnen gestorben wäre. Fallanalytiker bezeichnen dies als Übertöten oder, um den amerikanischen Fachbegriff zu nennen, als Overkill. Dabei steuern Wut, Hass und Aggressionen das exzessive Vorgehen des Täters. Meistens handeln die Täter aus persönlichen Motiven, bei denen sie die Opfer für ein tatsächliches oder vermeintlich erfahrenes Unrecht bestrafen wollen.

Aber auch in Fällen mit sexuellen Motiven, bei denen die Gewaltauslebung Teil der Fantasie und des Tatplans war, hatte ich ähnliche Verletzungsmuster erlebt. Noch gut kann ich mich an einen dreifachen Serienmörder erinnern, der seit frühester Jugend monströse Gewaltexzesse entwickelte, diese immer weiter perfektionierte und schließlich an drei Prostituierten realisierte. Das Ausleben seiner kranken Gedanken bei der abendlichen Selbstbefriedigung hatte ihm nicht mehr ausgereicht. Nie werde ich seine Worte vergessen, als er mir Jahre später bei unseren Gesprächen über die Taten versicherte: »Ich habe nichts gegen die Frauen gehabt. Sie haben mir sogar gefallen. Aber ich wollte endlich diese Fantasien ausleben.«

Was aber war das Motiv des Täters, Heike Rimbach zu erhängen? Ich überlege, ob ich bei den von mir bearbeiteten Tötungsdelikten ein ähnliches Tatmuster erlebt hatte. Ich muss an einen über 30 Jahre zurückliegenden Fall denken. Bei einem Saufgelage hatten mehrere betrunkene Männer im Streit ihren Zechkumpan mit den Fäusten drangsaliert, ihn gewürgt und schließlich getötet. Zur Verdeckung hängten sie ihn auf, um einen Suizid vorzutäuschen. Und Fälle aus den Haftanstalten kommen mir in den Sinn, aus Leipziger und Siegburger Gefängnissen. Mehrere Häftlinge hatten ihre Zellengenossen so lange gequält, bis sich diese scheinbar freiwillig selbst erhängt hatten. Natürlich sind die Fälle nicht mit meinem Fall zu vergleichen. Die Opfer waren hier Männer, die Tötungen sollten als fingierte Suizide vorangegangene körperliche und sexuelle Übergriffe verschleiern.

Vielleicht gibt es Parallelen zu anderen Verbrechen, von denen ich nichts weiß. Ich entschließe mich, eine bundesweite Anfrage zu starten und mich danach zu erkundigen, in wie vielen Fällen die Opfer erhängt worden waren. Ich recherchiere auch im Internet und stoße auf einen Fall aus der Region um Stuttgart, bei dem eine Frau von ihrem Expartner erhängt worden war. Die Trennung war von der Frau ausgegangen. Als der Mann etwa anderthalb Jahre später von Heiratsplänen seiner früheren Partnerin hörte, drang er nachts in ihr Haus ein und versuchte, die schlafende Frau zu erwürgen. Als das Vorhaben misslang, trug er das bewusstlose Opfer auf den Dachboden, legte ihr ein Seil um den Hals und erhängte sie. Alles sollte nach einem Suizid aussehen. Von dem wahren Motiv, der Tötung der früheren Intimpartnerin, sollte diese Inszenierung ablenken.

Meine Anfrage aber bestätigt die Einzigartigkeit des Rimbach-Falles. In der Vergangenheit wurden pro Jahr rund 350 Menschen ermordet. Einen Fall von Erhängen findet man, statistisch gesehen, aber nur jedes zweite Jahr. Es ist schon absurd: Wenn Männer sich selbst töten, dann erhängen sie sich meist. Warum aber ist diese Tötungsart so extrem selten beim Mord an einem anderen? Der

Mensch ist schwer, und es ist schwierig, seinen Körper in eine Schlinge zu heben oder gar hochzuziehen. Das habe ich bei meinem Versuch selbst festgestellt. Ist das Opfer dazu noch bewusstlos, so ist es ohne Körperspannung. Der Körper bietet keinen Halt beim Transportieren, der Kopf und die Extremitäten pendeln unkontrolliert hin und her. Manchmal ist das Opfer auch blutig oder schweißig, zuweilen läuft Erbrochenes aus dem Mund. All dies mag dazu führen, dass andere Tötungsarten für einen Mörder attraktiver sind.

Die Mehrzahl der mir genannten Taten wies eindeutige sexuelle Komponenten bis hin zum Sadismus, Kannibalismus und Verstümmelungsfantasien der Täter auf. Andere Motive bestanden in der Verdeckung vorangegangener Taten, wie zum Beispiel Raub oder Körperverletzungen. Opfer waren Kinder, hetero- oder homosexuell veranlagte Männer und Frauen, sie waren dem Täter manchmal bekannt, manchmal fremd. Die Taten allerdings wurden ausschließlich von Männern begangen: allein, aber auch im gruppendynamischen Kontext, meistens spontan und nur selten geplant, nüchtern und alkoholisiert. Der jüngste Täter war zur Tatzeit 14, der älteste 49 Jahre, das jüngste Opfer fünf, das älteste 77 Jahre alt. Als Tatwerkzeuge fungierten Stricke, Schnürsenkel, Tücher oder Elektrokabel als Waffen der Gelegenheit. Sie wurden zufällig am Tatort gefunden. In zwei Fällen lag eine eindeutige fetischistische Präferenz der Täter für Seile und Henkersknoten vor. Das begleitende Verletzungsmuster zeigte sich, wie ich es erwartet hatte, vielfältig: Schläge mit der Faust und mit Werkzeugen, Treten, Würgen und Drosseln, Stiche und Schnitte und über den ganzen Körper verteilt. Bei den Taten zeigte sich aber auch, dass es für die Täter sehr schwierig gewesen war, ihre Opfer tatsächlich zu erhängen, sodass auf andere Tötungsarten ausgewichen wurde. Manchmal rissen Stricke oder Seile. Manche Opfer widersetzten sich der Aufforderung, ihren Kopf freiwillig in die Schlinge zu stecken. In einem Fall bat das Opfer, nicht erstochen, sondern erhängt zu werden, die Stiche würden ihn schmerzen.

Diese Vielzahl der unterschiedlichen Fälle beginnt, mich von der Tat in Lüttgenrode eher abzulenken. So besinne ich mich wieder auf die grundlegende Vorgehensweise bei einer Fallanalyse: die Bewertung der Spuren. Dafür muss ich allerdings noch meine Recherchen auf dem Schlachthof durchführen. Bereits mit einem etwas beklemmenden Gefühl verlasse ich am Morgen die Autobahn, denn so hautnah habe ich noch nie die Tötung von Tieren erlebt.

Als hätte ich es geahnt: Die letzten anderthalb Kilometer bis zum Schlachthof fährt vor mir ein blau lackierter dreistöckiger Viehtransporter mit Anhänger. Aus den vergitterten Luken ragen Schnauzen von fast 300 Schweinen heraus. Sie schnappen gierig nach Luft, als würden sie ahnen, dass sie zum ersten und letzten Mal in ihrem kurzen Leben den frischen Fahrtwind einsaugen können.

Der Chef des Schlachthofes ist ein Hüne an Gestalt. Er trägt einen weißen Overall, dazu einen weißen Schutzhelm und weiße Gummistiefel. Ich erfahre, dass in seinem mittelständischen Betrieb an sechs Tagen in der Woche ausschließlich Schweine geschlachtet werden: 18 000 die Woche, 3000 am Tag, 380 die Stunde, alle 10 Sekunden eins. Während früher die Ausbildung eines Fleischergesellen auch das Schlachten von einem Rind und einem Schwein beinhaltete, gehöre dies aktuell in Deutschland nicht mehr zum Lehrplan. Die Schlachter kämen heutzutage aus Polen oder aus noch weiter östlich gelegenen Ländern.

Ich zeige dem Fachmann die Fotos mit den Kopfverletzungen und merke, dass er ebenfalls nachdenklich wird. Auch das Tatmesser und die Knoten möchte er sehen. Der Mann überlegt kurz, ehe er meint, dass das Vorgehen des Täters dem einer Schlachtung ähnelt: Kopfschläge zum Betäuben und dann Stechen. Auch der Knoten erinnert den Betriebsleiter an das Anbinden von Tieren in Ställen, doch konkretisieren kann er seine Äußerung nicht. Doch das Messer sei völlig ungeeignet, um beim Schlachten eingesetzt zu werden, da zu stumpf. Vermutlich musste der Täter auf das zurückgreifen, was er am Tatort fand. Er trug also wahrscheinlich kein Messer mit sich. Allein für diese Erkenntnis hat sich der Ausflug in den Schlachthof gelohnt.

Der Experte erläutert schließlich die drei gängigen Formen der Tötung von Schlachttieren:

Halsbruststich bei Rindern und Schweinen: Der Einstich erfolgt vor dem Brustbein des Tieres. Gestochen wird dabei schräg nach hinten in Richtung Herz und Schwanzende des Tieres, um die dahinter liegenden großen Blutgefäße zu treffen. Diese Art des Tötens gehörte früher zur klassischen Ausbildung eines Schlachtergesellen.

Seitliche Halsstiche bei Rindern und Schafen: Sie werden beim rituellen Schlachten, dem »Schächten«, bei Juden oder den »Halal«-Produkten bei Muslimen angewandt. Dabei wird mit einem einzigen großen Schnitt quer durch die Halsunterseite getötet, in dessen Folge die großen Blutgefäße sowie Luft- und Speiseröhre durchtrennt werden, was das völlige Ausbluten des Tieres gewährleisten soll.

Nackenstich: Mit einem quer gestellten Stich wird das etwa fingerdicke Rückenmark zwischen den ersten beiden Wirbeln Atlas und Axis durchtrennt, es kommt zur Zerstörung des Atem- und des Kreislaufzentrums. Dies hat den sofortigen Tod zur Folge; das Tier stürzt leblos zu Boden. Auch diesen sogenannten »Gnadenstich« erlernte früher jeder Schlachter.

Ich überlege, ob die Verletzungen Heike Rimbachs auf einer dieser klassischen Formen einer Schlachtung eindeutig hinweisen. Der Betriebsleiter sieht meine Zweifel und meint: »Ziehen Sie sich das doch einmal über. Ich zeig Ihnen mal was.« Dann reicht er mir einen blauen Einweganzug, ein blaues Haarnetz und transparente Überzieher für die Schuhe. Derart verkleidet stehen wir wenige Minuten später nach dem Passieren einer Hygieneschleuse im Schlachtgebäude. Ein ausgefallener intensiver Geruch schlägt mir entgegen. Eine Mischung aus Reinigungsmitteln und Blut, wie mir scheint. Vorbei an Hunderten von an den Füßen aufgehängten Schweinehälften bahnen wir uns den Weg zur »Zerlegung«, wo gut 60 Mitarbeiter mit schlafwandlerischer Sicherheit und im Akkord innerhalb weniger Sekunden aus den Hälften Schinken, Koteletts, Filets und Eisbeine heraustrennen. Ich bin beeindruckt, mit welcher Perfektion diese Menschen arbeiten. Schließlich erreichen wir den Beginn der Schlachtlinie.

Ich erfahre, dass im Moment die Schweine geschlachtet werden, deren Anlieferung ich beobachten konnte; gerade mal zwei Stunden hatten sie hier auf dem Gelände Zeit, um sich vom Transport zu erholen. Ich bin einerseits skeptisch, ob ich das weitere Geschehen in all seinen Details erleben möchte, andererseits auch gespannt, ob sich eventuell Parallelen zwischen Heike Rimbachs Verletzungen und dem Schlachten der Tiere zeigen. Wir stehen vor einem »Restrainer«. Der Begriff ist eine Ableitung von dem englischen Verb »to restrain« und bedeutet übersetzt so viel wie »einzwängen«, »zurückhalten«, »sich oder jemanden in Schranken halten«.

Und genau das passiert mit den Schweinen. Einzeln werden die Tiere über eine Rampe mit dem Kopf voran in das Gerät, eine Art Pferch, geführt und von den v-förmig gestellten Doppelwalzen der Maschine einzeln erfasst. Die Schweine werden nun angehoben, sodass sie die Bodenhaftung verlieren, und nach vorne transportiert, ohne dass das Tier selbst darauf Einfluss nehmen kann. Am Ende des Fließbandes wartet ein Arbeiter, der dem Schwein sekundenschnell eine Betäubungszange am Kopf befestigt. Nach einer Hautwiderstandsmessung als Sicherheitsprüfung durchströmt nun für fünf Sekunden Strom das Gehirn; ein epileptischer Anfall wird im Körper ausgelöst, gleichzeitig tritt Bewusstlosigkeit mit einhergehender Empfindungslosigkeit ein. Programmgesteuert schaltet sich nach zwei Sekunden eine Herzelektrode von unten aus der Anlage dazu, die mit einer weiteren Stromdurchflutung beim Tier Herzkammerflimmern hervorruft und die Nachhaltigkeit des Betäubungszustandes erhöht. Ich beobachte, wie sich für einen kurzen Moment das Tier aufrichtet, zuckt und dann, nachdem der Arbeiter die Elektroden entfernt hat, bewusstlos nach unten auf ein Laufband rutscht. Ich bin verwundert, wie still es trotz der professionellen Geschäftigkeit um mich herum ist: Nur das sonore Brummen der

Maschine ist zu hören, keine Gesprächsfetzen der weiß gekleideten Mitarbeiter, kein ängstliches Quieken oder Grunzen der totgeweihten Tiere.

Direkt neben mir steht der »Stecher«, wie der Mann allgemein auf den Schlachthöfen genannt wird. Er ist für das sogenannte »Entbluten« der Tiere zuständig. Blitzschnell führt er ein beidseitig geschliffenes Messer mit einer 18 Zentimeter langen Hohlklinge zum Körper des auf der Seite liegenden Schweins und sticht etwas unterhalb des Schlüsselbeines in Richtung Herz. Dabei durchtrennt er die Halsschlagadern. Mir fällt auf, dass er beim Stechen stets das Messer um 45 Grad dreht und es in dieser Stellung wieder herauszieht. Sofort strömt ein dicker Blutstrahl aus der Wunde. Instinktiv trete ich einen Schritt zurück, mit solch einer Intensität habe ich nicht gerechnet. Sechs bis sieben Liter Blut verliert das Tier auf diese Weise, denn das Herz schlägt noch so lange, bis durch den Blutentzug das Gehirn nicht mehr mit Sauerstoff versorgt wird. Der Tod tritt dann innerhalb kürzester Zeit ein. Währenddessen hat der »Stecher« das Blut von seinem Messer abgewaschen und bereits das nächste Schwein in diesem immer wiederkehrenden Kreislauf »abgestochen«. Anderthalb Stunden geht das so bis zur nächsten Pause. Jeder Stich gleicht dem anderen. Ich zähle sechs »entblutete« Tiere in der Minute, die dicht an dicht gedrängt ihr Leben aushauchen. Die Schweine werden nun von einem Arbeiter mit dem rechten Hinterbein an einen Kettenzug gehängt und hochgezogen, danach abgebrüht, entborstet, ausgeweidet, veterinärmedizinisch auf »Genusstauglichkeit« untersucht, halbiert und der Kühlung zugeführt. Das Schweineblut wird in großen Behältern aufgefangen und zu Blutplasma für Tiernahrung verarbeitet.

Ich möchte wissen, welche Qualifikation der »Stecher« für das Töten der Tiere hat, und erfahre, dass er für diese Aufgabe speziell ausgebildet wurde und einen Sachkundenachweis ablegen musste; Schlachter ist der Mann allerdings nicht, sein Verdienst liegt bei zehn Euro die Stunde. Ich versuche, mit ihm ins Gespräch zu kommen, doch er nickt mir nur kurz zu und wendet sich dem nächsten Tier zu.

Ich habe genug gesehen, wasche mir in einem Nebenraum gründlich Gesicht und Hände und verabschiede mich von dem Betriebsleiter. Im Auto rieche ich noch immer den Duftcocktail aus Desinfektionsmittel und Blut. Ich weiß, dass mich dieser Geruch noch einige Zeit begleiten wird. Gut, dass ich seit meinen ersten Besuchen in Leichenhallen vor über 40 Jahren stets eine kleine Flasche Parfum bei mir habe, um die intensiven Gerüche und damit auch meine Gedanken an den gewaltsamen Tod zumindest äußerlich überlagern zu können.

Aber welche neuen Ansätze für die Verbrechensanalyse hat mir der Besuch gebracht? Kann ich das Wissen um das professionelle Töten von Tieren überhaupt auch nur ansatzweise in meine Überlegungen zum Tatablauf auf dem Dachboden einbeziehen? Habe ich mich eventuell in eine fixe Idee verrannt und Parallelen gesehen, wo es keine gibt? Doch je länger ich darüber nachdenke, desto sicherer bin ich: Heike Rimbachs Kopfverletzungen ähneln realen Schlachtmethoden. Andererseits glaube ich nicht, dass der Täter wie der »Stecher« ein routinierter Tierschlachter ist. Ich bin mir sicher, dass er auf diese Weise noch keine

Tiere getötet hat. Aber er weiß um die unterschiedlichen Tötungsarten und hat versucht, diese nachzuahmen, auch wenn letztendlich das Erhängen zum Tode führte.

Ich rufe wieder bei Heikes früherem Chef an. Der Schlachtermeister gibt bereitwillig Auskunft. Jeden Montag hätten sie im Schlachthaus ab morgens um 4 Uhr Schweine gestochen; immer 40 Tiere. Die Arbeiten seien unterschiedlich verteilt gewesen. Ein Altgeselle habe die Tiere entblutet, andere Mitarbeiter hätten die Schweinekörper gewaschen, gebrüht, entborstet und später zerteilt. Jeder hätte allerdings das Abstechen der Tiere beherrscht, um im Notfall einzuspringen. Ohne dass ich direkt die Frage stelle, antwortet der Mann, dass auch Heikes früherer Arbeitskollege Schweine zum Entbluten gestochen habe. Dies sei auch die klassische Methode, die Tiere zu töten, da Halsschnitte bei Schweinen wegen ihrer Anatomie und der fetten Halsschicht gar nicht infrage kämen. Ich frage nach dem »Gnadenstich«. Der Schlachter kennt ihn, da er Jäger ist, doch er werde in der Fleischerausbildung nicht gelehrt, da zu unsicher. Er selbst würde sich die Tötung auf diese Weise auch nicht zutrauen. Als ich frage, ob Heikes früherer Arbeitskollege eher ein zartbesaiteter oder eher ein roher Vertreter der Schlachterzunft sei, kommt die Antwort schnell und eindeutig: »Das ist ein roher Mensch.«

Das Täterprofil bekommt Konturen. Ich fasse sie in meinen Gedanken zusammen.

Der Täter kannte Heike Rimbach. Er kannte die familiäre Situation. Er kannte auch den Tatort. Er wusste, dass sein Opfer an diesem Montag seinen freien Tag hatte und niemand anders zu Hause war. Zwischen ihm und Heike

Rimbach bestand zudem eine besondere Vertrautheit, eine persönliche Beziehung. Er wird in einem für sie adäquaten Alter sein. Heike hatte keine Scheu vor ihm. Nur so kann ich mir erklären, dass die als schüchtern und zurückhaltend beschriebene junge Frau den Täter in Unterwäsche ins Haus eingelassen hatte.

Ich versuche, mir die Situation vorzustellen. Es ist vormittags. Es regnet, und es ist kühl. Heike Rimbach liegt in ihrem Bett und schläft. Das Fenster ihres Zimmers zeigt zur Straße, die Jalousien sind heruntergelassen. Wie hat sich der Täter bemerkbar gemacht? Hat er sie gerufen oder Steinchen gegen die Scheibe geworfen? Schaute sie aus dem Fenster, und kam es zu einem Blickkontakt? Oder klingelte der Täter an der Haustür? Doch hätte Heike Rimbach sich dann nicht etwas angezogen, zumal sie nicht wissen konnte, wer draußen vor der Tür steht? Es hätte ja auch ein Mitarbeiter der Agrargenossenschaft oder eine andere fremde Person sein können. Oder war es ganz anders, benutzte der spätere Mörder eine der beiden unverschlossenen Türen, um in das Haus und in ihr Zimmer einzudringen? Auch diese Überlegung spräche dafür, dass der Täter sich in den Räumlichkeiten auskannte. Überraschte er die noch schlafende Heinke Rimbach? Das abgedunkelte Zimmer könnte dafür sprechen, dass sie noch nicht aufgestanden war. Aber wäre dann die Zimmertür nicht noch abgeschlossen gewesen? Oder hatte Heike Rimbach bereits die Toilette aufgesucht und für das erneute Abschließen der Tür keine Veranlassung gesehen, da sie ja allein im Haus war?

Ich kann die Fragen in meinem Kopf hin und her jonglieren, doch eine eindeutige Antwort ergibt sich mir nicht. Allerdings bin ich davon überzeugt, dass der Besucher zunächst lediglich Nähe suchte und die Tötung nicht geplant war. Für eine spontane Tat sprechen auch die von ihm später auf dem Boden gefundenen Waffen der Gelegenheit.

Nun habe ich für eine kurze Zeit die Szene klar vor Augen: Heike Rimbach weist den Mann ab. Der Täter ist in dieser Situation überfordert und kann den Konflikt nicht verbal lösen. Seine Impulskontrolle funktioniert nicht. Kritik und Ablehnung haben ihn rasend wütend gemacht. Er ist wie in einem Rausch. Das Geschehen eskaliert; die Schale mit den Schwimmkerzen zerschellt, der Couchtisch wird verrückt, Stofftiere und Zeitschriften fallen zu Boden.

Doch was ist der Grund für diese heftige Auseinandersetzung? Ist es Heike Rimbachs Reaktion auf den plötzlichen und ungewollten Besuch? Bekräftigte sie eine Trennungsabsicht? Provozierte sie damit unbewusst die Gefahr, von einem ihrer Expartner getötet zu werden? Während Männer fast immer von Fremden oder flüchtigen Bekanntschaften getötet werden, sind die Täter bei Tötungsdelikten an Frauen eher im engen partnerschaftlichen oder familiären Kontext zu finden. Überspitzt gesagt: In einer Paarbeziehung zu leben oder gelebt zu haben geht bei einer Frau mit dem Risiko einher, irgendwann vom früheren Intimpartner getötet zu werden. Besonders gefährlich ist die Zeit einer Trennung. Auch bis dahin völlig unauffällige und verständige Männer können durch die Beendigung der Beziehung derart die Kontrolle über sich verlieren, dass sie handgreiflich werden, manchmal auch töten. Die Zurückweisung und der von ihnen empfundene Mangel an Respekt und Fürsorge ist dann der ausschlaggebende Antrieb. Hinzu kommen Gefühle von Rache, Eifersucht, Kränkung, Wut. Männer töten Frauen, um sie für sich zu bewahren, ganz nach dem Motto »Wenn ich dich nicht haben kann, soll dich auch kein anderer kriegen«.

Oder war der unbekannte Besucher auf Sex aus und wurde von ihr abgewiesen? Ich muss an die Aussage von Heikes Freundin denken, wonach Heike ihr gebeichtet hatte, dass »etwas mit einem Arbeitskollegen gewesen sei«. Wollte der Kollege mehr, und Heike wies ihn ab? Hat diese Ablehnung den Mann derartig wütend gemacht? Ich schließe diesen Gedanken eher aus. Nichts deutet an der Leiche oder am Tatort auf einen sexuellen Übergriff hin.

Auf jeden Fall ist der Täter in dieser Situation überfordert und kann den Konflikt nicht verbal lösen. Er sieht fortan nur noch rot. Wut, Hass und Aggressionen bestimmen seine Reaktionen. Er schlägt der jungen Frau hart ins Gesicht und würgt sie. Sie blutet, als sie zu Boden stürzt, ist vermutlich ohnmächtig und nicht mehr zu einer Handlung fähig. Ich mag nicht ausschließen, dass der Täter in seiner Fantasie bereits jetzt davon ausgeht, die junge Frau erwürgt zu haben. Er fasst nun einen folgenschweren Entschluss und transportiert Heike Rimbach in den Abstellraum, um sie dort vermutlich zu verstecken. Dort legt er die Wehrlose zunächst ab und zerrt sie dann durch die kleine Öffnung in der Trennwand auf den Boden. Heike Rimbach kommt wieder zu Bewusstsein, die Ohnmacht nach dem Würgen war nur von kurzer Dauer. Der Täter sucht nach einem Gegenstand, um sie zu töten. Er rastet nun völlig aus. Er findet den schweren Eisenhaken, schlägt und hämmert auf den regungslosen Körper ein, bis der

Schädel zerbirst. Sein Motiv ist die Entpersonifizierung von Heike Rimbach, die Vernichtung ihres Ichs.

Ich habe mir lange darüber Gedanken gemacht, weshalb der Täter überhaupt die wehrlose junge Frau auf den Dachboden trägt. Alles, was er dort mit ihr anstellt, könnte auch in ihrem Zimmer geschehen. Kühlen sich zu diesem Zeitpunkt seine »hot emotions« ab? Wird ihm in diesen Momenten bewusst, dass bereits am Nachmittag der Mord entdeckt werden würde, falls er Heike Rimbach nicht auf dem Boden versteckt? Ich denke, dass der Täter dies verhindern will, weil er befürchten muss, zwangsläufig in den Kreis der Verdächtigen einbezogen zu werden. Je länger aber eine Tat unentdeckt bleibt, desto größer sind die Chancen für den Täter, sich ein Alibi zu verschaffen und Spuren an der Kleidung zu beseitigen.

Die Verlagerung des Tatortes auf den Boden unterstreicht zudem meine erste Annahme, dass der Täter sich in dem Haus auskennt und mit der familiären Situation vertraut ist. Der Ablageort der Toten ist auf den ersten Blick nicht einsehbar, beim beschwerlichen Transport des Opfers muss Gerümpel im Partyraum überwunden werden. Für einen Fremdtäter, der diese Gegebenheiten nicht kennt, ist diese Entscheidung weder naheliegend noch sinnvoll, denn sie bedeutet Zeitverlust und erhöht zudem sein Risiko, am Tatort von heimkehrenden Familienmitgliedern überrascht zu werden.

Die Spuren auf dem Boden zeigen noch ein anderes Bild. Nach den heftigen Schlägen blutet Heike Rimbach massiv aus den Kopfverletzungen. Auf dem groben Beton entsteht ein großer Blutsee. Doch sie ist noch nicht tot und zeigt vitale Reaktionen. Der Druck des Täters, die schwer verletzte Frau endgültig zu töten, steigt wie in einem Dampfkessel an und eruptiert ungezügelt. Es gibt für den Täter kein Halten mehr. Im Halbdunkel findet er ein Messer. Weiß er, dass es nach dem Zuschneiden der Isolierung zurückgeblieben war? Ein mögliches weiteres Indiz dafür, dass er sich mit den Gegebenheiten auskennt. Der Täter sticht auf Heike Rimbach nahezu 30 Mal ein. Die Wunden, manche oberflächlich, sind über den Körper verteilt, die todbringenden jedoch auf den Hals des Opfers konzentriert.

Ich finde es auffällig, dass, abgesehen von zwei Stichen, alle Verletzungen die Brust, den Bauch und den Rücken verschonen. Gerade diese Körperpartien verletzen aggressionsgesteuerte Täter, weil sie bei der Heftigkeit des Gefühlsausbruchs von einem unkontrollierten Tötungswillen getragen sind. Ich kenne zahlreiche Opfer, die mit 30, 40 und mehr Stichen in den Oberkörper getötet wurden. Doch das hat Heike Rimbachs Mörder nicht getan, auch wenn der minderbegabteste Täter wissen müsste, dass hier die lebenswichtigen Organe des Menschen zu finden sind. Trotzdem sieht auch diese Phase der Tötung nicht nach einem stringenten Täterverhalten mit hoher Stressresistenz aus, sondern bestätigt das vorherige Eskalationsgeschehen mit wenig Planung, aber viel Wut. Der Täter scheitert schlicht daran, Heike Rimbach zu töten. Zugleich zeigt er weiterhin den unbedingten Vernichtungswillen im Sinne eines Overkills.

Der Täter konzentriert sich nun auf Heikes Halspartie und fügt ihr mit Stichen an drei unterschiedlichen Stellen weitere schwere Verletzungen zu, die ihren Tod endlich besiegeln sollen. Wenn ich mir allein die parallelen Halsstiche anschaue, sehe ich jemanden, der bei einer offenkundig völlig hilflosen Person sieben gezielte Messerstiche in den Hals setzt, so als wäre er in einer Art »Tunnel« und allein darauf fixiert, die wehrlose Frau endlich zu töten. Es ist fast so, als wollte der Täter den Hals »pulverisieren«. Für mich ist das ein weiterer Beleg für die vom Vernichtungswillen getragene Entschlossenheit des Täters.

Doch der Mörder geht noch weiter und erhängt Heike Rimbach in einem finalen Akt. Warum nur hängt er diese junge Frau nach all der Brutalität auch noch auf? War es nur das verzweifelte Bemühen, Heike Rimbach endlich sterben zu sehen? Ich wende mich mit dieser Frage an einen forensischen Psychiater. Seine Erklärung ist einleuchtend: »Die Zerstörung des Gesichtes und des Kopfes wird als Vernichtung der Person erlebt. Dieses zerstörerische Element wird als großartiger empfunden als zum Beispiel der Moment des Erstechens. Die Wut des Täters schwindet so eher. Das Erhängen ist die finale Demütigung des Opfers.«

Oder ist es ein Fingerzeig auf eine Inszenierung, auf eine Kopie eines vorherigen Delikts, des vermeintlichen Mordes in der Firma Rimbach? Gleichzeitig handelt der Täter in dieser Situation aber auch überlegt und zeigt seine pragmatische Intelligenz beim Binden der Knoten und dem Befestigen des Seils. Das könnte ein Hinweis darauf sein, dass er beruflich mit seinen Händen arbeitet. Mit diesem finalen Akt schließt der Täter eine Serie von unterschiedlichen Gewaltformen ab. Er tötet Heike Rimbach tatsächlich mehrere Male. Aber auch die Qualität des Tötens, also die Schläge in das Gesicht und den Kopf, das Würgen und die scharfe Gewalt mit dem Messer, kann Hinweise auf die Motivation des Täters geben, da sie jeweils für sich allein, aber insbesondere auch in Kombination häufig bei Partnerschaftskonflikten vorzufinden sind.

Für mich ist dies ein weiterer Hinweis dafür, dass sich Heike Rimbach und der Täter näher kannten. Der Anlass für die Tat dürfte ein eskalierender Streit nach einer Trennungsproblematik oder einer Abweisung gewesen sein, wobei der Täter nicht mit der Zurückweisung umgehen konnte, da sie für ihn einen existenziellen Verlust bedeutete.

Der Mord aus dem Jahr 2005 kommt mir trotz des Freispruchs für Heikes ehemaligen Arbeitskollegen wieder in den Sinn, der Fall der thailändischen Prostituierten lässt mir keine Ruhe. Es ist die nahezu identische Art des Tötens mit den massiven Schlägen auf den Kopf des Opfers, die finalen tödlichen Halsstiche, der absolute Tötungswille. Ist es nur Zufall? Oder haben wir es mit einem Serientäter zu tun? Hat der unbekannte Prostituiertenmörder auch Heike Rimbach umgebracht?

Die Opfer in beiden Fällen sind jeweils Frauen. Dann gibt es zwei Tatorte, die nur gut 15 Kilometer voneinander entfernt sind. Zufall oder nicht? Ich fahre wieder in den Harz und suche den Anwalt von Maria Rimbach auf, denn er vertritt auch die ebenfalls schwer verletzte Kollegin der toten Thailänderin. Als ich ihn frage, ob es bereits eine vergleichende Fallanalyse der beiden Fälle gäbe, verneint er. Der Jurist verspricht, den kompletten Ermittlungsvorgang von der Staatsanwaltschaft anzufordern, damit ich in beiden Verbrechen die einzelnen Tatsequenzen miteinander vergleichen kann. Da ich weiß, dass wieder Wochen vergehen werden, bis ich endlich auch diese Mordakte lesen kann, beginne ich schon einmal mit der Auswertung der wenigen Unterlagen, die ich vom Anwalt bekommen habe.

Spätabends hatte der Täter ein Bordell in Bad Harzburg aufgesucht, um dort Sex mit einem Transsexuellen zu haben. Als dieser jedoch wegen eines Telefonats den Freier warten ließ, war er eine Etage tiefer gegangen und hatte mit zwei thailändischen Huren, wie sich Prostituierte selbst nennen, Kontaktgespräche geführt. Schnell war er sich mit dem späteren Opfer handelseinig geworden. Gemeinsam verschwanden sie im Studio der Prostituierten, während die Kollegin ihr Zimmer aufsuchte. Nach wenigen Minuten gellten Hilferufe durch das Haus. Die Kollegin eilte ins Zimmer und sah, dass die Thailänderin blutüberströmt neben dem Bett auf dem Boden lag, während der Freier immer wieder mit einem kleinen Hammer auf den Kopf der Wehrlosen einschlug. Der Freier bemerkte die Störung, ließ von der Schwerverletzten ab und verfolgte die davoneilende Kollegin. Diese stolperte und stürzte, worauf er sich auf sie warf und auch brutal auf ihren Kopf einschlug. Als sich die Frau energisch zur Wehr setzte, legte der Freier den Hammer ab, zückte ein Messer und versuchte, mit Stichen in ihren Hals ihren Widerstand zu brechen. Unvermittelt beendete er den Angriff und kümmerte sich nicht weiter um sie. Er kehrte in das Zimmer der Thailänderin zurück, wo er der Wehrlosen zweimal in den Hals stach und dadurch Halsschlagader und Drosselvene durchtrennte. Das Opfer verblutete.

Die Tatrekonstruktion ergab, dass die Thailänderin bei den ersten Schlägen dem Täter den Rücken zugedreht hatte und durch mindestens elf Schläge tödlich verletzt war. Auch ihre Hände waren zerschlagen; typische Zeichen des passiven Versuchs, sich vor den brachialen Angriffen zu schützen.

Ich habe nur wenige Informationen, sodass ein seriöser Vergleich der beiden Taten vom Prinzip her gar nicht möglich ist. Ich wage es trotzdem: Einerseits sprechen die Schlagverletzungen, die Halsstiche und der absolute Vernichtungswille für ein gleichartiges Tatgeschehen, andererseits deuten folgende Details eher auf verschiedene Täter bei den beiden Verbrechen hin:

Während ich im Fall von Heike Rimbach von einem eskalierenden Tatgeschehen nach einer schweren Kränkung, verübt mit Waffen der Gelegenheit, ausgehe, wirkt das Täterverhalten beim Rotlicht-Mord einerseits vorbereitet, anderseits auch chaotisch und desorganisiert. Der Täter hat die Absicht, jemanden zu töten beziehungsweise schwer zu verletzen. Er wählt das Bordell als Tatort aus, bringt die Tatwaffen mit und lässt diese nach der Tötung nicht zurück. Zudem ist er vor dem Mord kognitiv in der Lage, die beiden Prostituierten über seine wahren Absichten zu täuschen und für einen Freier gehalten zu werden. Das könnte dafür sprechen, dass er sich in dem Milieu auskennt. Ich befrage den Forensiker auch zu diesem Fall. Der Psychiater sieht es ebenso. Er mag einen psychotischen, einen wahnhaft agierenden – oder betrunkenen – Täter nicht ausschließen. Das Motiv: Hass auf Prostituierte. Dem Täter ist es am Ende egal, wen er tötet. Obwohl er weiß, dass er von Zeugen beobachtet und beschrieben werden könnte, lässt er von der Kollegin der Thailänderin ab, um die begonnene Tötung in deren Studio fortzusetzen. Wäre nicht zunächst die Tötung der Tatzeugin die logische Konsequenz?

Ich bin gespannt, was mir die weiteren Details der Ermittlungsakte über das Verhalten des Mörders verraten werden, doch im Moment sehe ich bei beiden Tötungsdelikten eher abweichendes als gleiches Täterverhalten. Trotzdem werde ich mit der Tatzeugin über das Verhalten des vermeintlichen Freiers sprechen. Vielleicht ergeben sich ja auf diese Weise doch noch Parallelen in beiden Morden oder wird meine erste Annahme bestätigt.

Nach dem Besuch beim Anwalt fahre ich zu Maria Rimbach, um ihr von meinen Rechercheergebnissen zu berichten. Gut ein halbes Jahr ist seit unserem ersten Treffen auf dem Friedhof vergangen. Ich finde, dass ich in den zurückliegenden Monaten mit meinen begrenzten Möglichkeiten als privater Profiler viel über das Verbrechen herausfinden konnte. Ein Familiendrama war das Verbrechen nicht, da bin ich mir sicher. Ich weiß um den Tatablauf, kenne das Motiv des Täters, gehe von seiner emotionalen Nähe zu Heike Rimbach aus, habe auch sein Profil vor Augen und kann sagen, dass sich das Verbrechen gezielt gegen Heike Rimbach richtete; sie war kein Zufallsopfer. All das berichte ich der leidgeprüften Frau in ihrem Wohnzimmer bei Kaffee und Keksen. Ich bin überrascht, wie gefasst sie meinen Ausführungen lauscht und wie auffällig wenig sie raucht. Dann wird sie ganz still und möchte wissen, was nun passiert. Mir kommt es so vor, als würde sie die Vergangenheit aus Lüttgenrode einholen und zu lebendigen Bildern in ihrem Kopf werden. Ich erkläre ihr, dass auch bei einer konkreten Verdachtslage materielle Beweise vorliegen müssen, wie zum Beispiel die DNA des Täters an den Tatwerkzeugen. Wir erörtern die Fehler der Vergangenheit, die vorschnellen Mutmaßungen der Ermittler, die fehlende frühe Fallanalyse, die nicht gesicherten oder verloren gegangenen Beweismittel der Tat. Nicht mehr zu heilende Versäumnisse, wie sie immer wieder zu beklagen sind, aber nicht passieren dürften. Das Verbrechen hätte bereits vor vielen Jahren aufgeklärt werden können – davon bin ich mehr denn je überzeugt. Als ich sie frage, was sie jetzt fühlt, antwortet sie in ihrer bestimmten Art, die ich kenne: »Die Hoffnung stirbt zuletzt. Ich werde erst aufhören, bis Heikes Mörder verurteilt wurde.« Ich verspreche Maria Rimbach, sie weiterhin auf der Suche nach dem Mörder zu unterstützen, und drücke meine Befürchtung aus, dass es noch ein langer Weg bis zum Ziel sein kann. Mit manchen Zeugen möchte ich auch noch persönlich sprechen: mit Heikes Brüdern, ihren früheren Intimpartnern, dem Schlachtergesellen, der früheren Berufsschulfreundin und ihrem ehemaligen Chef. Gerade der unmittelbare, der direkte Kontakt mit den Menschen hat mir häufig zu neuen und interessanten Informationen verholfen – möglicherweise trifft dies ja auch bei diesem Verbrechen zu. Auch mit den jetzigen Ermittlern werde ich mich austauschen und sie über meine Einschätzung informieren, wie wir es auf dem dunklen und zugigen Dachboden des Mordhauses vereinbart hatten.

Dann erzähle ich der Mutter von Swantje Lorenz, der jungen Frau, die vor so vielen Jahren mit dem Zug nach Hause fahren wollte, am Bahndamm vergewaltigt und ermordet wurde, während Reisende aus dem Fenster sahen und nicht die Notbremse zogen. Ich weiß, es ist kein Trost, wenn ich ihr sage, dass Swantjes Mörder erst nach fast 40 Jahren ein Gesicht bekam. Ein Fall, dem ich auch in diesem Buch ein Kapitel gewidmet habe. Maria Rimbach schaut mich traurig an, sagt aber kein Wort dazu. Ich weiß, was sie in diesem Moment denkt, denn erst wenige

Stunden vor meinem Besuch ist ihr Mann Karl-Heinz mit einem schweren Kollaps in die Klinik eingeliefert worden. Es steht nicht gut um ihn.

Trotzdem versuche ich, Optimismus zu verbreiten, denn ich bin mir sicher: Der Name des Mörders steht in den Akten. Und deshalb wird es auch nur eine Frage der Zeit sein, bis Heikes Mörder überführt wird. Aber bis dahin werden ihn immer wieder die Bilder der sterbenden und geschändeten Heike Rimbach verfolgen. Eine schreckliche Wahrheit, der er nicht entrinnen kann und die ihn zeit seines Lebens plagen wird. Erlösung, das weiß ich von Menschen, die ebenfalls getötet hatten, bringt nur das ehrliche Eingestehen der Tat. Und eine schuldangemessene Strafe.

Wer das Schweigen bricht –
das Geheimnis von Zelle 26

Das mächtige im gotischen Stil erbaute Backsteinhaus mit seinen beiden Türmen und den hohen Fenstern mit den farbigen Butzenscheiben erinnert mich bei jedem Besuch an eine Kirche. Dieser Eindruck weicht allerdings schnell: Die vier Meter hohe Mauer mit dem in drei Lagen ausgerollten Stacheldraht und die aufmerksame Eingangskontrolle der Justizbeamten am Gefängnistor zeigen eine weniger fromme Realität. Auch dieses Mal bin ich nicht wegen der architektonischen Schönheit hierhergekommen. Ein Strafgefangener hatte sich dem Gefängnisarzt anvertraut und behauptet, Mithäftlinge hätten ihm sechs Zehennägel gezogen. Dieser ungeheuerliche Vorfall wird die Titelgeschichte in der örtlichen Zeitung, auch die überregionalen Medien berichten darüber. Und die Justizvollzugsanstalt Bremen hat ihren ersten Folterskandal.

Der Rechtsausschuss der Bremer Bürgerschaft tagt. Die ersten oppositionellen Politiker fordern Konsequenzen: Videoüberwachung in der Anstalt, personelle Verbesserungen beim Justizpersonal, Vertrauensbeamte für die Häftlinge, mehr Kontrolle in den Gefängnissen. Die Polizei wird eingeschaltet, eine Ermittlungsgruppe eingerichtet. Der Justizsenator lässt sich persönlich über die Fortschritte der Ermittlungen unterrichten.

Bald sind die ersten Tatverdächtigen ausgemacht: drei Deutschrussen. Andere Gefangene hatten den Ermittlern gegenüber vorsichtige Andeutungen gemacht und auch vertrauliche Hinweise gegeben. Für sie eine gefährliche Mission, denn die drei verdächtigen Männer sind für ihre Gewaltbereitschaft und Skrupellosigkeit bekannt. Man traut ihnen solche Brutalität, die ihnen nun vorgeworfen wird, durchaus zu, gehören sie doch vermutlich einer mafiaähnlichen Subkultur von Spätaussiedlern an, die sich in den letzten Jahren in vielen deutschen Gefängnissen etabliert hat. Aber die Verdächtigen bestreiten vehement die Tat. Und konkrete Beweise für ihre Schuld gibt es – noch – nicht.

Aber plötzlich erzählt der verletzte Häftling eine ganz andere Version der Geschichte. Nicht andere hätten ihm die Nägel entfernt, er habe es selbst getan. Im Delirium, nachdem er Heroin geraucht und Alkohol getrunken habe. Die Ermittler sind ratlos. Behauptet der Häftling dies nur, weil er Angst vor seinen Peinigern hat? Oder ist es tatsächlich möglich, dass ein Mensch sich selbst solche Schmerzen zufügt? Geht das überhaupt ohne Betäubung? Allein der Gedanke sprengt jede Vorstellungskraft.

Gewalt im Gefängnis ist ein bekanntes Phänomen: Häftlinge verletzen sich selbst, verprügeln andere Gefangene, üben sexuelle Gewalt bis hin zur Vergewaltigung aus, greifen Beamte an oder werden vom Personal drangsaliert. Favorisierte Tatorte sind dann fast immer Gemeinschaftszellen, Waschräume, Toiletten und schlecht einsehbare Flure. Nur selten werden solche Fälle der Öffentlichkeit bekannt. Erst wenn die Willkür zu sehr ausartet oder ein Häftling an den erlittenen Torturen verstirbt, wird daraus ein öffentlicher Skandal. So geschah es etwa 2006 in der Justizvollzugsanstalt im nordrhein-westfälischen Siegburg. Drei jugendliche Häftlinge hatten ihren kaum älteren Zellengenossen über Stunden einem unvorstellbaren Martyrium unterzogen. Sie hatten ihn gezwungen, seinen Urin zu trinken und die eigenen Exkremente zu schlucken. Sie hatten ihn vergewaltigt, gefesselt, gewürgt und geschlagen. So lange, bis er starb. War etwas Vergleichbares im Bremer Gefängnis geschehen? Ohne dass es einer der Verantwortlichen bemerkt hätte – oder hätte bemerken wollen?

Als sich nach 14 Tagen trotz intensiver Recherchen und aller Vernehmungen von Mitgefangenen und des Verletzten der Fall nicht lösen lässt, fragen meine Kollegen von der Ermittlungsgruppe bei mir an, ob hier die Methoden der Operativen Fallanalyse nicht weiterhelfen könnten. Es ist eine ungewöhnliche Anfrage. Denn normalerweise kümmert sich meine Abteilung nur um Kapitaldelikte, meistens um ungelöste Morde und Sexualverbrechen. Da die Ermittlungen in diesem Fall aber unter großem öffentlichem Druck stehen, verspreche ich zu helfen, so gut ich kann. Und so widme ich mich zusammen mit einem Kollegen in den nächsten drei Wochen der spannenden Frage: Was geschah wirklich in Zelle 26?

Wie immer, wenn es um die Analyse einer Tat geht, lese ich zuerst die Akten. Aber für mich ist nicht das wichtig, was die Ermittler bereits bei ihren Recherchen herausgefunden und bewertet haben, sondern es sind die Dokumente über unumstößliche Fakten: Fotografien des Tatortes und insbesondere vom Opfer und seinen Verletzungen. Dazu mögliche Gutachten von Experten, wie zum Beispiel Serologen, die DNA-Expertisen erstellen, Schusswaffensachverständigen oder Toxikologen, die nach Giftstoffen suchen, die Berichte der Spurensicherung am Tatort und später der Rechtsmedizin. Zum Schluss aber auch Hinweise zur Opferpersönlichkeit: die Selbsteinschätzung des Opfers, falls es das Verbrechen überlebte, Aussagen von Angehörigen und Zeugen. So bekomme ich ein erstes Bild von der Tat. Allerdings kann ich mich nicht allein auf die Akten verlassen. Sie sind nur das Tor zu einer umfangreichen Fallanalyse. Wenn ich genug gelesen habe, muss ich selbst den Tatort aufsuchen, um mich mit den örtlichen Gegebenheiten vertraut zu machen, auch dann, wenn es den konkreten Tatort mit den Spuren des Verbrechens gar nicht mehr gibt.

Aus der Lektüre dieses Falles erfahre ich, dass der Häftling offensichtlich große Angst hat. Zumindest ist das die Annahme des Personals und auch einiger Mitgefangener. Er befürchtet vermutlich weitere Gewalt und will deshalb nicht mit der Sprache heraus.

Angst haben auch seine Mitgefangenen. Kaum einer traut sich, das ungeschriebene Knastgesetz des Schweigens zu brechen. Niemand ist bereit, offen seine Beobachtungen zu schildern, konkrete Hinweise zu den Hintergründen der Tat zu geben oder die Namen der Täter zu nennen, obwohl diese im Gefängnis angeblich bekannt sind. Auch die von der Staatsanwaltschaft ausgesetzte Belohnung von 3000 Euro, verbunden mit der Zusicherung, alle Aussagen würden vertraulich behandelt werden, hat die Ermittler nicht viel weitergebracht. Es existieren lediglich vage Hinweise und vertrauliche Andeutungen auf die möglichen Täter: Aussagen vom Hörensagen, die drei Deutschrussen könnten es gewesen sein. Das ist zu wenig, um den Verdacht gegen sie ernsthaft und beweisbar zu erhärten.

Ich kann die Angst der Mitgefangenen verstehen. Denn viele von ihnen haben eigene Gewalterfahrungen. Nahezu jeder vierte Häftling wird im Gefängnis Opfer von körperlichen Übergriffen, wie Häftlingsbefragungen belegen, bei den jugendlichen Gefangenen ist es fast jeder Zweiter.

Zudem ist fast jeder sechste Häftling in deutschen Gefängnissen ein straffällig gewordener Spätaussiedler. Eine erschreckend hohe Zahl. Während lediglich circa acht Prozent der einheimischen Jugendlichen straffällig werden, sind es unter Russlanddeutschen etwa ein Viertel. Häufig zeigen sie bei ihren Taten ein hohes Maß an Aggression, die vermutlich ihre Ursache darin hat, dass in der Heimat die innerfamiliäre Gewalt viel weiter verbreitet ist als bei uns. Auf der Straße herrscht das Recht des Stärkeren, und es regiert ein besonderer Ehrenkodex, sodass bereits auf die geringste Provokation mit brachialer Gewalt geantwortet wird. Streitigkeiten werden untereinander geregelt, Anzeigen unterbleiben auch hier in Deutschland, da es die Aussiedler in ihrer Heimat nicht gewohnt waren, sich der Polizei anzuvertrauen.

Im Gefängnis versuchen die meist jungen Männer, unter sich zu bleiben und ein abgeschottetes, hierarchisches und brutales Regime aufzuziehen. Sie gelten als »Diebe im Gesetz«: eine Gruppe russischer Krimineller, häufig mit Kontakten zur organisierten Kriminalität, die ihre Wurzeln in den russischen Gefangenenlagern der Stalin-Ära haben und nach eigenen Gesetzen leben. Dazu gehören die Zwangsmitgliedschaft eines jeden inhaftierten Landsmannes und die bedingungslose Akzeptanz des eigenen Normen- und Repressaliensystems.

Viele der russischstämmigen Gefangenen sind nicht nur hochgradig gewalttätig, die meisten sind auch drogenabhängig. Das führt dazu, dass sich ihre Aktivitäten auf die

Rauschgiftbeschaffung und das Einschmuggeln der Drogen in die Strafanstalten konzentrieren. Von zentraler Bedeutung ist für die »Diebe im Gesetz« der »Abschtschjak«, die illegale Gemeinschaftskasse im Gefängnis. Sie dient dem Kauf von Betäubungsmitteln und zur Finanzierung weiterer Straftaten sowie der Unterstützung von Gefangenen und deren Angehörigen.

Allerdings sind die Beiträge in die Gemeinschaftskasse nicht immer freiwillig: Wer gegen den Verhaltenskodex verstößt, wird gerne mit einer Zahlung in den »Abschtschjak« bestraft. Häufig werden auch hohe Summen hierfür erpresst. Wer sich innerhalb der russlanddeutschen Subkultur nicht an die Einhaltung der Normen hält, bekommt das sehr eindringlich zu spüren: Demütigungen und drakonische Strafen sind an der Tagesordnung. Aber nicht nur die Abtrünnigen selbst werden in den Strafanstalten bedroht und häufig mit massiver Gewalt zur Zahlung gezwungen, sondern auch deren Angehörige, Freunde und Bekannte. Ebenfalls können Gefangene, die keine Aussiedler sind, Opfer werden: zum Beispiel wenn sie als Freigänger kein Rauschgift in die Anstalten mitbringen. Oder wenn Kleindealer das ihnen zum Verkauf übergebene Rauschgift unkorrekt abrechnen.

Ich nehme mir vor, bei meinem Besuch in der JVA diese Problematik zu hinterfragen.

Mit diesen Überlegungen setze ich mein Aktenstudium fort. Wenn es zunächst viele Vermutungen, jedoch nur so wenig Tatspuren gibt, ist es am besten, mit der Studie der Persönlichkeit des Opfers anzufangen – ein sehr wichtiger Teil in der fallanalytischen Bewertung. Für die Einschätzung eines Geschehens muss ich herausfinden, ob die Person gezielt Opfer einer Straftat wurde oder nur zufällig. Dazu muss ich den Menschen kennenlernen, muss mit seiner Biografie und Persönlichkeit vertraut werden. Ich muss alles über ihn wissen. Manchmal habe ich den Eindruck, dass am Ende niemand so viel wie ich über die Person weiß, selbst die nahen Angehörigen oder Freunde nicht.

Ich lese, dass der Häftling Erhan Karabey heißt, zum Zeitpunkt des Vorfalls 30 Jahre alt, Sohn türkischer Eltern und in Deutschland geboren ist. Er ist heroinabhängig und in das Substitutionsprogramm der Anstalt aufgenommen worden. Das bedeutet, dass der Gefängnisarzt ihm gegen seine Sucht die Ersatzdroge Polamidon verordnet. Das Medikament hat Karabey auch schon vor seinem Gefängnisaufenthalt täglich eingenommen. Das Polamidon-Programm ist eine sinnvolle Maßnahme, um Abhängige aus dem Teufelskreis der Rauschgiftabhängigkeit zu holen und auch davon abzuhalten, sich durch Straftaten Geld für den Kauf von Betäubungsmitteln zu beschaffen oder der Prostitution nachzugehen.

Aus der Akte erfahre ich weiter, dass Karabey nicht das erste Mal im Gefängnis ist. Er hat also Erfahrung mit dem Leben im Knast. Ich überlege, was das konkret für das Geschehen bedeutet: Karabey sollte eigentlich wissen, welche Strukturen im Gefängnis anzutreffen sind und was im Zusammenleben mit den Häftlingen und dem Aufsichtspersonal von ihm erwartet wird. Auch müsste ihm bewusst sein, wie er sich gegenüber Mitgefangenen zu behaupten hat, um nicht zum Spielball unterschiedlicher Interessen und Knastcliquen zu werden.

Erhan Karabey muss eine Strafe von elf Monaten wegen

Körperverletzung verbüßen. Er hat im Vollsuff auf offener Straße einen älteren Mann ohne erkennbaren Grund provoziert und ihn zusammengeschlagen. Fast die Hälfte seiner Strafe hat er bereits abgesessen, in wenigen Monaten steht seine Entlassung an. Wie ich weiter aus den Unterlagen erfahre, hat sich Karabey – wie übrigens viele andere Häftlinge auch – selbst zum Strafantritt bei der Strafanstalt gemeldet. Die Polizei musste ihn dafür nicht einmal verhaften.

Einer Aktennotiz entnehme ich, dass er als unauffälliger, aber gelegentlich schwieriger Gefangener gilt: »Karabey fügt sich in den Anstaltsalltag relativ problemlos ein. Er hat keine Schwierigkeiten mit den anderen Häftlingen.« Allerdings wird vermutet, dass er unter dem persönlichen Schutz eines einflussreichen arabisch-libanesischen Gefangenen steht, dem er vor einigen Jahren bei dessen Flucht aus dem Jugendgefängnis geholfen haben soll. Zu Karabeys Persönlichkeit heißt es weiter, dass er zwar für die Beamten ansprechbar ist, doch sei bei ihm stets eine unterschwellige Aggressivität zu beobachten. Fühle er sich angegriffen, sei Vorsicht geboten. Dann könne er zum Pitbull werden.

Der Häftling stellt sich an einem Vormittag beim Gefängnisarzt im Lazarett vor. Er will sich seine Polamidon-Ration abholen und sein linkes Auge behandeln lassen, das zwei Tage vorher bei einer Schlägerei in einer Werkstatt der Anstalt verletzt worden ist. Karabey war während der Arbeit in der Schlosserei mit einem Mitgefangenen in Streit geraten. Er erklärt dem Arzt, der Arbeitskollege habe von ihm verlangt, dessen Arbeitsplatz zu fegen: »Was bildet der Penner sich ein? Ich – für ihn putzen? Der hat sie ja nicht mehr alle! Klar, dass ich mir das nicht gefallen lasse. Warum denn auch?˙Mach doch deinen Dreck selbst weg, hab ich ihm gesagt.« Ein Wort gab das andere, und schließlich artete die gegenseitige Anmache in eine Schlägerei aus. Der Gegner war stärker als Karabey, doch der gab nicht auf und wehrte sich so lange, bis ein Faustschlag den Kampf beendete. Ein Auge schwoll zu und lief blau an. Dann seien ihm die Beine weggeknickt. »Hab voll den Flachmann gemacht.« Ein Mitgefangener kam dazu und verhinderte, dass sich Karabey aufrappelte und weiterprügelte.

Die Schlägerei ist dem Aufsichtspersonal nicht verborgen geblieben. Karabey bekommt von der Anstaltsleitung eine Disziplinarstrafe: Arbeitsverbot und Einschluss in seinen Haftraum. Eine strenge Reaktion, denn für eine Woche darf Karabey nun nicht mehr arbeiten und muss sich stattdessen in seiner Zelle langweilen. Nur am Nachmittag darf er den Haftraum für zwei Stunden verlassen. Dann, wenn auch die anderen Gefangenen Aufschluss, also Freizeit, haben. Sie besuchen sich gegenseitig auf ihren Zellen, spielen Karten oder kochen gemeinsam. Ein Umstand, der für die spätere Rekonstruktion der Abläufe noch von großer Bedeutung sein wird.

Bevor der Mann sein Polamidon erhält, muss er eine Urinprobe abgeben, so ist es Vorschrift. Denn nur drogenfreie Insassen bekommen den Ersatzstoff. Man stellt dadurch im Labor fest, ob der Häftling nebenbei verbotene Mittel eingenommen hat: Heroin, Kokain, Haschisch oder Tabletten. Auch ich bin immer wieder erstaunt, was trotz strenger Kontrollen heutzutage alles in deutsche Gefängnisse geschmuggelt wird. Es herrscht für gewöhnlich kein

Mangel an Rauschgiften und Tabletten aller Art, und viele der Häftlinge bleiben deshalb auch hinter Gittern drogenabhängig. Nach vorsichtigen Schätzungen haben im bundesweiten Durchschnitt circa 80 Prozent aller Gefangenen eine allgemeine Suchtproblematik; 20 Prozent konsumieren Rauschgifte.

Die Schwellung an Karabeys Auge ist nicht besonders groß. »Ein Veilchen«, sagt der Arzt, nichts Ernsthaftes. Umso überraschter ist der Mediziner, als ihn sein Patient im Weggehen ganz beiläufig um eine Wundsalbe und ein Schmerzmittel bittet. Als der Arzt sich erkundigt, ob er das für die kleine Verletzung am Auge haben wolle, zögert Karabey mit der Antwort. Dann erklärt er, dass er Schmerzen an den Füßen habe. Nur widerwillig zieht er sich Schuhe und Strümpfe aus. Was der Arzt nun sieht, lässt selbst ihn, der schon viele Verletzungen in seinem Leben gesehen hat, erschaudern. An Karabeys Füßen fehlen sechs Nägel, jeweils drei an den Zehen II bis IV, links und rechts. Der Arzt vermutet, dass die Wunden frisch sind, nicht älter als 24 Stunden. Was genau passiert ist, will Karabey dem Arzt zunächst nicht erzählen. Als ihn der Mediziner aber nicht gehen lässt und immer weiterfragt, meint der Verletzte irgendwann sinngemäß: »Wer das gemacht hat, sage ich nicht! Meine Familie ist in Gefahr!« Ein paar Minuten später revidiert er seine Andeutung: »Alles nicht wahr. Ich habe mich selber verletzt.« Es klingt nicht sehr glaubwürdig.

Der Arzt kann sich nicht vorstellen, dass ein Mensch sich selbst freiwillig solcher Torturen unterzieht und sich solche Schmerzen zufügen kann. Er geht deshalb von einer Misshandlung durch Mitgefangene aus und informiert seine Vorgesetzten. Es beginnt eine interne Untersuchung des Falles. Erhan Karabey wird von der Gefängnisleitung befragt. Von seiner Äußerung gegenüber dem Arzt, er habe Angst um seine Familie, will er jetzt auch nichts mehr wissen. Stattdessen wiederholt er, er habe sich selbst die Nägel entfernt. Doch wie er das gemacht haben will, verschweigt er.

Keiner von den Verantwortlichen der Anstalt nimmt ihm die Geschichte ab. Sie befürchten, der Gefangene sei gefoltert worden und erzähle aus Angst vor weiteren Übergriffen nun ein Märchen. Die Gefängnisleitung benachrichtigt die Justizbehörde. Die Behörde gibt eine Pressemitteilung heraus. Sie spricht von »klassischer Folter«. Und die Nachricht von einem schrecklichen Skandal macht die Runde.

Als die Polizisten der Ermittlungsgruppe mit den Recherchen im Gefängnis beginnen, entdecken sie weitere Hinweise, die tatsächlich für ein Verbrechen sprechen. In seiner polizeilichen Vernehmung bricht Karabey plötzlich in Tränen aus und meint: »Wenn ich was anderes sagen würde, weiß ich nicht, was mit mir geschieht!« Einem Mitgefangenen, der wissen will, was passiert sei, sagt Karabey nur: »Strafe muss sein!« Schließlich finden die Ermittler in seiner Zelle einen Brief an seinen Vater. Er schreibt, dass auch er niemals gegen die eiserne Knastregel des Schweigens verstoßen würde und deshalb alle möglichen Einschränkungen und Repressionen auf sich nehmen werde.

Für das Personal in der Justizvollzugsanstalt und die Ermittler der Kriminalpolizei gibt es nun kaum noch Zweifel daran, dass Karabey gefoltert wurde. Oder misshandelt, wie es korrekt heißen muss. Denn unter Folter sind systematische gewaltsame Handlungen von Vertretern der Staatsgewalt zu verstehen, die Aussagen und Geständnisse erpressen, Menschen einschüchtern oder bestrafen wollen.

Um sicherzugehen, wird ein medizinischer Sachverständiger hinzugezogen. Er soll die Verletzungen an Karabeys Füßen begutachten. Nach der Untersuchung schließt der Rechtsmediziner in seinem Tage später erstellten mehrseitigen Gutachten eine Eigenverletzung definitiv aus. Er spricht von »unerträglichen Schmerzen« und sagt, jeder Mensch habe eine natürliche Hemmschwelle, sich solche Verletzungen selbst zuzufügen. Außer er sei Psychotiker. Dies aber sei Erhan Karabey nicht.

Damit erhärtet sich der Verdacht gegen die drei Deutschrussen aus Karabeys Vollzugsgruppe. Drei hochkarätige Gefangene, deren Vorstrafen eine Schneise quer durch das Strafgesetzbuch schlagen: Körperverletzung, Gewaltdelikte, Diebstähle, Drogenhandel. Das Motiv liegt auf der Hand: Die Verdächtigen sollen bei Karabey vergeblich versucht haben, Drogenschulden einzutreiben – so die vertraulichen Hinweise der Mitgefangenen. Tatsächlich hatte es schon einmal einen Übergriff auf Karabey gegeben. Mehrere Häftlinge einer anderen Vollzugsgruppe, ebenfalls Russlanddeutsche, hatten ihn wenige Wochen zuvor in seiner Zelle überfallen, vermutlich ebenfalls wegen illegaler Rauschgiftgeschäfte. Aber Karabey wusste sich zur Wehr zu setzen. Er hatte nach einem Brotmesser gegriffen und die Angreifer in die Flucht geschlagen. Obwohl er sich damals behaupten konnte, ist dem Aufsichtspersonal nun die Situation zu prekär. Der Häftling wird zu seinem Schutz auf die Krankenstation verlegt, auch wenn er das nicht will.

Ich lese mir die Kriminalakten der Tatverdächtigen durch: Juri Blank, Artur Sorge und Nikolai Bronski. Die drei sind Mitte zwanzig und vor knapp zehn Jahren mit ihren Eltern und Geschwistern aus dem rund 4000 Kilometer entfernten deutschen Nationalkreis Asowo, 2500 Kilometer von St. Petersburg entfernt, nach Bremen gekommen. Um den rund 5000 Deutschen in dieser Region eine Perspektive zu geben, hatte die Bundesregierung auf vielfältige Weise geholfen: Lehrer für den Deutschunterricht, Ausbau der Straßen, Modernisierung der Betriebe, Unterstützung der deutschen Zeitung. Als sich allerdings die wirtschaftliche Lage Russlands Mitte der 1990er-Jahre rapide verschlechterte, verließen trotz dieser Unterstützung zahlreiche Deutschstämmige ihre Heimat und siedelten nach Deutschland um.

Bereits nach kurzer Zeit waren die Verdächtigen mit dem Gesetz in Konflikt geraten: erste Ladendiebstähle, Cannabisbesitz und Körperverletzung, zumeist unter Einfluss von Alkohol und Rauschgift. Dann schaue ich mir auf dem Bildschirm meines Rechners ihre Fotos an. Mit ausdruckslosen Augen starren mich die Häftlinge an; ihre Glatzen, ihre hageren, bartlosen Gesichter, die breiten Schultern und die weit geschnittenen Pullover und Hosen sowie teure Turnschuhe einen sie und wirken wie eine Uniformierung. Ich kann mir gut vorstellen, dass die Männer auch in Freiheit nur unter sich leben wollen und keine Integration wünschen. Wie ich weiß, sind die Deutschkenntnisse der aus der ehemaligen Sowjetunion stammenden Aussiedler je nach Generation sehr unterschiedlich. Während die Urgroßeltern und Großeltern die besten Sprachkenntnisse besitzen, ist bei der Elterngeneration die Sprachkompetenz recht beschränkt und stark durch das Russische überlagert, während die Kinder noch weniger Deutsch können. Ein Anruf im Gefängnis bestätigt, was ich mir gedacht habe: Auch die drei sprechen hauptsächlich russisch und kaum deutsch.

Obwohl Erhan Karabey die drei Tatverdächtigen auch weiterhin nicht belastet, obwohl niemand von seinen Mitgefangenen den Vorfall beobachtet haben will und obwohl die Verdächtigen die Tat bestreiten, werden sie in andere Vollzugsgruppen verlegt und für die nächsten Tage mit disziplinarischen Maßnahmen belegt: Einschluss, Einzelspaziergang, keine Freizeitaktivitäten. Die Durchsuchung ihrer Zellen und die Spurensuche sind allerdings zunächst erfolgreich. Sie fördern Teppichmesserklingen, Scheren und Nagelknipser mit blutverdächtigen Antragungen zutage. Auch an der Bettwäsche eines Verdächtigen und auf dem Fußboden wird Blut gefunden. Doch stammt es auch von dem Überfall?

Die Frage kann zunächst nicht beantwortet werden, da die DNA-Analyse einige Tage dauern wird. Die Suche nach einem möglichen Tatwerkzeug, mit dem Karabeys Fußnägel gezogen worden sein könnten, verläuft jedoch negativ. Eine Zange findet sich nicht in der Zelle, auch kein ähnliches Folterinstrument, wie man es aus mittelalterlichen Beschreibungen kennt. Die Staatsanwaltschaft eröffnet ein Ermittlungsverfahren wegen des Verdachts der gemeinschaftlich begangenen gefährlichen Körperverletzung. Für die drei Männer steht viel auf dem Spiel. Kann ihnen die Tat nachgewiesen werden, drohen ihnen jeweils bis zu zehn Jahre Gefängnis zusätzlich.

Derweil sitzt Erhan Karabey in der Einzelzelle des Gefängnislazaretts. Aus Sicherheitsgründen wird er weiterhin von den anderen Insassen getrennt und darf auch nicht mehr arbeiten. Er lehnt sich gegen diese Behandlung auf und versteht die Welt nicht mehr. Er möchte zurück in seinen Haftraum und will auch wieder rauchen und fernsehen, was auf der Krankenstation untersagt ist. Irgendwann droht er mit Selbstmord und wird daraufhin in einen besonders gesicherten Haftraum verlegt. Ein kahler, spartanischer Raum im Untergeschoss, grau gestrichener, nackter Betonboden und videoüberwacht. »Ich hatte da nur eine Schaumstoffmatratze und ein Stehklo im Fußboden. Im Boden eingelassene Ringe zum Fixieren der Insassen.« Außer einer Decke und ein paar Rollen Klopapier gab es dort gar nichts. »Alle 15 Minuten wurde ich kontrolliert, ob ich noch lebte. Am liebsten hätte ich mich weggemacht!«, erzählt Erhan Karabey später in einer seiner Vernehmungen.

Dem Aufsichtspersonal ist durchaus bewusst, dass dem Insassen geholfen werden muss. Er ist schließlich das Opfer, er ist kein Täter. Nach einem Gespräch mit dem Anstaltspsychologen beruhigt sich Karabey und verspricht, sich nichts anzutun. Er darf wieder zurück auf die Krankenstation, wo er die nächsten Wochen bleiben wird. Seine Mithäftlinge hingegen erleben eine Art Kollektivstrafe. Die Gefängnisleitung hat rigide Maßnahmen beschlossen, um die aufgestaute Situation auf der Station nicht eskalieren zu lassen: Sämtliche Vergünstigungen sind gestrichen. Es gilt Einschluss für alle und generelles Arbeitsverbot, mindestens für eine Woche.

Das sind die wesentlichen Informationen, die ein Kollege und ich nun zu analysieren beginnen. Es ist auch für uns ein ungewöhnlicher Fall. Die Beurteilung eines vermeintlichen Foltervorwurfs ist eine absolute Ausnahme in unserer Arbeit. Wenn wir eine Tathandlung zu rekonstruieren versuchen, handelt es sich normalerweise um einen Mord. Wir versuchen dann, zum Beispiel durch das Nachstellen und Nachahmen einzelner Tatsequenzen, das reale Geschehen so genau wie möglich zu rekonstruieren und in eine logische Abfolge zu bringen. Haben wir das erst einmal geschafft und wissen, was sich im Einzelnen bei dem Verbrechen zugetragen hat, lassen sich das Motiv der Tat und ein Profil des Täters viel leichter erstellen. In diesen Fällen ist normalerweise auch der Tatort bekannt, den wir dann aufsuchen und an dem wir Spuren sichern können. Die Leiche schließlich gibt Aufschluss über Tötungsart und Verletzungen.

All dies trifft auf den Folterfall im Gefängnis nicht zu, und so ist das Rätsel, was in Zelle 26 geschah, wirklich schwer zu knacken. Die Ausgangssituation für eine solide Fallanalyse ist denkbar schlecht: Die Informationslage ist dünn und unvollständig, keine Sachbeweise, kein Tatort, keine Tatzeit, ein schweigendes Opfer. Stattdessen: zwei verletzte Füße, jede Menge Widersprüche und ein Ort, an dem – abgesehen vom Gefängnispersonal – niemand mit uns Kontakt haben möchte. Ich spreche mir selbst Mut zu, indem ich mir sage, dass menschliches Verhalten immer zu interpretieren ist, da es Rückschlüsse auf die Bedürfnisse zulässt. Mit fallanalytischer Vorgehensweise, mit einer konsequenten Fragestellung und entsprechenden Recherchen würde sich auch dieser undurchsichtige Sachverhalt aufklären lassen. Ich muss aber eingestehen, dass ich schon ein bisschen unsicher war.

Immerhin hatten die polizeilichen Spurensucher und das Aufsichtspersonal in der Zelle von Erhan Karabey neben persönlichen Aufzeichnungen auch ein Maniküreset mit Schere, Nagelknipser und Feilen gefunden. Es gehörte einwandfrei dem Verletzten und war von Karabeys Vater erst wenige Tage vor dem Vorfall in die Strafanstalt gebracht worden. Hatte sich Karabey damit doch selbst die Fußnägel entfernt? Oder hatten die Täter das Set bei ihrem Überfall in seiner Zelle gefunden und es dann benutzt? Ist diese Annahme wahrscheinlich, oder hat sich die Tat vielleicht auch in der Zelle der Mitgefangenen ereignet? Dort, wo unter anderem die Rasierklingen und das Blut gefunden worden sind?

Mein Kollege und ich sind uns schnell einig, dass wir uns eine neue Herangehensweise überlegen müssen, um das Geschehen zu rekonstruieren. Diesmal sind nicht die Spuren am Tatort und an einer Leiche zu analysieren, diesmal müssen wir die Wundmorphologie an den Füßen des Verletzten zum Sprechen bringen. Welche Gestalt und welche Form haben diese Verletzungen? Was sagen sie über den Hergang aus? In einem zweiten Schritt werden wir die Frage stellen, auf welches Risiko sich die Täter bei der ihnen unterstellten »Folter« einlassen mussten. Und schließlich müssen wir uns intensiv mit Karabeys Persönlichkeit beschäftigen.

Die Verletzungen des Häftlings zu beurteilen ist nicht einfach. Es liegen lediglich vier Fotos und ein medizinisches Protokoll vor. Die rechtsmedizinische Untersuchung des Verletzten hat sich vornehmlich auf seine Füße konzentriert. Auf weitere Traumen an seinem Körper ist leider kaum geachtet worden: Kratzer, Hämatome, Hautabschürfungen. Verletzungen, die zwangsläufig entstehen, wenn ein Mensch energisch gepackt, festgehalten, geschlagen, überwältigt, gefesselt oder geknebelt wird.

Ich breite die Fotos auf meinem Schreibtisch aus, nehme meine Lupe und betrachte jedes einzelne Bild genau. Ich kann ganz deutlich erkennen, dass an beiden Füßen jeweils an den drei mittleren Zehen die Nägel fehlen. Das Nagelbett wirkt unverletzt. Ebenso die das Nagelbett umgebende Haut. Erhan Karabeys Füße sind schmutzig und wurden vermutlich längere Zeit nicht gewaschen, doch an keiner Stelle ist Blut zu erkennen. Ebenso scheint es keine krankhaften Befunde zu geben, wie zum Beispiel Nagelpilz. Die vier verbliebenen Fußnägel an den unversehrten Zehen sind sehr kurz geschnitten und auffällig klein.

Abgesehen von den jetzt schutzlosen und mit einem Antiseptikum behandelten Zehen bemerke ich an den Füßen keine weiteren Verletzungen. Also auch keine Blutergüsse, die als Indiz für ein gewaltsames Festhalten der Zehen hätten gedeutet werden können. Und ganz offensichtlich ist es demjenigen, der die Fußnägel entfernt hat, auch gelungen, die Prozedur sehr filigran und sorgfältig durchzuführen. Es sind keine Schnitte und keine Quetschungen auf der Haut zu sehen. Aber wie sollte das gegangen sein, wenn diese Prozedur doch derartig unvorstellbare Schmerzen hervorrufen soll?, frage ich mich. Ich versuche, mich in die Situation zu versetzen. Ich nehme meinen Stenoblock und formuliere mit dem Bleistift Fragen, die mir spontan in den Sinn kommen:

Würde sich Erhan Karabey nicht heftig gegen diese schmerzhafte Tortur gewehrt haben? So, wie er es bei dem Überfall in seiner Zelle und bei der Schlägerei in der

Werkstatt mit dem Mitgefangenen wenige Tage vorher gemacht hatte.

Hätte der Häftling nicht in einer natürlichen Reaktion versucht, seine Füße zu schützen? Hätte er nicht die Zehen eingezogen oder sie hin und her bewegt, um sie dem Zugriff einer Zange oder eines anderen Werkzeugs zu entziehen? Oder war er bewusstlos?

Waren die fehlenden Nägel an den verletzten Zehen genauso kurz geschnitten wie die noch existierenden? Waren sie nicht viel zu kurz, um sie mit einer Zange greifen und herausreißen zu können?

Warum beschränkten sich die Täter nicht nur auf einen Fuß und zogen stattdessen systematisch und symmetrisch an beiden Füßen jeweils die drei mittleren Nägel?

Wo und unter welchen Umständen hätten sie im Gefängnis so viel Zeit und Ruhe gehabt, um diese brutale Tat begehen zu können?

Hätten Mitgefangene und Aufseher nicht zwangsläufig von dieser Strafexpedition etwas mitbekommen müssen?

Stellt man sich nicht am ehesten einen Sadisten oder mittelalterlichen Folterknecht vor, der seinem widerstandsunfähigen Opfer genüsslich einen Nagel nach dem anderen entfernt und dabei Lust und Befriedigung welcher Art auch immer empfindet? Deuten die sauber abgetrennten Nägel tatsächlich auf eine ungestüme Strafaktion unter Häftlingen hin?

Natürlich sind diese Gedanken noch spekulativ. Sie helfen mir noch nicht weiter, die Tat rekonstruieren zu können. Aber sie sind ein erster Ansatz, um Grundlagen zu bilden und Fakten zu sammeln. Zunächst will ich aber weiter am Verletzungsbild arbeiten. Wie sieht es eigentlich aus, wenn ein Arzt professionell einen Nagel entfernt? Wie sehr unterscheidet sich dieses Bild von dem, das die angeblichen Folterverletzungen mir zeigen?

Ein Hautchirurg scheint für die Beantwortung meiner Fragen besonders geeignet zu sein. Ich mache telefonisch einen Termin aus, suche den Arzt in seiner Praxis auf und zeige ihm die Fotos von Karabeys Verletzungen. Ich übergebe ihm auch das in der Zelle vorgefundene Necessaire. Ich bitte den Fachmann, mir unter anderem die folgenden Fragen zu beantworten:

Wie wird eine medizinisch indizierte Fußnagelresektion durchgeführt?

Wie ist die Wundmorphologie an den verletzten Füßen zu beschreiben?

Wie unterscheidet sie sich im Aussehen von Wunden nach herkömmlichen Operationen?

Befinden sich im Necessaire Instrumente, die zur Nagelextraktion geeignet sind?

Die Antworten des Mediziners kommen schon nach wenigen Tagen in einer Expertise zurück. Die Kernaussage ist eindeutig: Mit den Instrumenten aus Karabeys Set konnten die Nägel nicht entfernt worden sein. Ein erstes klares Statement in diesem wirren Fall voller Spekulationen und Widersprüche.

Der Arzt erläutert in seinem fachärztlichen Gutachten weiter, dass eine medizinisch indizierte Nagelextraktion generell unter Lokalanästhesie, also unter örtlicher Betäubung, erfolgt. Damit sei sie für den Patienten schmerzlos. Und der Operateur könne einen ruhig gestellten Fuß behandeln. Am Grundgelenk des Zehs werde eine Manschette zur Unterbindung der Blutzufuhr angelegt. Nach etwa zehn Minuten werde geprüft, ob der Zeh taub sei. Sei dies der Fall, erfolge nach zwei Entlastungsschnitten neben dem Nagel seine Entfernung mit einer Extraktionszange. Mit dem flachen Teil des Instruments, einem Spatel gleich, werde als Erstes die Nagelplatte vorsichtig gelöst. Dann schiebe man die Extraktionszange unter die Nagelplatte und drücke sie kräftig zusammen. Durch ein seitliches Herausdrehen könne nun der Nagel aus dem Nagelbett vollständig entfernt werden. Der Nagel wird also nicht direkt herausgezogen, wie ich es mir bis dahin vorgestellt habe. Er wird vielmehr von der einen zur anderen Seite geklappt. Anschließend erfolge die Versorgung der Wunde mit einem antiseptischen Salbenverband, da es in den ersten 24 Stunden nach der Operation zu starken Blutungen kommen könne.

Der Hautarzt erwähnt noch zwei weitere Aspekte, die für unseren Fall entscheidend sind: Pro Nagel dauert die Operation etwa zehn Minuten. Und: Die begutachtete Wundmorphologie unterscheide sich kaum von der eines medizinischen Eingriffs. Der Arzt vermutete sogar, dass Erhan Karabey professionell operiert worden sein könnte.

Die Aussagen des Mediziners sind für mich sehr aufschlussreich. Machen sie doch deutlich, dass die Täter Karabey für längere Zeit, bei fachgerechter Ausführung möglicherweise bis zu einer Stunde, unter Kontrolle gehalten haben müssten. Sie hätten ihn dabei so fixieren müssen, dass sie ihm nacheinander alle sechs Fußnägel hätten entfernen können. Ich muss also von einer ungewöhnlich langen Tatzeit ausgehen. War das unter den zeitlichen und räumlichen Bedingungen, die ein Gefängnis bietet, überhaupt möglich? Und noch etwas macht mich stutzig: Wäre bei einer Marter wie dieser wirklich zu erwarten, dass die Täter die Professionalität eines Chirurgen an den Tag legten? Dass sie einer Operation gleich die Fußnägel sorgfältig entfernen würden? Hätten sie nicht viel schneller und unbedachter agiert, auch, um nicht entdeckt zu werden? Hätten sie dabei nicht Begleitverletzungen verursacht?

Für mein Verständnis der Operativen Fallanalyse ist die Recherche nach vergleichbaren Fällen eine unabdingbare Voraussetzung, um die Interpretationen des konkreten Falles einschränken zu können. Natürlich ist jede kriminelle Tat individuell. Jede hat ihre besondere Eigenheiten, ihr ganz eigenes Motiv, ihre einzigartige Ausführung. Dennoch kann der Vergleich mit ähnlichen Taten mir für die Lösung eines Falles neue Impulse bringen, Gedanken, auf die ich von selbst nicht gekommen wäre. Motive zeigen, die ich noch gar nicht in Betracht gezogen habe. Verhaltensmuster, die sich, wenn nicht identisch, aber doch ähnlich sind.

Ich suche also nach Verbrechen, bei denen Menschen Finger- oder Fußnägel gewaltsam entfernt worden waren. Per E-Mail wende ich mich an alle Landeskriminalämter und an diverse Rechtsmediziner in Deutschland. Die Anfrage bringt mich tatsächlich ein Stück weiter. Drei Tage nach meinem Schreiben ruft mich eine Mitarbeiterin eines forensischen Instituts aus dem Osten der Republik an.

Die Gerichtsmedizinerin berichtet mir, sie habe vor einiger Zeit einen jungen Mann begutachtet, der Verletzungen an den Fingern hatte. Nach den Ermittlungen der Polizei gehörte er einer rechtsextremen Kameradschaft an und hatte Mitglieder seiner Organisation bei den Behörden denunziert. Zumindest war ihm das von seinen früheren Kameraden unterstellt worden. Sie nahmen ihn daraufhin gefangen und quälten ihn zunächst mit einer brennenden Zigarette. Dann versuchten sie, ihm mit einer Kneifzange die Schneidezähne zu ziehen und seine Fingernägel herauszureißen. Es gelang ihnen nur bedingt. Die Zähne ließen sich nicht ziehen, wurden aber von der Zange glatt durchtrennt und blieben als Stümpfe im Kiefer stecken. Auch das Herausreißen der Fingernägel verlief nicht nach Plan. Kein einziger Nagel konnte dem Skinhead gezogen werden. Die Kneifzange erwies sich wegen ihrer schneidenden Funktion als ungeeignet. Sie knipste die Fingernägel nur ab.

Die Geschichte ist für mich noch kein Beweis, dass es unmöglich ist, mit einer greifenden oder haltenden Zange die Nägel herauszureißen. Aber sie ist zumindest ein starkes Indiz für diese Vermutung.

Ich wende mich zunächst aber noch einer anderen Frage zu: Wie war es den Tätern überhaupt gelungen, Karabeys Füße und seine Zehen so zu fixieren, dass sie ihm die Fußnägel – wie auch immer – entfernen konnten? Würde er sich nicht heftig gewehrt und gellend um Hilfe geschrien haben? Wie ein Terrier, wie Karabey im Gefängnis doch hochachtungsvoll genannt wurde.

Ich überlege sehr lange, wie ich auf diese Frage eine Antwort bekommen kann. Es ist ja aus verständlichen Gründen schlecht möglich, bei Karabey selbst zu versuchen, ihm die restlichen Nägel zu entfernen. Mir fällt am Ende nur eine Methode ein: der Selbstversuch. Mit Experimenten dieser Art, mit dem Nachstellen von bestimmten Tatsequenzen, habe ich immer gute Erfahrungen gemacht. Sie sind für mich der Kern einer jeden Tatortrekonstruktion, da sie mir helfen, einzelne Abläufe des Tatgeschehens viel einfacher zu erkennen. Es ist schon erstaunlich, wie hoch der Erkenntnisgewinn sein kann, wenn man manches einfach praktisch ausprobiert. Viel höher als bei den rein theoretischen Überlegungen, die oft unterschiedliche Auslegungen zulassen. Ich denke dann immer an zwei ungewöhnliche Erlebnisse in meiner Arbeit als sogenannter Profiler. Vor einem Jahr hatte ich mich bei einem ungeklärten Mordfall zu einer höchst ungewöhnlichen Vorgehensweise entschlossen.

Die mumiengleiche Leiche eines Mannes war in einem Schuppen aufgefunden worden. Der unbekannte Täter hatte den Körper in Bettlaken eingerollt und anschließend mit Mullbinden und Klebeband von Kopf bis Fuß umwickelt. Da ich wissen wollte, wie viel Zeit der Täter für das Einwickeln des Toten ungefähr gebraucht und ob er dazu einen Gehilfen benötigt hatte, war ich mit Kollegen in die Anatomie gefahren. Wir wollten dort eine für die Wissenschaft zur Verfügung stehende Leiche auf gleiche Art und Weise einwickeln, wie es der Täter getan hatte. Das Ergebnis war überraschend: Bereits nach knapp 40 Minuten war der Leichnam vollkommen eingewickelt. Und es hätte problemlos eine Person in dieser Zeit geschafft. Ein Helfer war nicht nötig gewesen.

Für die Lösung eines anderen Falles hatten meine Kollegen und ich ausprobiert, uns selbst an einen Stuhl zu fesseln. Der Inhaber einer Nachtbar hatte behauptet, er sei von mehreren maskierten Männern überfallen worden. Sie hätten ihn töten wollen, ihn dafür an einen Stuhl gefesselt und in der Bar Feuer gelegt. Laut schreiend habe er sich erst in letzter Sekunde aus seinem brennenden Etablissement retten können. Hatte es sich wirklich so zugetragen?

Oder handelte es sich um einen Betrug zum Nachteil einer Versicherung, für den sich der Täter selbst an einen Stuhl gefesselt und zuvor das Feuer gelegt hatte? Unser Experiment zeigte, dass eine Selbstfesselung sehr wahrscheinlich war und alles für einen selbst gelegten Brand und einen Versicherungsbetrug sprach. Leider aber ließ sich die Anklage gegen den Barbetreiber nicht beweisen. Am Ende also hieß es im Zweifel für den Angeklagten.

Im Fall Karabey ist die Versuchsperson schnell gefunden: ich selbst. Natürlich will ich mir nicht wirklich die Fußnägel ziehen lassen. Und eine Zange soll auch nur bedingt zum Einsatz kommen. Vielmehr sollen meine Kollegen versuchen, meinen Fuß und seine einzelnen Zehen so in ihrer Bewegungsfreiheit einzuschränken, dass man die Nägel mit einer Zange oder einem ähnlichen Werkzeug gut zu greifen bekommt. Ich will außerdem überprüfen, ob diese Prozedur ganz ohne Begleitverletzungen an meinen Füßen überhaupt möglich ist.

Ich lege mich also auf den Fußboden meines Büros. Zwei meiner Kollegen spielen die Täter und versuchen, die Situation möglichst genau nachzuahmen. Vier kräftige Hände packen meinen rechten Fuß und versuchen, mir den Schuh und den Strumpf auszuziehen. Das ist bald geschafft. Doch dann haben die Kollegen große Schwierigkeiten, meine Zehen zu fixieren. Egal, wie sie es auch anstellen, es gelingt ihnen nicht. Jedes Mal kann ich meinen Fuß und die Zehen hin und her bewegen. Niemals würde es ihnen so gelingen, mit einer Zange – für den Versuch haben wir uns für eine Kombizange mit breiten geriffelten Backen entschieden – in Ruhe sechs meiner Nägel zu entfernen.

Und noch etwas fällt mir auf: Meine Zehen werden durch die zupackenden Hände fast vollständig abgedeckt. Meine »Peiniger« würden sich eher gegenseitig an den Fingern verletzen, bevor sie mir auch nur einen Fußnagel ausreißen könnten. Und falls es ihnen doch gelingen würde, einen der Nägel mit der Zange zu fassen, würde das nicht ohne Begleitverletzungen an meinen Füßen geschehen: Hautverletzungen, Quetschungen, Hämatome wären die Folge.

Aus diesen Überlegungen und dem Ergebnis des Versuches ist nur eine Schlussfolgerung zu ziehen: Karabey hätte handlungs- und reaktionsunfähig gewesen sein müssen: k. o. geschlagen, narkotisiert, vollkommen betrunken oder berauscht nach einem exzessiven Konsum von Betäubungsmitteln oder Schlaftabletten. Eine Anfrage bei zwei befreundeten Rechtsmedizinern auswärtiger Institute bestätigt zunächst meine Überlegung. Auch sie kommen nach dem Betrachten der Fotos von Karabeys verletzten Füßen zu dem Ergebnis, dass die Verletzungen nicht gegen seinen Willen entstanden sind. Besonders die abgegrenzten Wundränder und die fehlenden Begleitverletzungen sprächen dafür, dass die Fußnägel wohl ohne Gegenwehr entfernt wurden.

Die Fragen zu den Verletzungen sind nun geklärt. Als nächsten Schritt sehen mein Kollege und ich uns die Umgebung des möglichen Tatorts an. Wie sind die Begebenheiten auf Karabeys Vollzugsstation? Wie sieht der Alltag der Häftlinge aus? Was hatte der Häftling bis zu seinem Arztbesuch genau gemacht? Mit solchen Überlegungen will ich am Ende die Frage beantworten, welches Risiko der Entdeckung die mutmaßlichen Täter eingehen mussten, um ihre Tat zu vollbringen.

Die Fahrt vom Polizeipräsidium bis zur Justizvollzugsanstalt dauert 20 Minuten. Die Verantwortlichen der Anstalt sind sehr freundlich und hilfsbereit zu uns. Doch obwohl wir uns seit vielen Jahren kennen, kann ich eine latente Unsicherheit bei ihnen spüren. Aber allen scheint daran gelegen, dass der vermeintliche Skandal in ihrem Gefängnis schnellstmöglich aufgeklärt wird. Und so dürfen wir uns in den Gängen der Anstalt recht frei bewegen. Ein Beamter schließt uns die stets verschlossenen Türen auf und beantwortet bereitwillig unsere Fragen.

Im Laufe der Jahre bin ich schon oft in der Haftanstalt gewesen, als Mordermittler habe ich mit Inhaftierten häufig Vernehmungen durchgeführt. Manchmal habe ich auch ungewöhnliche Verletzungen oder Todesfälle von Strafgefangenen untersucht, denn jeder Sterbefall in einer geschlossenen staatlichen Einrichtung zieht automatisch eine Untersuchung der Todesursache nach sich. Dennoch war ich mit dem Alltagsleben der Menschen hinter Gittern nie vertraut geworden. Ich war gespannt, was mich im Gefängnis erwarten würde.

Als die Anstalt 1874 eingeweiht wurde, war sie für jeweils 50 Männer und Frauen konzipiert. Doch bald reichten die Haftplätze nicht mehr aus, die Häftlinge mussten in Gemeinschaftszellen untergebracht werden. Und so ist es heute noch trotz einer eindeutigen gesetzlichen Regelung, die jedem Gefangenen eine Einzelzelle garantiert.

Mittlerweile ist die Zahl der Häftlinge auf fast 500 angestiegen. Sie alle haben Freiheitsstrafen von bis zu acht Jahren abzusitzen und sind in mehreren Abteilungen untergebracht. Während sich auf der einen Seite die Zahl der Insassen ständig erhöht, wird im Gegenzug – wie überall im öffentlichen Dienst – das Aufsichtspersonal ständig reduziert. Die Folge sind Lücken in der Beaufsichtigung und der Betreuung der Häftlinge. Das gilt besonders für die Nacht, die Wochenenden und die Feiertage. Dann versehen nur noch wenige Vollzugsbeamte ihren Dienst.

Um die Situation zu entschärfen, hat die Leitung der Vollzugsanstalt ein einzigartiges Programm für die Häftlinge entwickelt: Die Persönlichkeit jedes neu aufgenommenen Insassen wird genau getestet und analysiert. Aus dem Ergebnis entstehen individuelle Vollzugspläne, die den persönlichen Bedürfnissen des Einzelnen entsprechen, gleichzeitig aber auch das Zusammenleben der Gefangenen erleichtern und natürlich ihre Beaufsichtigung. Ein hoher Anspruch, der in der Praxis nicht immer realisiert werden kann. Zu gering sind doch die Kapazitäten dieser Haftanstalt, um auf alle Belange der Gefangenen einzugehen und gleichzeitig höchstmögliche Sicherheit zu gewährleisten. Zu unterschiedlich ist auch die intellektuelle und ethnische Zusammensetzung der Insassen: Analphabeten und Akademiker, Türken, Araber, Osteuropäer, russischstämmige Aussiedler und Deutsche, Betrüger und Gewalttäter, Diebe und Vergewaltiger. Zudem Alkoholiker, Dealer und Rauschgiftabhängige, Häftlinge ohne Drogenproblematik und sozial Verelendete. So ist es nicht zu verhindern, dass sich innerhalb der Gefängnisstrukturen je nach Bildungsstand, Ethnie, krimineller Vorgeschichte und persönlichen Bedürfnissen der Gefangenen hierarchisch aufgebaute Subkulturen mit ihren ganz eigenen Moral- und Wertvorstellungen bilden, so zum Beispiel die mafiöse Verbindung der »Diebe im Gesetz«, von der schon die Rede war. Der Schmelztiegel der unterschiedlichen Bildungsgrade und Kulturen führt immer wieder zu Auseinandersetzungen unter den Häftlingen. Besonders wenn es um Macht und Geschäfte geht: zum Beispiel den Handel mit Betäubungsmitteln.

Es ist eigentlich kaum zu verstehen, dass trotz sorgfältiger Kontrollen Rauschgift in ein Gefängnis geschmuggelt werden kann. Doch die Fantasie der Häftlinge ist schier unerschöpflich, und es gibt verschiedene Wege: Besucher stecken den Insassen heimlich etwas zu, wenn das Wachpersonal im Besucherraum gerade woanders hinsieht. Gefangene auf Urlaub oder Freigang verstecken die Drogen in diversen Körperhöhlen. Und manchmal werfen Freunde auch einfach ein Päckchen über die Gefängnismauer, wenn die Häftlinge gerade Hofgang haben.

Auf der Station von Erhan Karabey verbüßen während des Vorfalls 30 Gefangene ihre Haftstrafen. Die Zellen und die Versorgungsräume der Abteilung wie Duschen oder Teeküche befinden sich auf zwei Ebenen. Sie sind durch eine offene Stahltreppe miteinander verbunden. Von einem Nebengebäude können beide Ebenen der Station betreten werden. Hier in den Zugangsbereichen befinden sich die verglasten Wachstationen des Aufsichtspersonals. Von dort aus können die Beamten das Geschehen auf beiden Ebenen überwachen. Die Gänge sind übersichtlich, es gibt dort nichts Überflüssiges. Gegenüber von den Wachräumen stehen am Ende des Trakts vor einem imposanten gotischen Spitzbogenfenster mit weiß umrahmten Butzenscheiben, das auch gut zu einer Kathedrale in Rom passen würde, eine Couchgarnitur und mehrere Grünpflanzen. Diese, einige Filmplakate an den Wänden und die roten

Handläufe der Treppengeländer und Brüstungen der Emporen bringen ein wenig Farbe in die eher sterile und funktionale Atmosphäre mit den weiß-grau gestrichenen Wänden und den dunklen schweren Holztüren der Zellen. Weitere Stühle und Tische stehen in der oberen Etage am Ende der Empore.

Als wir an einem Donnerstagnachmittag die Station aufsuchen, ist gerade der tägliche Freigang. Wir haben den Zeitpunkt bewusst gewählt, um uns ein möglichst authentisches Bild von der Situation auf der Station machen zu können: Mehrere Gefangene sitzen an den Tischen, unterhalten sich, lesen oder spielen Karten. Man sieht ihnen an, dass wir sie mit unserem Besuch bei ihrer Freizeitbeschäftigung stören. Ihre Blicke sind misstrauisch. Als ich zu ihnen gehe und sie frage, ob sie etwas beobachtet hätten, bemerke ich ihre Anspannung. Keiner kann oder will etwas zu den Verletzungen ihres Mitgefangenen sagen. Im Hintergrund höre ich eine leise zischende Stimme: »Verpiss dich! Mit Bullen sprechen wir nicht!« Als ich mich umdrehe, grinst mich ein Häftling spöttisch an.

Mir fällt auf, dass von dort, wo die Gefangenen gerade sitzen, alles, was auf der Station passiert, genau beobachtet werden kann. Auch Zelle 26, die Karabey bewohnt, ist gut zu sehen. Sie liegt im hinteren Drittel der Vollzugsabteilung auf der unteren Ebene. Sein Raum ist der viertletzte vor dem gotischen Fenster und nur wenige Meter von der Couchgarnitur und einer Sitzgruppe im oberen Gang entfernt. Direkt neben seiner Zelle ist der frühere Haftraum von einem der drei Verdächtigen, eine Doppelzelle, die der Russlanddeutsche allein bewohnte. Ein sauberer und gemütlich eingerichteter Raum mit Teppichen auf dem Boden, bunten Decken auf den Betten, einigen Postern von knapp bekleideten Schönheiten an den Wänden, eine abgetrennte Toilette. Hier herrscht penible Ordnung. Alles hat seinen Platz. Nichts scheint in letzter Zeit kaputtgegangen oder durcheinandergebracht worden zu sein.

Die Zelle der beiden anderen Angeschuldigten befindet sich in der oberen Etage der Abteilung. Zelle Nummer 8, am Ende des Flures, direkt an der Trennwand zum Nebengebäude mit dem verglasten Wachraum. Gelbe Tür- und Fensterrahmen, lange blaue und orange Vorhänge, weiß gestrichene Wände. Auch diese beiden Häftlinge halten Ordnung und haben sich den Haftraum individuell eingerichtet: Fernsehgerät, Stereoanlage, eine Sammlung von fast 80 Hochglanzfotos aus Illustrierten mit Bikinigirls an den Wänden, dicht an dicht geklebt.

Unser Begleiter erklärt uns, dass die russlanddeutschen Gefangenen sich sehr isolieren, nach außen hin unauffällig erscheinen und sich durch Ordnung, Sauberkeit und besondere Höflichkeit von den anderen Häftlingen unterscheiden. Sie begrüßen sich untereinander, das Personal und andere Gefangene stets mit Handschlag. Sie pflegen auch scheinbar ihre Traditionen und würden sich auf Russisch unterhalten. »Da wir ihre Sprache nicht verstehen, blieben für uns die kriminellen Strukturen lange Zeit verborgen. Wir haben zunächst gar nicht mitgekriegt, dass die total hierarchisch organisiert sind und ihre Interessen brutal durchsetzen«, erzählt der Vollzugsbeamte. Mittlerweile haben sich weitere Bedienstete zu uns gesellt. Wir erfahren weiter, dass innerhalb der Anstalt eine starke Rivalität zu den anderen ethnischen, insbesondere den arabischen

Gruppierungen besteht. Jede sei darauf bedacht, ihren Einfluss am lukrativen Rauschgifthandel nicht zu verlieren und ihre Interessen durchzusetzen.

Das Sagen haben in der Zwangsgemeinschaft der Russlanddeutschen die »Führer«, die vermeintliche Elite oder was sich dafür hält: Gefangene, die häufig durch besondere Brutalität und viele Haftstrafen auffallen. Unter ihnen rangieren die sogenannten »Vollstrecker«, die für die Einhaltung der Gesetze und Durchsetzung der Anordnungen der Chefs sorgen. Ganz unten in der Hierarchie finden sich die knastunerfahrenen Neulinge, die Schwachen und die in Ungnade gefallenen Landsleute. Aber auch Vergewaltiger und Kinderschänder, sogenannte Ratten, für die kein Platz im Gefängnis ist. »Häufig kriegen wir die Repressalien und Demütigungen gar nicht mit, denn Anzeigen werden nicht erstattet. Die Opfer haben Angst oder bedrohen oder prügeln selbst, um sich in der Gemeinschaft hochzudienen«, sagt der JVA-Bedienstete.

Ich frage, welchen Bestrafungen die Gefangenen ausgesetzt sind, und erfahre, dass sowohl psychische als auch physische Gewalt existiert: Schlafentzug, stundenlanges Singen, sexueller Missbrauch, demütigende Vergabe von Frauennamen, erzwungenes Essen von Zigarettenkippen oder Exkrementen. Aber auch körperliche Gewalt, ohne dass die Verletzungsspuren sofort ersichtlich sind.

Bevor ich allerdings diese Informationen bewerte, möchte ich mehr zu den Regelungen über die gemeinsame Freizeit erfahren. Die Beamten berichten, dass die Gefangenen ihre Zellen nicht abschließen dürfen. Nur wenn sie zur Arbeit gehen oder anderes in der Anstalt zu erledigen haben, ist es ihnen erlaubt, ein eigenes Vorhängeschloss zu benutzen. Denn auch im Gefängnis wird – natürlich – gestohlen.

Schon diese ersten Feststellungen verstärken meine Zweifel, Karabey könne von Mitgefangenen unbemerkt gefoltert worden sein. Sollte diese Prozedur tatsächlich in der Enge der Abteilung nicht registriert worden sein? Von Menschen, die nur auf Ablenkung von ihrem öden Alltagstrott warten und ohnehin sehr aufmerksam sind und ungewöhnliches Geschehen förmlich aufsaugen, wie ich bei meinem Besuch feststelle. Oder ist es vorstellbar, dass die Häftlinge paktierten und das Knastgesetz des Schweigens konsequent einhielten? Das mag ich nicht glauben, denn zu unterschiedlich ist die Zusammensetzung der Gefangenen auf der Station. In solchen Gruppen findet sich eigentlich immer jemand, der unter Geheimhaltung seiner Identität der Anstaltsleitung vertrauliche Informationen steckt, nicht zuletzt deshalb, weil er sich gewisse Vorteile für seine Haftsituation verspricht.

Trotzdem müssen wir uns detailliert ansehen, wie Karabeys Tagesablauf nach der Schlägerei bis zum Arztbesuch ausgesehen hat. Ich rekapituliere das Geschehen aus den mir übergebenen Berichten: Zwei Tage bevor er seine Verletzungen dem Arzt zeigt, ist Karabey wegen der Prügelei mit einem Arbeitsverbot und dem zeitweiligen Einschluss in seine Zelle bestraft worden. Gegen 17 Uhr muss er zurück auf seine Abteilung. Dort hat er noch bis 19 Uhr Freizeit. Von dem Justizbeamten erfahre ich, dass anschließend der übliche Einschluss der Gefangenen erfolgt. Bis um sechs Uhr des nächsten Tages bleiben die Zellentüren geschlossen. Am Morgen dürfen zunächst die Hausarbeiter ihre Zellen verlassen, um für die Mitgefangenen das

Frühstück zu holen. Für alle anderen werden die Zellentüren eine Viertelstunde später aufgesperrt, zur »Lebendkontrolle«, wie es in der Gefängnissprache heißt.

Bis etwa acht Uhr bleiben für alle Gefangenen die Zellentüren geöffnet. Nur wer in der Strafanstalt nicht zur Schule geht, arbeitet oder einen Termin hat, etwa beim Arzt, beim Seelsorger oder Sozialarbeiter, muss danach in seinem dann abgeschlossenen Haftraum bleiben. Karabey gehört an diesem Tag zu dieser Gruppe von Häftlingen: Er muss in seiner Zelle warten. Nur wenige andere Gefangene teilen sein Schicksal. Die drei Verdächtigen sind nicht dabei, denn sie arbeiten bis zum Nachmittag in der Werkstatt. An diesem Tag wird Karabey gegen neun Uhr in seiner Zelle eingeschlossen. Fast den ganzen Tag wird er dort verbringen.

Doch der Häftling will die Strafe nicht akzeptieren. Er beschwert sich mittags bei seinem zuständigen Gruppenleiter und verlangt, dass die Anordnung widerrufen wird. Doch sein Vorstoß hat keinen Erfolg, sein Antrag wird abgelehnt. Bei diesem Gespräch bringt er noch ein anderes Thema vor. Er will den Anstaltspsychologen sprechen. Zur Begründung führt er psychische Probleme an, er leide an Depressionen. Er muss jedoch erfahren, dass er so spontan keinen Termin bekommt. Der Psychologe hat keine Zeit für ihn. Karabey wird auf die folgende Woche vertröstet.

Er bleibt nun bis 16 Uhr an diesem Tag in seiner Zelle eingeschlossen, unterbrochen nur von dem Termin in der Mittagszeit. Am Nachmittag besuchen ihn sein Vater und seine Schwester. Um sie zu sehen, muss er den Besucherpavillon aufsuchen. Für den Weg dorthin braucht er mehrere Minuten und überquert dabei auch freies Gelände der Anstalt. Mehrere Bedienstete der Anstalt und Mitgefangene sehen, wie er zum Besucherraum geht. Ihnen allen fällt nichts Ungewöhnliches an Karabey auf. Er sei raschen Schrittes und auch nicht besonders auffällig gegangen, werden sie später in ihren Vernehmungen aussagen. Ganz ähnlich äußern sich seine Verwandten. Auch sie sind der Meinung, dass er zunächst wie immer gewesen sei und keine Auffälligkeiten gezeigt habe. Erst als sie ihn während des Besuches nach seinem geschwollenen Auge mit dem Hämatom befragten, sei Karabey beim Erzählen ungewöhnlich zurückhaltend gewesen. Den Grund der Verletzung habe er nicht nennen wollen und nur beinahe beiläufig gemeint, dass es »arabische Leute« gewesen seien. »Ansonsten hat er ganz normal auf mich gewirkt. Auch psychisch.« So erzählt es mir später sein Vater.

Als nach knapp einer Stunde die Besuchszeit abgelaufen ist, muss Karabey zurück in seine Vollzugsgruppe. Er muss sich beeilen, denn um 17.30 Uhr findet die tägliche Vollzähligkeitskontrolle statt. Alle Häftlinge müssen sich dann vor ihrer Zellentür aufstellen. Das erleichtert dem Personal die Überprüfung.

Alle sind an diesem Nachmittag da. Nur Karabey nicht. Sein Platz vor der Tür ist leer. Eine Bedienstete geht zu seiner Zelle, die Tür ist angelehnt. Sie ruft nach ihm und will wissen, warum er nicht wie die anderen draußen vor der Zelle stehe. »Ist alles in Ordnung?«, ruft sie in die Zelle. »Alles okay«, versichert der Mann. »Bin auf der Toilette. Habe Durchfall.« Die Frau findet diese Entschuldigung ungewöhnlich. Muslimische Männer zeigen im Gefängnisalltag normalerweise ein ausgeprägtes Schamgefühl, besonders dann, wenn sie es beim Personal mit Frauen zu tun haben. Zumindest hat ihr bislang noch keiner dieser Männer von seinen Toilettengeschäften erzählt. Ihr Erstaunen behält die Beamtin aber zunächst für sich.

Auch in der Zeit bis zum Einschluss, also bis 19 Uhr, sieht niemand den Mitgefangenen. So sagen sie es zumindest später aus. Ich frage mich: Wo ist er in dieser Zeit? In seinem Haftraum? Ist er allein oder hat er Besuch? Sind die drei Verdächtigen die Besucher? Über sein Fehlen macht sich von den anderen Insassen niemand Gedanken. Keiner fragt sich, was mit ihm los sein könnte. Der Einschluss um 19 Uhr ist ein tagtäglich wiederkehrendes Ritual. Die Häftlinge müssen zurück in ihre Zellen. Ein direkter Kontakt mit den anderen Gefangenen außerhalb der eigenen Zelle ist jetzt nicht mehr möglich. Die lange Gefängnisnacht beginnt. Erst am nächsten Tag werden die Zellen wieder geöffnet, die ersten um kurz nach sechs Uhr für die Hausarbeiter. Ein Tag wie jeder andere.

Von dem diensthabenden Vollzugsgruppenleiter werde ich später erfahren, dass Erhan Karabey sich in den Vormittagsstunden des nächsten Tages über die Klingel in seiner Zelle beim Aufsichtspersonal bemerkbar macht. Er erklärt den Wachleuten, er müsse ins Lazarett. »Ich brauche mein Polamidon!« Von seinen verletzten Füßen erwähnt er bei dieser Gelegenheit nichts. Erst im Krankenrevier offenbart er sich dem Arzt, wie wir bereits wissen.

Das sind erneut sehr wichtige Informationen. Bedeuten sie doch, dass Karabeys Mithäftlinge nur ein sehr begrenztes Zeitfenster zur Verfügung hätten haben können, um ihn zu quälen: lediglich anderthalb Stunden nach der Vollzähligkeitskontrolle, also in der Zeit von 17.30 bis maximal 19 Uhr. Dies alles bei unverschlossener Zellentür und damit unter Beobachtung der Mitgefangenen. Ich frage mich, wie das hätte funktionieren sollen. Welches hohe Risiko wären die Täter eingegangen? Diese Möglichkeit will ich mit meinem Kollegen noch genauer betrachten.

Eine dritte Variante des Tatablaufs stellen wir zunächst hintenan: Karabey könnte in der Nacht ja auch von den Gefangenen mit Wissen und Unterstützung der Justizbeamten misshandelt worden sein. Ein Szenario, das ich mir lieber – auch wenn es unter fallanalytischen Gesichtspunkten falsch ist – erst einmal nicht so genau ausmalen will.

Die Frage, welches Risiko ein Täter eingeht, ist sehr zentral. Für alle Verbrechen gilt, dass Täter bei ihren Taten zwangsläufig Wagnisse eingehen müssen. Sie riskieren, beobachtet, überrascht, erkannt und vielleicht auch festgenommen zu werden. Also werden sie sich normalerweise auf ihre Verbrechen genau vorbereiten und diese gründlich planen. Sie werden sich überlegen, welche Vorgehensweise am effektivsten ist, welches Tatwerkzeug sie benutzen wollen, wann und wo die Tat verübt wird, wer das Opfer sein soll. Kriminalisten sprechen in diesem Zusammenhang vom Modus operandi. Das ist die Art und Weise, wie ein Verbrecher seine Tat begeht, damit sie für ihn erfolgreich verläuft, seine Identität gewahrt bleibt und er ungestört flüchten kann.

Durch eine gute Planung können Täter das Risiko, entdeckt zu werden, minimieren. Trotzdem wird es für sie immer Momente geben, die sie nicht vorhersehen oder beeinflussen können: Wie wird sich das Opfer verhalten? Ist es leicht zu überwältigen oder wird es sich wehren? Ruft es um Hilfe? Schlägt es um sich? Kommt es zu unvorhergesehenen Störungen, weil zum Beispiel die Tatwaffe nicht funktioniert, Zeugen überraschend die Tat stören oder das Opfer doch nicht allein ist? Die meisten Täter werden deshalb einen Tatort suchen, an dem sie solche Störungen nicht erwarten, einen Ort, an dem sie sich auskennen und schon einmal waren.

Bei der Ausführung des Verbrechens beeinflussen sich außerdem die Variablen Tatort und Zeit gegenseitig. Benötigt ein Täter für sein Verbrechen viel Zeit, so wird sich automatisch sein Entdeckungsrisiko erhöhen. Es sei denn, er hat sich für sein Vorhaben einen Ort gewählt, der ihm vertraut ist oder bei dem er sicher ist, dass er dort nicht gestört werden wird, zum Beispiel die eigene Wohnung. Oder, wie in diesem Fall, die eigene Zelle? Dann wird er sich bei der Realisierung seines Plans Zeit lassen können und alles tun, was er sich vorgenommen hat. Kennt der Täter hingegen den Tatort nicht oder halten sich Menschen dort auf, muss er mit Störungen rechnen, die seinen Tatplan durcheinanderbringen können. Er muss einkalkulieren, die Tat schneller als vorgesehen beenden zu müssen. Er muss sich beeilen, um sein Entdeckungsrisiko zu minimieren.

Diese theoretischen Überlegungen musste ich nun auf den Vorfall mit Karabey übertragen. Wieder notierte ich, was ich bereits wusste. Die Täter hatten für ihre Strafaktion folgende örtliche und zeitliche Voraussetzungen zu berücksichtigen:

Die Tat ist nur während des Aufschlusses am Nachmittag möglich, also in der Zeit von 17.30 bis circa 19.00 Uhr.

Sie findet unter den Augen der Mitgefangenen und bei nur angelehnter Zellentür statt.

Karabey ist als Opfer nur schwer zu überwältigen. Er

hat im Knast das Ansehen eines Terriers. Den Ruf eines Mannes, der sich wehrt. Ihn zu überwältigen, ihn ruhigzustellen und seine Schuhe und Strümpfe auszuziehen erfordert weitere Zeit, die das Entdeckungsrisiko der Täter zusätzlich erhöhte. Um die Nägel so sauber abzutrennen, wie es das Verletzungsfoto zeigt, brauchten die Täter viel Zeit, mehrere Minuten pro Fußnagel.

Wie lange würde die Bestrafungsaktion gedauert haben? Ich kann es nur schätzen. Vielleicht eine viertel Stunde oder eine halbe? Eher länger, wenn ich mich an der Zeitangabe des Hautarztes orientiere. Auf keinen Fall kürzer. Eine sehr, sehr lange Zeit, wie ich finde. Besonders dann, wenn die Tat direkt unter den Augen der Mitgefangenen begangen worden sein würde. Bei offener Zellentür, sodass die Täter jederzeit mit Störungen oder der Entdeckung der Tat rechnen mussten.

Natürlich darf man bei all diesen Überlegungen die eiserne Regel im Gefängnis nicht außer Acht lassen, von der Erhan Karabey in seinem Brief an den Vater ja selbst schrieb: Man verpfeift keinen anderen Häftling. Aber war es realistisch, dass alle 30 Häftlinge sich an diese Regel hielten? Hatten tatsächlich alle Angst vor Repressalien? War die ausgesetzte Belohnung der Staatsanwaltschaft nicht für einen der Gefangenen Anreiz genug, um eine Aussage zu machen? Und könnte es nicht sein, dass es diese Aussage eben nicht gibt, weil sich ein solcher Vorfall gar nicht ereignet hat?

Ich war zu diesem Zeitpunkt der Analyse ziemlich sicher, dass Erhan Karabey kein Folteropfer war. Er musste sich seine Verletzung selbst zugefügt haben. Ich musste jetzt nur noch herausfinden, wie.

Dazu beschäftigte ich mich nun eingehender mit der Hauptperson des Falles: mit Erhan Karabey. Ist ihm eine Selbstverletzung in dieser Form zuzutrauen? Was für ein Mensch ist er?

Ich rufe seinen Vater an, der meinen Kollegen und mich in seine Vierzimmerwohnung in einer Hochhaussiedlung einlädt. Das Treppenhaus ist schmutzig; im Eingangsbereich stapeln sich Werbebroschüren und Zeitungen, einige Briefkästen sind aufgebrochen, die Wände sind mit Graffiti bemalt, Familie Karabey wohnt in der dritten Etage.

Vor der Wohnungstür steht ein Regal, prall gefüllt mit geputzten Straßenschuhen. Bereits nach dem ersten Klingeln öffnet eine gut 50 Jahre alte Frau die Tür. Schüchtern schaut sie meinen Kollegen und mich an. Es ist Karabeys Mutter. Sie trägt ein Kopftuch. Im Hintergrund kann ich leise Stimmen hören, und gleich darauf betritt ein etwa 25-jähriger Mann den Flur und bittet uns, einzutreten. Wir ziehen unsere Schuhe aus. Schon gleich kann ich erkennen, dass die Wohnung in einem ganz anderen Zustand ist als das Treppenhaus: sauber und aufgeräumt.

Im Wohnzimmer wartet der Rest der Familie: Karabeys Vater, Erhans jüngere Brüder, deren Ehefrauen und seine Schwester. Ein kleiner Junge schiebt auf dem Fußboden ein Auto hin und her und wird von seiner Mutter nach draußen geschickt. Unter lautem Protest verlässt er den Raum. Der Vater bittet uns, auf einem blau-weiß gemusterten Sofa Platz zu nehmen. Ich sehe mich in dem Zimmer um. Auf einem Beistelltisch steht auf einer selbst gehäkelten Decke eine blaue durchsichtige Vase mit bunten Kunstblumen. Die Raufasertapete ist beigefarben gestrichen und mit blauen Blumen geschmückt. Dicht neben dem Fenster blickt Kemal Atatürk, der Begründer der modernen Türkei, von der Wand hinter spiegelndem Glas auf uns herunter. Bevor Erhan Karabeys Vater mit uns über seinen Sohn spricht, bietet er Zigaretten, Tee und ein Erfrischungstuch an. Dann beginnt er zu erzählen.

Als viertes von sechs Kindern ist Erhan in Bremen aufgewachsen, die Eltern waren als Gastarbeiter nach Deutschland gekommen. Als erster Sohn in der Familie, als »abı« und damit Vertreter des Vaters, wächst er mit vielen Freiheiten auf. Seinen Status und sein Ansehen innerhalb der Familie, besonders auch bei seinen Geschwistern, konnten selbst seine kriminelle Karriere und seine Drogenabhängigkeit nicht schmälern. Erhan Karabey wird nach wie vor wie ein »kleiner Pascha« behandelt, als Vorbild und großer Bruder.

»Mein Sohn hat uns schon früh viel Kummer bereitet und war immer nur aggressiv«, erzählt der Vater. »Ständig musste er die Schule wechseln.« Auch zu dem, was im Gefängnis geschehen ist, hat Karabeys Vater eine klare Meinung: »Ich glaube nicht, dass mein Sohn gefoltert wurde. Dafür ist er nicht der Typ. Er kämpft doch sonst immer wie ein Löwe.« Eine Einschätzung, die auch Erhans Brüder teilen und die mir nicht neu ist. Nach knapp einer Stunde und zwei Gläsern Tee verabschieden wir uns.

Zurück in der Dienststelle lese ich in den mir von der Sonderkommission übergebenen Unterlagen und in Karabeys Kriminalakte mehr zu seiner Sozialisation. Ohne einen Abschluss verlässt er in der 9. Klasse die Schule. Zwar holt er später als Abendschüler seinen qualifizierten Hauptschulabschluss nach und beginnt eine Lehre als Mechaniker, doch bereits im zweiten Lehrjahr bricht er die

Ausbildung ab. Eine geregelte Arbeitszeit ist für ihn mit den Anforderungen seines unruhigen Lebens nicht mehr zu vereinbaren. Der junge Mann ist mittlerweile rauschgiftabhängig und finanziert seinen Konsum durch den Handel mit Betäubungsmitteln.

Er scheint Gefallen am schnell verdienten Geld zu finden. In einer psychologischen Stellungnahme lese ich, dass seine Substanzabhängigkeit früh beginnt. Gerade 12 Jahre alt, konsumiert er regelmäßig Alkohol. Kurze Zeit später wird er straffällig. Eine Mutprobe sollte es sein, als der noch junge Erhan einen ersten Zigarettenautomaten aufbricht. Es folgen Diebstähle aus Geschäften und von Fahrrädern. Seine Erziehung verläuft widersprüchlich. Auf der einen Seite werden ihm Grenzen gesetzt. Sein Vater scheut sich nicht, den ältesten Sohn nach einem Diebstahl vor anderen Familienmitgliedern zu züchtigen. Auf der anderen Seite genießt der Junge viele Freiheiten; bereits als Zehnjähriger darf er sich bis 23 Uhr auf der Straße aufhalten.

Als 16-Jähriger beginnt er mit dem Konsum von Rauschgift. Zunächst raucht er Marihuana und Haschisch, dann, zwei Jahre später, schnupft er Kokain. Kurze Zeit später kommt Heroin dazu. Karabey ist schon immer kontaktfreudig gewesen. Er liebt Partys, Mädchen und Großraumdiscos. Auf diese Weise lernt er viele Menschen kennen, die sich ebenfalls gerne einen Rausch bescheren. Es dauert nicht lange, bis er als Zwischenhändler mit dem Verkauf von Betäubungsmitteln seinen eigenen Drogenkonsum finanziert.

Es gibt immer wieder Momente, in denen er versucht, sein Leben zu ändern und es bürgerlicher zu gestalten. Die Liebe zu Gülbahar ist so ein Moment, er kennt sie aus der

Schule. Er zieht mit ihr zusammen, sie heiraten, wenig später wird ihre Tochter Hatice geboren. Die Drogengeschäfte sorgen dafür, dass es ihm finanziell gut geht. Trotzdem ist er bald kaum noch in der Lage, seine familiären Verpflichtungen und die mit seiner Abhängigkeit einhergehenden Bedürfnisse zu koordinieren. Aus der Verzweiflung heraus konsumiert er immer mehr und immer wahlloser Kokain, Heroin, Cannabis und Tabletten. Fachleute nennen das polytoxikoman. Dazu kommt die Wirkung der Alkoholmengen. In seinen Rauschzuständen wird Erhan Karabey immer wieder gewalttätig, er beleidigt und schlägt seine Frau. Je länger die Beziehung anhält, desto aggressiver wird er. Er unterstellt ihr, dass sie einen Liebhaber habe. Seine Eifersucht artet in Halluzinationen aus, er hat Wahnvorstellungen. Gülbahar, seine Frau, kann dieses Leben nicht weiter ertragen. Sie trennt sich von ihm und zieht mit Hatice in eine eigene Wohnung. Trotzdem bricht sie wegen der gemeinsamen Tochter den Kontakt nicht ab. Erhan darf seine Frau weiterhin besuchen und seine Tochter sehen. Gülbahars einzige Bedingung: Erhan darf sie nur besuchen, wenn er nicht betrunken ist oder Drogen konsumiert hat.

Nach der Trennung verliert Karabey die Kontrolle über seinen Drogenkonsum. Er zweigt für sich selbst immer größere Mengen vom Heroin ab, das er eigentlich weiterverkaufen sollte. Seine Schulden bei den Lieferanten werden immer höher. Als er die Rückstände nicht mehr bezahlen kann, wird er von seinen Händlern bedroht. Er schafft es, sich ein wenig zurückzuhalten und zugleich noch mehr Mengen an Stoff zu dealen. Am Ende kann er sämtliche Forderungen bis auf eine geringe Restschuld bezahlen. Doch der endgültige Ausstieg aus den Drogengeschäften gelingt ihm nicht, selbst dann nicht, als es zu einem gravierenden Zwischenfall kommt.

Die Komplikationen treten auf, als sich Karabey eines Tages das Rauschgift intravenös in die Leiste spritzt. Eine Erkrankung seines Immunsystems, das Guillain-Barré-Syndrom, hat sich entwickelt. In seinen Nerven entsteht quasi ein Kurzschluss, elektrische Reize können nicht mehr weitergeleitet werden. Karabey ist für einige Wochen querschnittsgelähmt und muss in einer Rehaklinik das Gehen wieder ganz neu erlernen.

Seit dieser Zeit leidet er unter einer erhöhten Berührungsempfindlichkeit an den Beinen. Ohne Medikamente oder Betäubungsmittel kann er die Qual kaum ertragen. Sein Oberkörper hingegen scheint Schmerzen gut aushalten zu können. So brennt sich Karabey bei seinem ersten Gefängnisaufenthalt mit einem heißen Messer die Namen von Gülbahar und seiner Tochter Hatice in seine Unterarme ein, ganz ohne Betäubung.

Als ich Gülbahar aufsuche, um mehr über die eingebrannten Namen zu erfahren, treffe ich auf eine nachdenkliche, hübsche junge Frau: »Erhan hat immer gesagt, dass es ein Liebesbeweis sei. Ich habe das nie verstanden, denn sein Verhalten mir und Hatice gegenüber war immer kontrovers. Mal aufmerksam und rücksichtsvoll, dann wieder voller Wut und Gewalt.« Er habe unter Verfolgungswahn gelitten, erzählt Gülbahar weiter. Seine Hyperaktivität habe sich verstärkt. »Ständig fummelte er an seinen Finger- und Fußnägeln herum. Die Fingernägel biss er sich ganz kurz.« Da Karabey zerbrechliche Fingernägel habe, sei ihm das ohne größere Schwierigkeiten gelungen.

Zwei Jahre nach ihrem Auszug eskalierte die Situation dann vollkommen. »Ich hatte mich bereits ins Bett gelegt, als er Sturm klingelte. Ich sah aus dem Fenster und merkte gleich, dass er wieder zu viel getrunken und auch Heroin konsumiert hatte. Er wollte bei mir schlafen, ich habe ihm nicht die Tür aufgemacht.« Doch er sei hartnäckig geblieben und habe nicht eingesehen, von ihr abgewiesen zu werden. Über anderthalb Stunden hätten sie sich lauthals gestritten, Gülbahar aus dem Fenster ihrer Wohnung, Karabey auf der Straße. Dann sei er auf das Vordach geklettert und ins Haus eingedrungen. »Er hat die Wohnungstür eingetreten, mich zur Seite geschubst und sich aus der Küche ein Messer geholt. Wie ein Besessener hat er sich auf mich gestürzt und mir in Hals und Lunge gestochen.« Lebensgefährlich verletzt und dem Tode nahe, konnte sich Gülbahar zu Nachbarn schleppen, während Karabey Hatice aus dem Bett holte und mit ihr floh. Es gibt für mich keinen Zweifel daran, dass sich alles so zugetragen hat, wie es mir Gülbahar erzählt.

Erhan Karabey stellt sich später auf Anraten seines Vaters der Polizei. Er wird verhaftet, kommt in Untersuchungshaft und muss seine Strafe im Gefängnis verbüßen. Gülbahar reicht die Scheidung ein. Trotzdem hält sie wegen des gemeinsamen Kindes die Beziehung weiterhin aufrecht und besucht ihn gelegentlich in der Strafanstalt. Auch zum Zeitpunkt unseres Gespräches hat sie noch Kontakt zu ihm. Allerdings nimmt sie Hatice nicht mit in das Gefängnis.

Gewalt ist neben seinem frühen Missbrauch von Alkohol und Betäubungsmitteln nicht seine einzige Verhaltensauffälligkeit. Eine andere macht sich bemerkbar, wenn er spricht: Er lispelt. Der unbehandelte Sprachfehler führte früh dazu, dass Karabey äußerst aggressiv wird: Er musste sich gegen die Hänseleien seiner Mitschüler durchsetzen.

Seine Gewaltausbrüche werden durch den Rauschgiftmissbrauch noch verstärkt. Karabey fühlt sich schnell angegriffen und versucht, ungestüm und energisch seinen Willen durchzusetzen, meist mit körperlicher Gewalt. Die Anlässe sind oft nichtig. Als Karabey einmal auf eine Gruppe von Jugendlichen stößt, gefällt es ihm nicht, dass ein Junge seinen Hund frei herumlaufen lässt. Als der Angesprochene sich weigert, das Tier anzuleinen, reißt Erhan Karabey eine lange Stange aus dem Erdreich und schlägt damit auf den Jungen ein.

Kurze Zeit später kommt es in einer Diskothek zu einem ähnlichen Zwischenfall. Karabey ist wieder einmal sturzbetrunken und hat Heroin konsumiert, als er mit einem der Türsteher in Streit gerät. Natürlich ist er in seinem Zustand dem Wachmann körperlich unterlegen, nach einem Faustschlag ins Gesicht geht er zu Boden. Doch das hindert ihn nicht, den Mann zu beleidigen und anzuspucken. Der Türsteher will Karabey zur Ruhe bringen und setzt sich auf seinen Oberkörper. Doch dieser gibt nicht auf und tritt und schlägt wie wild um sich. Ein zweiter Wachmann eilt zu Hilfe. Gemeinsam gelingt es ihnen, den Tobenden auf den Bauch zu drehen und ihn so lange festzuhalten, bis die Polizei eintrifft. Die Polizisten trennen die Streithähne, doch Karabey geht erneut in die Offensive und greift den Kontrahenten wieder an. Er ist vollkommen außer sich. Nur mit großen Schwierigkeiten kann er in einen Streifenwagen geschoben werden. Im Wagen versucht er, da seine Arme mittlerweile mit Handschellen gefesselt sind, die

Beamten mit Kopf und Füßen zu treffen, und beschimpft sie dabei lautstark.

In den Akten lese ich von zwei weiteren Vorfällen ganz ähnlicher Art. Dem Mann mangelt es an Impulskontrolle, er kann sich nicht beherrschen: Seine Aggressivität hat er definitiv nicht im Griff. Dabei zeigt er sich unfähig, ausweglose Situationen zu erkennen und sich einer unbezwingbaren Übermacht zu beugen.

Als Erhan Karabey seine Strafe wegen des Angriffs auf Gülbahar verbüßt hat und in die Freiheit zurückkehrt, organisieren Freunde für ihn ein spontanes Besäufnis. Dabei lernt er Fatma kennen, eine gerade mal 17-jährige Deutschtürkin. Gleich in der ersten Nacht schlafen sie miteinander. Die beiden ziehen zusammen. Zwei Jahre später kommt Karabeys zweites Kind zur Welt. Wieder ein Mädchen, das er Ayla nennt. Aber auch das Leben in dieser Beziehung ist nicht sorgenfrei. Karabey bleibt trotz mehrerer Entziehungskuren rauschgiftabhängig, trinkt weiterhin viel Alkohol, leidet nach wie vor unter Wahnvorstellungen und beginnt, auch seine neue Freundin zu schlagen.

Für die junge Frau bleibt diese Beziehung nicht folgenlos. Auch sie wird rauschgiftabhängig. Als Karabey wegen eines seiner weiteren Gewaltexzesse erneut eine Strafe im Gefängnis antritt, leiht sie sich von einem nur entfernt bekannten arabischen Dealer Geld. Sie kann das Geld aber nicht rechtzeitig zurückzahlen, ihr Gläubiger setzt ihr eine Frist und droht ihr, sie auf den Strich zu schicken. Fatma weiß nicht mehr ein noch aus und offenbart sich ihrer Mutter. Diese hat auch keine bessere Idee, als Karabey einen Brief ins Gefängnis zu schicken. Er möge ihnen helfen und sie dazu anrufen; er kenne doch die Araber; einem habe er doch sogar bei dessen Ausbruch aus dem Gefängnis geholfen.

Den Brief über die Situation seiner verzweifelten Freundin erhält Karabey einen Tag vor dem Vorfall mit den verletzten Füßen. Auch die Kopie ihres Briefes befindet sich in den mir zur Verfügung gestellten Unterlagen. Ich lese: »Hallo Erhan! Wir haben ein großes Problem mit Fatma. Es geht um Drogen und Schulden bei einem Araber. Und Ayla ist krank. Sie liegt zurzeit im Krankenhaus. Bitte ruf mich so schnell wie möglich an. Gruß, Karin.«

Als er aus der Anstalt Fatmas deutsche Mutter anruft, erfährt er von ihr detailliert, in welchen Schwierigkeiten seine junge Freundin steckt. Er verspricht zu helfen und plant dafür, Fatma zu besuchen. Doch sein Antrag auf Haftunterbrechung wird abgelehnt. Karabey ist verzweifelt und scheint tatsächlich nicht mehr weiterzuwissen. Er will deshalb den Anstaltspsychologen sprechen. Doch so kurzfristig kann er keinen Termin bekommen.

Die Lektüre all dieser Vorfälle in den Akten, die Gespräche mit seinem Vater und seiner früheren Frau beschreiben mir sehr anschaulich, in welcher Situation sich Erhan Karabey vor dem vermeintlichen Folterattentat befunden hat: Er stand unter großer Anspannung und unter dem Druck, seiner in Not geratenen Freundin zu helfen, eine für ihn kaum zu ertragende Situation. Zeigte er doch von frühester Kindheit sein unberechenbares und unkontrolliertes Gewaltverhalten, das er, in abgeschwächter Form, manchmal in ihn sehr bedrängenden Situationen auch gegen sich selbst richtete: Dann biss er an seinen Fingernägeln fast so lange, bis sie blutig waren.

Und noch etwas wird mir durch die Befragungen und

Auswertungen der Berichte bewusst. Erhan Karabey scheint tatsächlich jener Pitbull zu sein, von dem viele Bedienstete aus dem Gefängnis anerkennend gesprochen hatten. »Er gibt niemals auf, egal, wie ausweglos die Situation und wie groß die Übermacht auch sein mag.« Einer seiner Brüder beschreibt sein Wesen vielleicht am besten: »Erhan hat zwei Gesichter, auf der einen Seite lieb und freundlich, andererseits wird er beim geringsten Anlass hochaggressiv und wütend. Dann lässt er sich überhaupt nichts gefallen und wehrt sich gegen jede Übermacht. Zumindest wird er es versuchen und auf jeden Fall schreien.«

Nach und nach bekommt Karabeys Persönlichkeit für mich klare Konturen, es entsteht ein Profil. Und daraus gewinnt auch das Geschehene an Klarheit:

Hätte sich Karabey, der selbst in ausweglosen Situationen nicht aufgibt, tatsächlich ohne Gegenwehr die Fußnägel ziehen lassen? Nein!

Hätte er die Schmerzen ertragen, wenn er sich die Fußnägel selbst entfernt hätte? Ja!

Die endgültige Antwort aber auf die Frage, was in Zelle 26 geschehen ist, kann uns nur der geben, der ganz sicher dabei gewesen ist: Erhan Karabey. Seit drei Wochen verbringt Karabey seine Tage nun schon auf der Krankenstation in der ersten Etage des unauffälligen roten Backsteinbaus, als mein Kollege und ich ihn dort aufsuchen: allein in einem kleinen Krankenzimmer mit einem senffarbenen Metallbett auf Rollen und stets sauberer weißer Bettwäsche. Ein Schrank, ein Tisch und ein Stuhl sind das ganze Mobiliar. Das Fenster seines Zimmers ist vergittert. Seine persönlichen Sachen sind in seiner Zelle geblieben. Auch sonst hat er nur wenige Möglichkeiten der Ablenkung: ab und an knappe Gespräche mit den Mitgefangenen durch die Gitterstäbe nach draußen; ein paar Bücher und einige zerlesene Zeitschriften hat man ihm gegeben; auch Schreibpapier und einen Stift, aber keinen Fernseher. Seine Isolation wird nur durch kurze Besuche des Arztes und des medizinischen Hilfspersonals unterbrochen. Von seinem Fenster aus fällt sein Blick auf die Gefängnismauer und einige wenige Bäume. Tristesse ist angesagt, und ich kann mir gut vorstellen, dass Erhan Karabey gerne dieser trostlosen Situation entfliehen will, Hass gegen das Personal fährt und sich auf seine Station zurücksehnt.

Als wir den Krankenraum betreten, sitzt er auf dem Stuhl am Tisch. Vor sich hat er die Zeitschriften liegen, in denen er geblättert zu haben scheint. Er sieht mitgenommen aus. Blass ist er, sein Gesicht ist eingefallen und pickelig. Die schwarzen Haare sind kurz geschnitten. Er ist unrasiert. An seinem linken Auge kann ich das Hämatom nicht mehr sehen. Dafür dominiert dort eine Tätowierung in blauer Farbe mit einer Knastträne.

Karabey ist klein, nur knapp eins siebzig groß, schlank, drahtig, muskulöse Oberarme: ein Energiebündel und in anderen Situationen sicherlich nicht zu unterschätzen. Der Gefangene trägt ein kurzärmeliges schwarzes T-Shirt mit einem weißen Brustring, schwarze Jeans und schwarze Schuhe. Seine Oberarme sind tätowiert mit den Namen seiner Exfrau und seiner Tochter. Es sind die gleichen Namen, die er sich mit dem heißen Messer in die Unterarme gebrannt hatte. Karabey spricht leise und kraftlos. »Hab das selbst gemacht. Glaubt mir das doch endlich! Also was wollt ihr von mir? Was soll die ganze Scheiße? Haut bloß ab!« Er ist aufgeregt, lispelt und ist kaum zu verstehen.

Doch man hört heraus, wie wütend er ist. Darüber, dass er allein und isoliert im Krankenzimmer sitzt, nicht arbeiten und nicht einmal fernsehen darf. »Nur weil ich mir die Fußnägel selbst abgepult habe! Was bin ich doch für ein Idiot!«

Ich erkläre Karabey unser Anliegen. Dass wir herausfinden wollen, was tatsächlich passiert ist. Ich frage ihn auch, ob die Informationen über ihn stimmen. Die Worte zeigen Wirkung, denn Karabey wird versöhnlicher und interessierter. Er beginnt zu sprechen, und sogar sein Lispeln lässt etwas nach. »Bisher ist bei mir nicht alles so toll in meinem Leben gelaufen. Wenn ich jetzt aus dem Knast komme, werde ich alles ändern. Ich werde clean und höre mit dem Drücken auf. Gemeinsam mit Fatma! Ich schaffe das.« Solche Worte habe ich schon häufig von Drogenabhängigen gehört, doch nur selten konnten sie ihre guten Vorsätze realisieren. Ohne ihn auf seine Suchtproblematik anzusprechen, lausche ich gespannt seinen Worten.

»An dem Tag, als es geschah, war ich scheiße drauf. Habe wegen privatem Stress Depris gehabt. Keine Arbeit und Einschluss. Hing nur in der Zelle herum. Nur weil dieser Penner in der Werkstatt durchgedreht ist. Und dann hat auch noch Fatmas Mutter geschrieben. Habe sie angerufen und erfahren, dass die Araber meine Freundin wegen Gift und so bedrohen. Sie würden sie auf den Strich schicken, wenn sie nicht ihre Schulden bezahle.« Er habe dann versucht, Urlaub zu bekommen, um die Sache da draußen selbst in die Hand zu nehmen. »Ich kenne da ein paar Araber, die hätten mir bestimmt geholfen.« Aber sein Antrag auf Urlaub sei abgelehnt worden. »Mensch, ich war so was von verzweifelt und fertig. Dann hab ich alles in mich reingeworfen. Alles, was ich gesammelt hatte: Weißes, also Heroin, und Tabletten. Dazu noch Alk, Schlafmittel und so'n Zeugs. War dann echt breit. Voll im Delir. Und dazu hatte ich noch die scheiß Schmerzen in den Beinen. Wollte mich nur zuknallen und die ganze Scheiße betäuben.«

Karabey wird jetzt immer ruhiger, seine Stimme wird energischer, und er berichtet, wie er sich selbst die Fußnägel entfernt haben will. Aufmerksam folge ich seinen Ausführungen und mag ihn bei seinen Schilderungen gar nicht unterbrechen:

»Es ist am Abend vor meinem Arztbesuch passiert. Nach dem Einschluss in die Zelle wollte ich mir die Fußnägel schneiden. Zunächst die am linken Fuß. Aus Versehen habe ich mir zu tief in den Nagel geschnitten. Den Nagelrest habe ich dann mit den Fingern entfernt. Du wirst dir das nicht vorstellen können, aber es war wie im Rausch. Nach und nach habe ich mir auch noch die anderen Nägel abgemacht. Das ging wie von alleine, einfach die Nägel umknicken und dann noch mit den Fingern weiterpulen. Ich hab es auch gar nicht richtig mitgekriegt. Gut, dass ich besoffen war!«

Da hake ich noch mal nach und stelle Karabey die entscheidende Frage. »Nee, habe nix gemerkt; hatte keine Schmerzen und so. Hat auch nicht geblutet.« Erst als am nächsten Morgen nach dem Aufwachen das Rauschgift und die Tabletten nicht mehr wirkten, seien die Schmerzen an den Füßen gekommen. »Habe die Zähne zusammengebissen und bin hin zum Arzt. Wollte mir ein Schmerzmittel geben lassen.«

Dann bittet uns Karabey, dafür zu sorgen, dass er wieder

in den normalen Vollzug kommt. Er versichert mehrmals, dass es genau so gewesen sei, wie er es erzählt habe. »Hoffentlich glaubt wenigstens ihr mir!« Was Karabey sagt, ist für mich stimmig. Nicht nur wegen der objektiven Spuren an den Füßen. Er hat auch seinen Seelenzustand überzeugend geschildert und die Ereignisse benannt, die ihn völlig aus der Spur geworfen haben.

Kurz nach unserem Besuch auf der Krankenstation stoße ich noch auf einen weiteren Grund. Ich habe mittlerweile von den Kollegen der Sonderkommission Karabeys persönlichen Notizen als Fotokopie bekommen, die bei der Durchsuchung seiner Zelle gefunden worden waren. Es sind mehrere Briefe von seiner Freundin Fatma darunter. Mit zierlicher, schöner Handschrift schrieb sie ihm auf einem Briefpapier mit dem Motiv der Diddl-Maus, dass sie sich von ihm trennen will. »Erhan, es tut mir leid, doch so geht es mit uns nicht weiter. Ich kann dieses Drogenleben nicht weiter ertragen. Ich muss an unsere Tochter denken. Was soll nur aus ihr werden? Verzeih mir, doch ich will endlich wieder clean sein. Ich bin noch so jung und alleine schaffe ich es bestimmt.« Karabey hat von ihrem Entschluss erst zwei Tage vor dem Vorfall erfahren.

Und einen zweiten Umstand hatte Karabey in unserem Gespräch nicht erwähnt. In den Unterlagen finde ich eine Vorladung des Familiengerichts. In 14 Tagen steht eine Verhandlung wegen der Sorgerechtsregelung für seine älteste Tochter Hatice an. Seine Exfrau Gülbahar hatte nach der Trennung das alleinige Sorgerecht beantragt. Alle Umstände sprechen dafür, dass sie mit dem Antrag Erfolg haben wird.

Auf einem Kalenderblatt, das ich zwischen den Papieren

finde, ist Karabeys psychische Verfassung kurz vor dem Vorfall recht gut abzulesen. Mit krakeliger Schrift und voller Fehler hat er geschrieben:

20   Arschvoll
21   6 Fußnägel
23   Schutzhaft Latz. Angst worum glaubt mir kein, das ich es sebst wahr?

Darunter steht eine Notiz: »Ich liege immer noch im Latz, es sind angeblich Ärzte, Psyologen doch keiner hat Ahnung. Ich verstehe nich wie sie so ein Titel bekommen haben. Ich kann doch nich einfach sagen was nich stimmt. Ich wahr es selber. 6 Fußnägel hap ich mir gezogen, doch keiner glaubt mir, angeblich währe es medizinisch nicht Machbar. Doch es ist mach bar, die 3 hatten wegen meiner dumheit alle einschluss, keine Lockerung. Ich bin fast nicht mehr, ich bin am Ende. Gott möge mir sehr viel kraft geben. Wofür habe ich mich gestellt damit ich wie ein stück dreck behandelt werde. Na ja die volgen muss ich jetzt selber klar kommen obwohl ich einen Psyologen wollte. Zur Zeit bin ich sehr verzweifelt, keiner glaubt mir. Ales nur weil ich Idiot mir selber 6 Nägel vom Fuß abgerissen habe. Das alles macht mich sehr fertig und ich weiß nicht mehr weiter, ich kriege sogar auch wo vor ich selber immer gedacht hatte, das man nicht so was wohl denken könnte. Ich mag noch nicht mal so was schreiben, aber so ist es leider. Manchmal denke ich einfach sich selber weg machen, so weit ist es schon. Scheiß JVA Selbstgesteller.«

Ein an seinen Vater gerichteter und noch nicht abgeschickter Brief gleicht ebenfalls einem Hilferuf: »Ich brauche Dich Papa, ich weiß nicht mehr weiter. Am liebsten wörde ich Totsein doch es ist ja in unserem Glauben Schünde, eine große Schünde, aber manch mahl halt …«

Die eigenen Worte Karabeys sind für mich die endgültige Bestätigung der These, von der ich seit einiger Zeit überzeugt bin: Karabey hat sich die Verletzungen selbst zugefügt. Weshalb sollte er diese Zeilen voller Verzweiflung schreiben, wenn sie nicht stimmen würden, und sie dazu noch in seiner Zelle verwahren und nicht öffentlich machen? Etwa um von einem anderen Motiv abzulenken? Daran glaube ich nicht.

Zudem fehlen uns für die Annahme, Karabey sei gefoltert oder misshandelt worden, auf viele Fragen noch immer überzeugende Antworten: Welches Motiv sollten die Täter gehabt haben? Was hätte der Grund sein sollen, den Mithäftling auf diese Art und Weise maltrâtieren und zu bestrafen? Für wen hätte es eine abschreckende Wirkung haben sollen? Darauf hatten die aufwendigen Ermittlungen keine Antwort geben können. Es blieb bei unbewiesenen Mutmaßungen.

Wenn ich nach einer langwierigen Bewertung der Spuren am Tatort, der Tatumstände und vielen Überlegungen erst einmal zu einer Überzeugung gekommen bin, ist für mich die Arbeit aber nicht abgeschlossen. Ich habe es mir zur Regel gemacht, zu diesem Zeitpunkt der Analyse alles, was völlig klar zu sein scheint, noch einmal infrage zu stellen. Ich schlüpfe in die Rolle des Advocatus Diaboli, unterziehe meine Beweise einer kritischen Bewertung und vertrete die Argumente einer möglichen Gegenseite, ohne ihr selbst anzugehören. Ich versuche, meine eigene Theorie ad absurdum zu führen.

Wieder greife ich zu Bleistift und Stenoblock und skizziere folgende Überlegungen:

Die Ermittlungen hatten den konkreten Überfall der Russlanddeutschen auf die andere Vollzugsgruppe bestätigt, ohne dass das Motiv der Tat näher hatte geklärt werden können. War die Aktion mit den Fußnägeln eine Fortsetzung dieser Gewalt, um mögliche Drogenschulden bei den »Dieben im Gesetz« einzutreiben?

Weiterhin hatte der Brief der Mutter seiner Freundin einen Hinweis auf ein mögliches Motiv von Dritten gegeben: Einforderung von Schulden aus illegalen Drogengeschäften. Dieses Mal sollten arabische Täter die Drohungen ausgestoßen haben. Konnte es sein, dass Karabey stellvertretend für seine Freundin durch die Misshandlung seiner russischen Mithäftlinge gefügig gemacht werden sollte, die Schulden seiner Freundin zu begleichen? Ich frage mich: Wie wahrscheinlich sind beide Annahmen? Und finde nur eine Antwort: Überhaupt nicht.

Wer hätte den Tätern in der Anstalt den Auftrag zur Misshandlung von Karabey geben sollen? Die Araber? Funktionierte ihr Nachrichtensystem von draußen bis in die Strafanstalt? Diese Möglichkeit kann ich nicht ausschließen, da es doch auch immer wieder gelingt, Rauschgift in die Anstalt einzuschmuggeln. Außerdem erhalten die Häftlinge Besuch von Familienangehörigen, Freunden – und auch Rechtsanwälten, wobei die Gespräche nicht mitprotokolliert werden. Dazu können die Insassen auch unbeaufsichtigt nach draußen telefonieren.

Dennoch macht die Folterannahme in der Gesamtheit aller Ermittlungsergebnisse keinen Sinn. Ein »Arschvoll« – und auch mehr –, wie Karabey es in seinem Kalenderblatt genannt hatte, wäre für das Eintreiben von Rauschgiftschulden sicherlich angemessen gewesen und hätte als Einschüchterung und Strafe vollkommen gereicht. Diese Sprache der Gewalt versteht Karabey, wie auch die anderen Häftlinge im Gefängnis. Und der »Arschvoll« hätte auch Vorteile für die Täter gehabt, denn ihn hätten sie schnell und ohne großes Risiko »erledigen« können. Die Aktion hätte vermutlich auch Wirkung gezeigt: bei Karabey und den anderen Gefangenen.

Ich bin also zu der Überzeugung gelangt, dass es keinen Folterskandal in der Justizvollzugsanstalt gegeben hat. Wie aber hat sich Erhan Karabey die Verletzungen konkret zufügen können? Das bei ihm in der Zelle vorgefundene Nagelnecessaire war von dem Hautarzt als nicht geeignet bezeichnet worden. Welche anderen Hilfsmittel beziehungsweise welches Werkzeug hat er dann für eine eventuelle Selbstverletzung nehmen können? Hat er doch die Nagelschere verwendet und die Nagelreste anschließend mit seinen Fingern entfernt? Sind seine Fußnägel so brüchig, wie er und Gülbahar behaupten? Ich finde, seine Aussage ist in sich stimmig. Die Fotos von seinen Füßen bestätigen, dass das Entfernen der Fußnägel unblutig erfolgte. Und auch das Herumfummeln an den Nägeln dürfte die abgegrenzten Wundränder erzeugen.

Wie verhielt es sich mit den Schmerzen? Dass Karabey große Qualen ertragen kann, hatte er schon beim Einbrennen der Namen seiner Exfrau und seiner Tochter bewiesen. Er hatte damals genügend Betäubungsmittel konsumiert. Doch konnte er auch diesmal diese extremen Schmerzen ertragen?

Karabey hatte behauptet, er habe wieder reichlich

Rauschgift und Tabletten zu sich genommen. Reichte es aus, um das Schmerzempfinden völlig auszuschalten? Um diese Frage zu beantworten, bietet sich die pharmakologisch-toxikologische Untersuchung von Karabeys Urin an, den er zu Kontrollzwecken im Lazarett abgegeben hat. Die Untersuchung ist bisher noch nicht erfolgt. Urin ist neben Blut ein geeignetes Untersuchungsmaterial unter anderem für den Nachweis, dass Betäubungsmittel konsumiert werden. Doch während im Blut die momentane Beeinflussung von Betäubungsmitteln festgestellt wird, können im Urin nur in der Vergangenheit eingenommene Substanzen nachgewiesen werden, die über die Nieren zur Ausscheidung gelangen.

Das Untersuchungsergebnis lässt nicht lange auf sich warten. Karabey hatte Rauschgift und Medikamente eingenommen, so wie er es in seiner Vernehmung gesagt hatte. Einige dieser Mittel waren vom Anstaltsarzt verordnet gewesen, andere hatte er sich illegal im Gefängnis besorgt.

In seinem Urin fanden sich Spuren mehrerer stark wirkender Schmerzmittel: Antiepileptika zur Behandlung von Epilepsien oder Phantomschmerzen und Benzodiazepine, die angstlösend, beruhigend und einschläfernd wirken. Auch Spuren von Heroin fanden die Laboranten in Karabeys Körpersaft. Es kann die schmerzlindernde Wirksamkeit der anderen Medikamente noch verstärken.

Zum Schluss der Analyse bleibt nur noch die Frage offen, ob es für Karabey einen sogenannten »triggering factor«, einen konkreten Auslöser, für eine Selbstverletzung gab. Einen konkreten Auslöser, den auch Sexualmörder haben können, wenn sie bei latenter Tatbereitschaft und plötzlichem Stress lang gehegte Fantasien auszuleben versuchen. Gründe für Karabey, so zu handeln, wie er es getan hatte, gab es genug. Sein ganzes und sowieso schon chaotisches Leben war in der Haft noch einmal durcheinandergewirbelt worden: die Schlägerei mit einem Mitgefangenen, das Arbeitsverbot, der Einschluss in seiner Zelle, die Bedrohung seiner Freundin, deren angekündigte Trennung und die kranke Tochter in der Klinik, dazu noch die anstehende Verhandlung vor dem Familiengericht wegen des Sorgerechts für seine älteste Tochter Hatice. Wie sehr ihm diese Probleme zugesetzt haben müssen, wird auch aus seinem Antrag deutlich, er müsse dringend den Anstaltspsychologen sprechen.

Um die tieferen psychischen Ursachen für Karabeys autoaggressives Verhalten herauszufinden, müsste man ein psychiatrisches Gutachten in Auftrag geben. Auf diese nicht ganz kostengünstige Maßnahme habe ich verzichtet. Deshalb kann ich nicht beantworten, ob Karabey vielleicht sogar unter einer sogenannten Haftpsychose litt, wie sie unter beengten Haftbedingungen immer wieder vorkommt. Möglicherweise wollte er über seine Selbstverletzung seinen gesteigerten psychischen Druck schnell abbauen – oder das Personal erpressen, ihm einen mehrtägigen Urlaub zu gewähren.

Vielleicht aber kann das Geschehen auch viel einfacher betrachtet werden. So, wie es Karabey im Lazarett gesagt hatte: »Habe wahllos Heroin und Tabletten konsumiert. War voll breit. Wollte meine Fußnägel schneiden und habe an meinen Füßen herumgepult. Ich konnte einfach nicht mehr aufhören.«

Wie richtig seine Aussage war, sollte sich Monate später zeigen, als ich mich an einem frühen Vormittag auf den

Weg mache, um Erhan Karabey zu besuchen. Das staatsanwaltschaftliche Verfahren gegen die drei Verdächtigen war inzwischen mangels Beweisen eingestellt worden. Von einem Folterskandal spricht niemand mehr offiziell, auch wenn im Internet die Anschuldigungen gegen die Strafanstalt immer noch zu lesen sind. Und auch Karabey ist mittlerweile aus dem Gefängnis entlassen worden.

Mit meinem Dienstwagen fahre ich in eine kleine Reihenhaussiedlung an der Peripherie der Stadt. Dort wohnt Erhan Karabey seit der Haftentlassung bei seinem Bruder und dessen Frau in einem kleinen Siedlungshaus. Auf mein Klingeln öffnet Erhan Karabey innerhalb kurzer Zeit die Tür. Er ist überrascht und gleichzeitig genervt, mich zu sehen. Es ist kein freundlicher Empfang. Ich habe das Gefühl, dass er mir am liebsten die Wohnungstür vor der Nase zuschlagen würde. »Was willst du denn schon wieder?«, raunzt er mich an und lispelt dabei wie eh und je. Ich erläutere ihm kurz mein Anliegen und achte dabei auf seine Pupillen. Sie sind normal geweitet; offensichtlich hat er kein Heroin konsumiert. Als seine Erregung nachgelassen hat, bittet er mich herein. »Aber ziehe deine Schuhe aus und kein Wort vor den Kindern!«, raunt er mir zu. Dann führt er mich in sein Zimmer im ersten Stock. Der Raum ist sauber, aufgeräumt und dient gleichzeitig als Spielzimmer für seine Nichten und Neffen.

So schnell, wie Karabey sich erregt hat, beruhigt er sich wieder. »Ruf doch einfach mal im Knast an. Dort, wo ich zuletzt gewesen bin. Konnte die Nerverei wegen der Fußnägel echt nicht mehr ab. Habe es denen mal gezeigt, wie es geht, und habe mir vor ihren Augen mit den Händen einen Fußnagel abgepult. Haben die vielleicht doof geguckt!« Ein Anruf im Krankenrevier des Gefängnisses bestätigt, dass Karabey die Wahrheit sagt. Er hat sich tatsächlich zum Staunen der Mitarbeiter einen Fußnagel entfernt. Auf die gleiche Art und Weise, wie er es auch im Bremer Gefängnis getan haben will. Als ich ihn trotzdem ungläubig anschaue, zieht er sich eine Socke aus und beginnt, an einem Fußnagel zu fummeln. Ich habe genug erfahren und möchte der Verstümmelung seiner Füße nicht beiwohnen.

Doch für mich ist nun eindeutig klar: Eine Misshandlung von Karabey durch andere Gefangene hat es nie gegeben. Die Vermutung, er sei bestialisch gefoltert worden, hatte sich verselbstständigt. Sicher auch, weil man aus anderen Gefängnissen wusste, wozu Häftlinge fähig sind, und auch den »Dieben im Gesetz« einiges an Brutalität zutraut. Vielleicht auch, weil jeder dem Gutachten des Rechtsmediziners vertraut hatte und von seinem eigenen Schmerzempfinden ausgegangen war, sich niemand vorstellen konnte, dass man derartige Schmerzen zu ertragen vermag. Ein erneuter Grund für mich, zukünftig auch weiterhin alle Gutachten, die ich bei einer Analyse zu berücksichtigen habe, kritisch zu werten und mit den Experten zu besprechen.

Erhan Karabey scheint sich nach seiner Haftentlassung stabilisiert zu haben. Wie er mir sagt, ist er nicht mehr heroinabhängig. »Ich hab doch mein Pola«, versichert er mir. Er meint die ärztlich verschriebene Ersatzdroge. Auch sein Äußeres hat sich positiv verändert. Nichts deutet auf seine Drogenvergangenheit hin: Karabey hat mehrere Kilogramm zugenommen, ist rasiert, die Haare sind gewaschen, und seine Kleider sind sauber. Sicherlich ein guter Start, doch ich bin skeptisch, dass er drogenfrei bleibt.

Mit seiner Familie ist es allerdings nicht gut gelaufen. Fatma hat sich wirklich von ihm getrennt. Karabey hat sie und das gemeinsame Kind seit der Haft nicht mehr gesehen. Auch seine Tochter Hatice nicht. Das Sorgerecht ist ihm entzogen worden, wie es zu erwarten war. Er hofft, dass er es in einer erneuten Verhandlung des Familiengerichts wieder zugesprochen bekommt. So schnell will er nicht aufgeben. Man nennt ihn ja auch den Pitbull. Oder den Terrier.

Als ich schon fast im Weggehen bin, drehe ich mich noch einmal zu Karabey um und frage ihn, was ich schon immer wissen wollte: »Hast du dich bei den drei Deutschrussen eigentlich entschuldigt? Haben sie dir vielleicht Schläge angedroht?« Karabey schmunzelt, doch dann schaut er mich vielsagend an, als er mir lispelnd versichert: »Nee, das hätten die mal versuchen sollen. Denen hätte ich schon die Fresse poliert!«

Als ich Monate später Karabey zufällig am Bahnhof treffe, ist ihm gar nicht mehr nach Schmunzeln zumute. Sein Stolz ist gebrochen. Seine Pupillen sind vom Heroin stecknadelgroß verengt, die Haut ist pickelig, seine Kleidung schmutzig. »Hab zwei Tage nicht geschlafen.« Nur zögernd mag er mir lispelnd erzählen, dass er sein neues Leben doch nicht in den Griff bekommen hat. Die Familie fehlt ihm weiterhin, das Sorgerecht für seine Tochter hat er nicht zurückbekommen. Zwar hält er nach wie vor Kontakt zu seiner Familie, doch die Rauschgiftsucht hat wieder Besitz von ihm ergriffen. Und so ist es keine große Überraschung für mich, als ich kurz vor Weihnachten höre, dass Karabey an einer Überdosis Heroin gestorben ist. Der Tod muss ihn schnell ereilt haben, denn als man ihn fand, steckte in einer Vene unterhalb seines Handgelenks noch eine Einwegspritze. Neben ihm stumme Zeugen der Sucht: ein verbogener rußgeschwärzter Löffel, ein Zigarettenfilter, Stanniolpapier und ein heruntergebrannter Kerzenstummel. Das traurige Ende des einstigen Pitbulls.

Torso – die Spuren lügen nicht

Es ist ein heißer Freitag im Frühsommer kurz nach der Jahrtausendwende. Nur der Jagdpächter ist an diesem späten Nachmittag in der gleißenden Sonne an einem kleinen Auenzulauf der Weser unterwegs. Der Mann schätzt die Einsamkeit, die alles umgebende Stille der unberührten Natur. Eine Reifenspur im niedergedrückten Gras erregt seine Aufmerksamkeit. Sie führt direkt zu einem Kanal ganz in der Nähe. Lange kann es nicht her sein, dass hier ein Auto seinen Weg fand, denn er war erst vor drei Tagen hier gewesen, da hatte es die Spur noch nicht gegeben. Instinktiv spürt der Jäger, dass in der Zwischenzeit etwas Ungewöhnliches passiert sein muss. Denn nur selten verirren sich Menschen in dieses von ungezählten und namenlosen Wassergräben durchzogene Grün: Vogelkundler, das eine oder andere Liebespaar, Abenteurer.

Der Jäger beschleunigt seine Schritte. Je näher er dem Kanal kommt, desto stärker durchdringt Aasgeruch die stehende Luft. Massenhaft umschwirren Fleischerfliegen mit lautem Brummen einen im Kanalzulauf liegenden tarnfarbenen Stofffetzen. Er wird neugierig, will wissen, was so attraktiv für die Fliegen ist. Vielleicht ein im Wasserlauf verendetes Reh? Doch wozu dann das Tuch? Zu seinem Erstaunen deckt eine dunkel gemusterte Regenjacke eine große blaue und sorgfältig mit Stricken verschnürte, prall gefüllte Plastiktasche ab. Es ist gar nicht so einfach, den stinkenden Fund aus dem Wasser zu ziehen. Nur mühsam kann er die nassen, aufgequollenen Knoten der fingerdicken Schnur lösen und einen ersten Blick auf den undefinierbaren Inhalt werfen. Zunächst denkt er an einen großen blonden und kurzhaarigen Hund, der hier auf ungewöhnliche Weise entsorgt werden sollte. Nur langsam realisiert der Mann, dass es kein Tier ist, das da in dem Beutel steckt, sondern der fahle, nackte und verstümmelte Körper einer Frau. Der Torso hat keinen Kopf, beide Beine sind oberhalb der Knie abgetrennt. Der geschändete Körper passt gerade einmal in die Tasche.

Ich weiß nicht, wie lange der Jäger so dastand und voller Entsetzen den verstümmelten Körper anstarrte. Irgendwann zückte er sein Handy und informierte die Polizei. Wenige Minuten später ist es vorbei mit der Stille in der unberührten Wildnis. Beamte der Tatortgruppe vermessen den Leichenfundort und sichern Spuren, während Rechtsmediziner und Mordermittler noch am Fundort eine erste Untersuchung der Toten durchführen. Aus einem Polizeihubschrauber werden Luftbilder der Umgebung gemacht, und Taucher der Bereitschaftspolizei suchen in den Gräben nach den fehlenden Gliedmaßen und dem Kopf. Doch die Mühen sind vergebens. Die menschlichen Überreste wie auch persönliche Dinge der Toten bleiben verschwunden. Lediglich einige zusammengeknüllte Papiere, eine leere Zigarettenschachtel, Bonbonpapier und die kaum auswertbaren Reifenspuren können die Spurensucher im hohen Gras sichern.

Ob diese Funde im Zusammenhang mit der toten Frau stehen, müssen die weiteren kriminaltechnischen Untersuchungen zeigen. Für einen kurzen Moment scheint die Suche der Taucher doch erfolgreich zu verlaufen, als sie einen schweren Gegenstand an der Fundstelle des Torsos aus dem Graben bergen. Aber die unterschwellige Anspannung weicht schnell einem ungläubigen Erstaunen. Statt der Kleidung des Opfers oder der fehlenden Körperteile bergen die Polizisten eine alte weiße Toilettenschüssel. Ich mag es kaum glauben, aber auf diese hatte der Täter die Tasche mit dem Torso wohl unabsichtlich geworfen. Das Porzellan hatte das Versinken der Leiche im Wasser verhindert.

Es war das Jahr 2002, als die Tote gefunden wurde. Ich hatte wenige Wochen zuvor meine Funktion als Leiter einer Bremer Mordkommission aufgegeben, um gemeinsam mit zwei weiteren Kollegen nach dem Vorbild des FBI das Kommissariat Operative Fallanalyse (OFA) aufzubauen. Die Idee: ein Verbrechen verstehen und den Täter finden, auch wenn zwischen ihm und dem Opfer keine Beziehung besteht, wenn also das Motiv der Tat im Dunkel liegt.

In gut 90 Prozent aller Tötungsdelikte kennen sich Opfer und Täter. Dieser Umstand erklärt auch die hohe Aufklärungsquote dieser Deliktsart. Aus eigener Erfahrung wusste ich, dass wir mit unseren klassischen Ermittlermethoden in den meisten Fällen problemlos die Motive der Mörder rekonstruieren, die Täter überführen und zu einem Geständnis bewegen konnten. Allerdings gab es immer wieder Schwierigkeiten, die Verbrechen von Serientätern und sogenannten »Lust«-Mördern – also Sexgangstern – zu klären und ihre Bedürfnisse und Fantasien zu erkennen. Häufig hatte ich mich gefragt, was sich ein Täter dabei dachte oder warum es ihm wichtig war, eine nackte Frauenleiche mit gespreizten Beinen entwürdigend zur Schau zu stellen oder sie nach ihrem Tod zu verstümmeln. Manche Rätsel konnten wir auch nur deshalb lösen, weil die Täter den seelischen Druck der Tat nicht mehr ertrugen und sich stellten, sich selbst töteten oder weil das Opfer mit dem Leben davongekommen war und wertvolle Hinweise liefern konnte.

Mein Entschluss, mich speziell mit den fallanalytischen Methoden auseinanderzusetzen, wurde besonders von der Vorgehensweise Robert Resslers beeinflusst. Ressler war 1978 Leiter der Abteilung Verhaltensforschung beim FBI geworden und hatte in den folgenden Jahren die Methode der Fallanalyse stark geprägt. Als er sich mit bizarren und grausam anmutenden Verbrechen beschäftigte, fragte er sich, weshalb Täter ihre Taten auf eine ganz spezielle Art und Weise begehen und – vor allem – warum sich die Vorgehensweise von Mördern bei gleichen Motiven ähnelte, obwohl sich diese Menschen überhaupt nicht kannten und sich gegenseitig nicht inspiriert haben konnten. Er überlegte, was das bei einem Verbrechen gezeigte Verhalten über ihre Persönlichkeit aussagte und welche Rückschlüsse sich daraus für die Täterermittlung ergeben würden. Als Psychologen und Psychiater seinen Überlegungen nur mit Schulterzucken begegneten und ihm keine befriedigenden Antworten geben konnten, entschloss sich Ressler, die Schwerverbrecher selbst zu fragen. Er besuchte fortan Serienmörder und -vergewaltiger in den Hochsicherheitstrakten vieler Gefängnisse der USA. Mit 36 verurteilten Tätern führte er Interviews über ihre Motive und ihre Lebensläufe. Es zeigte sich, dass es immer wieder Übereinstimmungen in der Biografie der Täter und ihren Lebensweisen gab.

Diese Gleichartigkeit stellte später auch ich bei reinen Aktenvergleichen mit den von mir bearbeiteten Tötungsdelikten fest und fand sie noch bestätigt, als auch ich mich in die Gefängnisse begab, um mit den Tätern über ihr Leben und ihre Motive zu sprechen. Noch heute überrascht mich die Kooperationsbereitschaft und Offenheit dieser Menschen. Vielleicht war es für manche tatsächlich nur eine willkommene Abwechslung von der Monotonie des Gefängnisalltages oder die »Freude, die für sie aufregendsten Momente ihres Lebens noch einmal in Gedanken erleben zu können«, wie Robert Ressler es vermutete. Allerdings hatte ich häufig das Gefühl, dass es den Verurteilten auch wichtig war, über ihre Gefühle und Motive zu sprechen, damit andere sie nachvollziehen könnten. Wer sollte da geeigneter sein als der Mensch, der sich so intensiv wie sonst keiner mit ihren Verbrechen auseinandergesetzt hatte: der ermittelnde Kommissar.

Als der Torso der Frau gefunden wurde, wussten die Beamten der Kriminalbereitschaft von diesem neuen methodischen Ansatz noch nichts und konnten sich daher auch nicht vorstellen, was sich hinter der kryptisch anmutenden Bezeichnung »Operative Fallanalyse« verbarg. Manche Neuerungen brauchen Zeit, bis sie Einzug in die praktische Arbeit finden und von den Kollegen akzeptiert werden. So wurde meine neu gegründete Abteilung auch erst Tage später gebeten, eine Analyse zum Tätermotiv zu erstellen. Warum hat der Mörder die Frau getötet? Vor allem aber: Warum hat er sie danach noch verstümmelt?

Die Ausgangsbedingungen für eine solide Fallanalyse sind nicht die besten: Wir kennen nur den Fundort, nicht den eigentlichen Tatort. Die Tote ist verstümmelt, was die Feststellung der Todesursache und ihre Identifizierung erschwert. Auswertbare Spuren am Tatort, persönliche Gegenstände des Opfers und die Tatwaffen fehlen.

Alles, was wir haben, ist eine in einem blauen Plastikbeutel verschnürte Leiche ohne Kopf und ohne Beine. Um ein erstes Gefühl für das Verbrechen zu bekommen, suchen meine Kollegen und ich den Fundort auf. Für mich gilt dieser Platz auch als Tatort. Ein Schlüsselort für uns Fallanalytiker: Hier hat der Mörder agiert. Mit der Wahl des Ortes hat er einen ersten Hinweis auf seine Persönlichkeit hinterlassen.

Der unbekannte Täter hatte das Versteck für den Torso sorgsam gewählt. Nahe einer Hochhaussiedlung linksseitig der Weser im Süden der Stadt und nur wenige Kilometer von der Stadtautobahn entfernt, verließ er die asphaltierte Straße, überquerte den kleinen Nebenfluss der Weser, bog nach links in einen holprigen, schmalen und von Gräben umsäumten Feldweg ab und verschwand in der Einöde hinter einem Birkenwäldchen. Etwa zwei Minuten später versperrte ihm ein breiter Kanal die Weiterfahrt. Dort war er ausgestiegen, hatte den verschnürten Körper aus dem Wagen gezogen und ins Wasser gestoßen. Dann war er geflüchtet, rückwärts, denn Platz zum Wenden gab es auf dem schmalen Pfad nicht.

Ein erster Blick auf die Szenerie verrät mir, dass der Täter trotz der Abgeschiedenheit in großer Eile und voller Stress gehandelt haben dürfte. Vermutlich hatte er ohne weitere Überlegung die sterblichen Überreste im Graben direkt neben seinem Auto versenkt und nicht einmal den Versuch unternommen, die Leiche in dem nur knapp zehn Meter entfernten Kanal zu werfen. Ein folgenschwerer Entschluss, denn vermutlich wäre der dort ins Wasser geworfene Körper erst viel später gefunden worden – wenn überhaupt.

Auch wenn der Täter beim Verstecken des Opfers nur Spurenfragmente zurückgelassen hat, nämlich das Reifenprofil seines Wagens, so ist die Wahl dieser einsam gelegenen Stelle ein erster konkreter Hinweis auf seine Persönlichkeit: Der Transport eines Toten stellt für den Täter generell ein nicht einzuschätzendes Risiko dar. Es wäre ja möglich, dass er mit seinem Auto eine Panne hat, die Polizei routinemäßige Kontrollen durchführt oder er am Ablageort bei dem Verbergen des Leichnams zufällig beobachtet wird. Um das Risiko, entdeckt zu werden, zu minimieren, wird sich ein Täter in aller Regel einen Ort aussuchen, den er kennt und den er schnell erreichen kann, der aber andererseits nicht sofort Rückschlüsse auf seine Person erlaubt. Zugleich muss er so abgelegen sein, dass die Leiche nicht so schnell gefunden wird. Das heißt: Der Täter kennt den Ort. Er fühlt sich dort sicher. Er kann sein Entdeckungsrisiko einschätzen. Er hat ein Auto. Er hat einen Führerschein.

In meinen Ermittlungen hatte ich es schon häufiger erlebt, dass Täter, die ihr Opfer oder Tatwerkzeuge für immer verbergen wollten, ähnliche Entscheidungen getroffen hatten. Manchmal waren diese Orte nur wenige Hundert Meter von ihrer Wohnung oder Arbeitsstelle entfernt gewesen, manchmal hatten sie auch große Entfernungen zurückgelegt. Eines aber einte sie: Sie alle kannten den Ablageort von früher.

Wer aber ist die unbekannte Tote? In der Vermisstendatei ist lediglich eine Frau registriert, die der Beschreibung der Leiche nahekommt: Elke Frey, 38 Jahre alt, kräftig, aber klein. Blonde, lange, lockige Haare, blaue Augen, Brillenträgerin. Geboren in Süddeutschland und seit fast zwölf

Jahren verheiratet. Keine Kinder. Beschäftigt als Sprechstundenhilfe in einer Arztpraxis.

Ihr Mann Joachim war kurz nach der Wende 1990 aus den neuen Bundesländern in den Norden Deutschlands gekommen. Ein großer athletischer Mann mit langen braunen Haaren, zum Mittelscheitel gekämmt. Schlankes Gesicht. Brillenträger und stets glatt rasiert. Fast 50 Jahre alt und durchtrainiert. Ich kann mich noch gut an ein zufälliges Treffen mit dem Hünen auf dem Flur vor meinem Büro im Präsidium erinnern. Das war drei Wochen, bevor die Leiche entdeckt wurde. Joachim Frey war auf dem Weg zur Anzeigenaufnahme gewesen, um das plötzliche Verschwinden seiner Partnerin zu melden; sie sei wohl mit ihrem Liebhaber durchgebrannt, hatte er zu Protokoll gegeben.

Meinen Kollegen von der Vermisstenstelle hatte er anschließend berichtet, dass er seine Frau zuletzt am Sonntag gesehen habe. An diesem Tag habe sie über Ohrenschmerzen geklagt, sodass er gegen 16 Uhr allein zur Chorprobe gefahren sei. Bei seiner Rückkehr gut fünf Stunden später sei seine Frau spurlos verschwunden gewesen. Er habe die Wohnungstür zweimal verschlossen vorgefunden, in der ganzen Wohnung habe kein Licht gebrannt. Der Mann wunderte sich, dass seine Partnerin ohne irgendeine Nachricht aus der Wohnung gegangen sei. Allerdings hatte sie ihr Handy in der Küche neben die Spüle gelegt und ihren Ehering, den sie immer trug. Auch ihr Wagen war in der Garage zurückgeblieben. Er berichtete weiter, dass sie außer ihrer Handtasche, der Lesebrille, den Schlüsseln und rund 700 Euro nichts weiter eingesteckt habe. Als der Mann gefragt wurde, ob er irgendwelche Vorstellungen habe, wo sich seine Frau aufhalten könnte, hatte er nur mit den Achseln gezuckt und gemeint: »Bei irgendeinem Reichen.« Doch eine Idee, wer das sein könnte, hatte er nicht. Er sei völlig ahnungslos gewesen. Ihr plötzliches Verschwinden habe ihn wie ein Blitz aus heiterem Himmel getroffen. Schließlich führten sie in seinen Augen eine harmonische Ehe und teilten viele Gemeinsamkeiten: Chor, klassische Musik, auch regelmäßige Treffen in einer Selbsthilfegruppe. Er sei trockener Alkoholiker.

Immer wieder werden in Deutschland Menschen vermisst. Rund 6500 Vermisstenanzeigen im Jahr nehmen Polizeibeamte auf. Die Gründe sind vielfältig: Streit in der Familie, Ärger mit dem Partner, Freiheitsdrang, doch manchmal liegt auch ein Kapitalverbrechen vor. Zum Glück erledigen sich die meisten Fälle von allein. Über die Hälfte der verschwundenen Personen kehrt nach wenigen Tagen in ihre gewohnte Umgebung zurück, nur drei Prozent tauchen länger als ein Jahr ab. Fast 50 Prozent aller Vermissten sind Kinder und Jugendliche, gut ein Drittel ist weiblich.

Der Vermisstensachbearbeiter hatte sich entschieden, die Anzeige aufzunehmen, obwohl nach Joachim Freys Aussage ein klassischer Vermisstenfall nicht zwingend gegeben zu sein schien. Das ist nur dann der Fall, wenn eine Person das gewohnte Umfeld verlassen hat, ihr Aufenthalt unbekannt ist und ein Verbrechen, eine Selbsttötung oder eine hilflose Lage nicht auszuschließen ist. Musste einer dieser Gründe auch bei Elke Frey befürchtet werden? Auf den ersten Blick nicht, auf den zweiten Blick vielleicht doch. Hätte sie sonst nicht wenigstens ihr Handy, Unterwäsche, Kosmetikartikel und ihre Zahnbürste mitgenommen? Und ihr knallrotes VW Cabrio, das sie so sehr liebte und das sie selbst für die kleinsten Besorgungen nahm?

Am Fundort entdecken wir nichts Neues, also machen wir uns auf den Weg in die Pathologie. Sie liegt im gleichen Gebäude wie die Rechtsmedizin, wo die gerichtlichen Sektionen durch die Obduzenten der Rechtsmedizin stattfinden.

Die Begriffe Pathologie und Rechtsmedizin werden in Kriminalromanen und Fernsehstücken oft synonym verwendet, doch hinter den beiden Begriffen verbergen sich unterschiedliche medizinische Aufgaben. Der Pathologe ist ein Facharzt und untersucht im Labor unter dem Mikroskop zumeist Gewebe aus einem lebenden Organismus. Die Erkenntnisse seiner Analyse lassen Aussagen zu krankhaften Veränderungen des untersuchten Gewebes zu, zum Beispiel ob ein Tumor bös- oder gutartig ist. Ein Pathologe führt klinische Sektionen durch, um die Todesursache von in Krankenhäusern Verstorbenen zu klären. Für diese Form der Leichenöffnung ist das Einverständnis der Angehörigen erforderlich. Ein unnatürlicher Tod muss ausgeschlossen sein.

Rechtsmediziner dagegen werden normalerweise im Auftrag der Staatsanwaltschaft oder eines Gerichtes tätig. Ihre Aufgaben sind breiter gefächert: Dokumentation und Begutachtung von Verletzungen nach körperlicher oder sexueller Gewalt bei Kindern und Erwachsenen, Schuldfähigkeitsbegutachtung bei unter Drogen- oder Alkoholeinfluss stehenden Verdächtigen, Blutalkoholbestimmung, Vaterschaftstest, Blutspurenanalyse am Tatort, um nur einige Beispiele zu nennen. Wenn ich die Hilfe von Rechtsmedizinern benötige, so geht es dabei um die körperliche

Untersuchung von Toten bei ungeklärten Sterbefällen und die anschließende Leichenöffnung. Rechtsmediziner sollen die Todesursache und die Todesart klären sowie den Zeitpunkt des Todeseintritts.

Nur langsam kriechen wir in unserem Dienstwagen durch den dichten Berufsverkehr. Eine halbe Stunde später erreichen wir die hinter immergrünen Koniferen und einer hohen Mauer versteckten Räume der Leichenhalle. Ein freundlicher Präparator erwartet uns, bereit, uns die verstümmelten und vor einigen Tagen obduzierten Überreste der immer noch unbekannten toten Frau zu zeigen. Ein Rechtsmediziner ist nicht mehr im Dienst, dafür kommen wir zu spät. Das Gespräch mit ihm werden wir nachholen müssen.

Für einen objektiven Blick wäre es gut gewesen, als Fallanalytiker von Anfang an in die Ermittlungen miteingebunden worden zu sein. So waren wir nicht an der Leichenöffnung beteiligt und können für unsere Analyse nur die veränderten Spurenbilder vom Tatort und an der Leiche bewerten. Leider ist die sofortige Einbindung von Fallanalytikern bei ungewöhnlichen Tötungsdelikten auch heute noch nicht Usus. Ich empfinde es bis heute als Ausgrenzung, was nach vielen Jahren als Vizechef des Kommissariats für Gewaltdelikte und Mordkommissionsleiter keine angenehme Erfahrung ist. Deshalb bin ich stets darum bemüht, für mehr Akzeptanz unseres Arbeitsansatzes zu werben.

Der Präparator ist ein großer, schlanker Mann mit kurz geschnittenen blonden Haaren, einem markanten Gesicht, etwas abstehenden Ohren und einer unauffälligen Brille mit Metallgestell, der früher als Krankenpfleger gearbeitet hat, ehe er sich zur Arbeit an Toten ausbilden ließ. Nun assistiert er den Gerichtsärzten bei Obduktionen, wobei ihm besonders die Rekonstruktion des Leichnams obliegt. Bereits seit fast 20 Jahren arbeite ich mit ihm zusammen und erinnere mich an viele Untersuchungen von unter ungeklärten Umständen verstorbenen Menschen. Stets hat er mich dabei tatkräftig und professionell unterstützt. Auch dieses Mal hatte er, als ich ihn anrief, seine Hilfe sofort zugesagt, da er mit der Assistenz bei der Sektion des Torsos beauftragt worden war.

Wir betreten den weiß gefliesten Polizeiraum der Pathologie. Hier warten in drei Gefrierfächern und 18 Kühlboxen unter ungeklärten Umständen Verstorbene auf die Freigabe der Staatsanwaltschaft, damit sie endlich bestattet werden können. Mich umgibt wieder einmal der eindringliche Geruchscocktail von Desinfektionsmitteln und Tod, den ich so viele Male schon erlebt habe.

Der Präparator öffnet eine der Kühlboxen, zieht die Bahre aus Edelstahl mit dem verstümmelten Leichnam heraus und schiebt diese für unsere Untersuchung auf einen höhenverstellbaren Leichenhallenwagen. Sofort ist der Raum mit dem beißenden und übel riechenden Geruch der Fäulnis erfüllt. Auch wenn ich damit gerechnet habe, muss ich für einen Moment die Luft anhalten, so intensiv wirken der Schwefelwasserstoff und das sogenannte Cadaverin.

Der Torso ist mit einem weißen Laken abgedeckt. Obwohl ich schon häufiger stark verunstaltete Menschen gesehen habe, bin ich auf den Anblick der Toten gespannt, denn auch die Art und Weise einer Verstümmelung gibt Auskunft über das Motiv des Täters. Ich nehme das Vlies vom Torso und bin für einen Moment sprachlos, als ich die Reste von dem sehe, was einmal einen Menschen ausgemacht hat. Die Tote scheint zwischen 30 und 40 Jahre alt gewesen zu sein, ihre Größe schätze ich auf knapp 160 cm, vielleicht ein wenig größer. Der fast 70 Kilogramm schwere und auffällig bleiche Körper ist durch die Lage im Wasser aufgedunsen und bereits in einen fortgeschrittenen Fäulniszustand übergegangen. Ich erkenne die schmutzig roten bis grünlichen Streifen des durch die Bauchhaut scheinenden Venennetzes, das von der sorgfältig genähten Obduktionsnaht unterbrochen wird. Die fortgeschrittene Fäulnis spricht dafür, dass der Tod der Frau bereits vor mehreren Tagen eingetreten ist. Diese Annahme unterstreicht auch die einsetzende Fettwachsbildung am Körper. Fettwachs bildet sich durch Umwandlung des Fettgewebes des Körpers in einem feuchten Milieu und unter weitgehendem Luftabschluss. Der Leichnam wird so nach und nach konserviert. Ob es sich bei der Toten tatsächlich um die vermisste Elke Frey handelt, wird durch die bereits veranlasste molekulargenetische Untersuchung bald festgestellt sein. Aufgrund des stämmigen Körperbaus der Leiche möchte ich es jedenfalls nicht ausschließen.

Ich frage den Präparator, was er zur Todesursache sagen kann. Doch er zuckt nur mit den Schultern. Er könne weder die Todesursache noch die Todesart feststellen. Lediglich im Magen seien geringe Mengen einer unauffälligen braunen, schleimigen Flüssigkeit festgestellt worden, möglicherweise Rückstände von Getreide, Fleisch und Fett. Doch wann die Frau das Essen zu sich genommen haben könnte, weiß er nicht, denn ein Gutachten über die Verweildauer der Nahrung im Magen liegt noch nicht vor.

Es sind wahrlich keine guten Voraussetzungen für eine

Tathergangsanalyse, wie die Fallanalyse auch genannt wird, wenn es um die Rekonstruktion eines möglichen kriminellen Geschehens geht. Allerdings weiß ich aus eigenen Erfahrungen und der rechtsmedizinischen Literatur, dass bei einer kriminellen Mutilation, also einer Verstümmelung, immer ein Tötungsdelikt vorliegt. Der Täter, der mordete, und der, der verstümmelte, sind identisch. Manchmal aber holt sich ein solcher Täter auch Hilfe. Kein einziger Fall ist belegt, in dem eine zufällig aufgefundene Leiche vom Finder – aus welchen Gründen auch immer – verstümmelt und versteckt wurde. Verdächtige, die so etwas behaupten, suchen nach Ausreden, erfinden Schutzbehauptungen, um nicht wegen eines Tötungsdeliktes bestraft zu werden.

Wir drehen den Leichnam auf der Bahre um und sehen, dass die Totenflecken am Rücken und dem Gesäß fehlen. Die Leiche musste sich also mindestens zwölf Stunden in einer schrägen Rückenlage mit dem Kopf nach unten befunden haben, ehe der Täter sie bewegte und mit der Verstümmelung begann. Allerdings vermute ich, dass er die Leiche nicht am Tatort so lange liegen lassen konnte. Er musste sie verstecken, da sich sonst Rückschlüsse auf ihn als Täter ergeben hätten.

Der Kopf der Toten fehlt. Beide Beine sind einige Zentimeter oberhalb der Knie abgetrennt worden. Jedoch sind die Arme und Hände vorhanden und unversehrt. Dem Täter scheint es nicht wichtig gewesen zu sein, die spätere Identifizierung der Frau durch ihre Fingerabdrücke zu verhindern. Die Fingernägel der Toten sind feuerrot lackiert, ein bizarrer Widerspruch zu dem bleichen und verwesenden Körper. Ein Kollege reißt mich aus meinen Gedanken, als er dorthin zeigt, wo sich einmal der Kopf der Toten befunden hatte. Ich sehe, was er meint: Der Schädel ist sehr tief abgesetzt. Auch vom Hals ist bis auf einen winzigen Stumpf nichts mehr vorhanden. Die Haut ist hier durch einen einzigen Schnitt getrennt worden. Der Täter zeigte dabei ein sehr entschlossenes Vorgehen, denn es fehlen die sogenannten Probier- oder Zauderverletzungen, wie sie sowohl bei unentschlossenen, ängstlichen Tätern als auch oft bei Selbstmördern zu beobachten sind.

Der Präparator berichtet, dass der Kopf zwischen dem fünften und sechsten Halswirbel, also etwas oberhalb der Schlüsselbeine, abgehackt worden war. Das Opfer lag dabei auf dem Rücken. Das tiefe Abschneiden des Kopfes ist in meinen Augen kein Zufall und deutet auf ein besonderes Bedürfnis des Täters hin. Er wollte womöglich verhindern, dass bei einem eventuellen Fund des Opfers die Todesursache festgestellt werden kann, während ihm die Identifizierung der Toten weniger Sorgen zu bereiten schien. Vielleicht weil er schon ahnte, dass im Zeitalter der fortschreitenden DNA-Analytik auch nach Jahren die Identität eines Toten festgestellt werden kann, was früher bei verstümmelten Toten nicht der Fall war, wenn Kopf oder Hände fehlten und es auch keine markanten anderen körperlichen Merkmale gab. Was aber ist die Todesursache? Spontan fallen mir zwei Möglichkeiten ein, Würgen und Erdrosseln, zwei aktive Formen des Tötens, die häufig bei persönlich motivierten Verbrechen oder Sexualdelikten eine Rolle spielen. Ich frage den Präparator nach Hinweisen auf ein Sexualdelikt. Er verneint.

Bei sogenannten defensiven Verstümmelungen wird für gewöhnlich der Kopf in der Halsmitte im Bereich des

Kehlkopfes abgetrennt, um dann den Leichnam unauffällig vom Tatort verschwinden zu lassen. Das ist das vorrangige, ja, das einzige Bedürfnis des Täters. Während ich noch in der Leichenhalle stehe, versuche ich, mich an zurückliegende Fälle zu erinnern, bei denen Mörder ihre Opfer durch Schnitte oder Stiche in die Kehle töteten. Die Verletzungen befanden sich in diesen Fällen stets in der Mitte des Halses.

Sprechen schon allein diese Anzeichen für eine Täter-Opfer-Beziehung? Möglicherweise. Bevor ich mich endgültig auf diese Schlussfolgerungen verlege, will ich mir die weiteren Spuren am Torso ansehen. Die Verletzungen am Wirbelsäulenstumpf und am Brustgewebe sehen so aus, als hätte der Täter zunächst mit einem scharfen Werkzeug den Hals aufgeschnitten, ehe er das Beil benutzte. Und noch eine weitere wichtige Information gibt uns das Verletzungsmuster: Als die Frau enthauptet worden war, lebte sie nicht mehr. Das Wundgewebe ist nicht unterblutet. Ein wichtiges Detail, das Hinweise auf das Motiv der Verstümmelung gibt. Nun untersuchen wir die amputierten Beinstümpfe. Auch hier fehlen im Gewebe vitale Blutungen, der Täter hatte die Beine ähnlich wie den Kopf abgetrennt: Zunächst legte er mit Schnitten in die Muskeln den Oberschenkelknochen frei, ehe er mit einem Beil den Knochen durchtrennte.

Es ist eine skurrile Situation in der Pathologie. Wir entwerfen Szenen wie am Schlachtertresen. Mehrere Kerben in den Stümpfen zeigen uns, dass es dem Täter nicht leichtgefallen sein dürfte, die Gliedmaßen abzutrennen. Er musste einige Male zugeschlagen haben, bis ihm das Ablösen der Beine gelang.

Die Frage, wie lange es überhaupt dauert, um Kopf und Beine »abzusetzen«, wie die Amputation beschönigend in der Sprache der Mediziner bezeichnet wird, beschäftigt mich sehr. Schließlich gibt bei einem Verbrechen auch der Faktor Zeit Hinweise auf die persönliche Situation des Täters und auf den Tatort. Wie lange konnte sich der Mörder ungestört mit dem Opfer beschäftigen? Wie lange konnte er sicher sein, nicht gestört zu werden? Wann wurde er möglicherweise nervös und machte Fehler? Lange Tatzeiten sprechen grundsätzlich dafür, dass niemand das Verbrechen beobachtete, der Täter sich zumindest unbeobachtet fühlte, dass er also vermutlich allein am Tatort war.

In meiner langjährigen Arbeit als Fallanalytiker hat sich eine Methode als besonders effektiv erwiesen: das Nachstellen von Handlungen, das Nachahmen des Täters. War das auch hier möglich? Würde es sinnvoll sein, die Verstümmelung nachzustellen, um am Ende den Täter und seine Situation besser verstehen zu können? Natürlich kann ich die Amputation der Gliedmaßen nicht an einer Leiche in der Pathologie ausprobieren, aber ich habe eine andere Idee: Warum nicht an einem größeren Tier? Ich setze mich also wieder einmal mit dem Leiter des Schlachthofes in Verbindung, um die Probe an einem geschlachteten Schwein zu wagen. Auch jetzt sagt er mir zu, dass ich jederzeit für den Versuch kommen kann. Natürlich lässt sich die Verstümmelung eines Menschen schon aus ethischen Motiven und wegen der unterschiedlichen Anatomie nicht mit der Simulation an einem Tier vergleichen, doch ich will mir ein Bild von den pragmatischen Fähigkeiten des Täters machen. Wie geschickt hatte er sich überhaupt angestellt? Vielleicht kann ich ja auch ein Gefühl

dafür entwickeln, was er bei seinem Handeln empfand –
besonders beim Abschneiden des Kopfes. Diese Tat stellt
für mich neben der Tötung einen einzigartigen Tabubruch
dar – besonders dann, wenn sich das Opfer und der Täter
auch noch kannten.

Wir untersuchen den Torso auf weitere Verletzungen,
doch bis auf einen postmortalen Stich in den rechten Oberschenkel, also eine Verletzung, die nach dem Tod zugefügt
worden war, finden wir nichts. Kein einziger blauer Fleck
an Schultern und Armen. Keine Kratzer und Schnittverletzungen an den Händen. Nicht einmal ein Fingernagel ist
abgebrochen. Das Opfer hat keinen Widerstand geleistet.

Ich überlege, was diese Befunde für den Tatablauf und
die Einschätzung des Motivs bedeuten, und lehne mich
an einen verchromten Arbeitstisch. Noch nie zuvor habe
ich in einer kalten Leichenhalle neben dem Mordopfer ein
erstes Täterprofil erstellt.

Schon jetzt steht für mich fest: Der Täter ist weder ein
»Lustmörder« noch ein sexueller Sadist, dafür fehlen die
typischen Verletzungen am Torso. »Lustmörder« verstümmeln und töten ihre Opfer, um sexuelle Fantasien
zu befriedigen. Sadisten hingegen quälen und foltern, um
sich an den Reaktionen ihrer Opfer auf den zugefügten
Schmerz und die damit einhergehende Demütigung zu
ergötzen. Auf diese Weise erfüllen sie sich ihre sexuellen
Bedürfnisse, die sich manchmal nur in ihrem Kopf bemerkbar machen. Dabei setzen sie während der manchmal
Stunden oder Tage andauernden Gewaltorgie ein sorgfältig geplantes »inneres Drehbuch« um. So entstehen nach
und nach monströse und für diese Verstümmelungsart typische Verletzungsmuster: das Zerstören der inneren und

äußeren Geschlechtsorgane, das Öffnen des Bauchraumes, die Entnahme von Organen, Vampirismus, Häutung oder das Verspeisen von Körperteilen als kannibalistischer Akt. Eine aus diesen Gründen vorgenommene Verstümmelung heißt offensive Mutilation. Sie ist bei jedem vierten Fall von Leichenverstümmelungen zu beobachten.

Gründe wie Hass und Wut haben bei der Mutilation unseres Torsos offensichtlich nur eine untergeordnete Rolle gespielt. Alle sichtbaren Verletzungen waren erst nach dem Tod der Frau entstanden. Es gibt für mich auch keinen einzigen Hinweis darauf, dass die Frau ungezügelter Gewalt im Sinne eines sogenannten Overkills ausgesetzt gewesen war. Bei dieser Tatform schlägt der Täter blind vor Hass und Zorn immer wieder auf sein Opfer ein oder verletzt es mit symbolischen Schnitten. Die Verstümmelung des Körpers ist dann häufig die Fortsetzung der ausufernden Gewalt, die bereits zum Tod des Opfers geführt hat. Das Ziel des Täters ist die Depersonifizierung, die völlige Entmenschlichung. Nichts soll mehr an das Aussehen und die Persönlichkeit dieses Menschen erinnern. Diese emotionale Form der Verstümmelung wird aggressive Mutilation genannt und kommt bei ungefähr jedem zwanzigsten verstümmelten Toten vor.

Für mich ist ein anderes Phänomen ausschlaggebend, um den Beweggrund des Mörders zu erklären: die Größe des Torsos, der offenbar so zugeschnitten worden war, dass er in eine Tasche passte. Das Verstümmelungsmotiv war ausschließlich pragmatischer Natur. Diese Vorgehensweise heißt defensive Mutilation. Die Leiche konnte nicht am Tatort bleiben. Angehörige oder Freunde hätten dort nach der Vermissten gesucht. Für den Täter stand fest: Dort durfte sie nicht gefunden werden, da dann sofort der Verdacht auf ihn gefallen wäre. Doch der Leichnam war schlichtweg zu schwer und zu groß, um unbemerkt abtransportiert werden zu können. Also musste der Täter ihn in kleinere Stücke teilen. Ich bin mir aufgrund der Art und Weise der Verstümmelung schon jetzt nahezu sicher, dass das Opfer seinen Mörder kannte. Möglicherweise stand es sogar in einer Beziehung zu ihm. Das ist bei dieser rationalen Art der Verstümmelung meistens der Fall.

Während die Tötung vermutlich eher ungeplant geschah, wurde nach einer Zeit der Besinnung die Verstümmelung zielgerichtet und überlegt umgesetzt. Aus anderen Fällen kennen wir einen Zeitraum von ein bis zwei Tagen, der eine solche Überlegung in Anspruch nehmen kann. Weiter scheint es, als sei die Tötung für die Frau völlig überraschend gekommen. Sie hatte sich ja nicht gewehrt. Der Täter brauchte keinen Widerstand zu überwinden. Er konnte alles mit ihr anstellen. Die Frau war handlungs- und reaktionsunfähig, als sie starb.

Fürs Erste haben wir genug gesehen. Wir fahren zurück ins Polizeipräsidium. Das Büro des zuständigen Sachbearbeiters der Mordkommission ist nur ein paar Türen von unserer Dienststelle entfernt. Als wir ihn in seinem mit Aktenordnern und Papierstapeln vollgestellten Büro aufsuchen, präsentiert er uns gleich einige Neuigkeiten: Die Identität der Toten ist geklärt. Ein DNA-Vergleich hat Klarheit geschaffen. Es ist tatsächlich Elke Frey, die vermisste Frau, deren Mann ich vor meinem Büro getroffen hatte. Bevor Elke Frey starb, hatte sie Alkohol getrunken, Schlaftabletten sowie ein Migränemittel eingenommen:

0,7 ‰ Alkohol und 1900 mg/ml Doxylamin, Werte, mit denen ich nur bedingt etwas anfangen kann. Ich nehme mir vor, mit einem Toxikologen über die Wirkung des Präparats zu diskutieren. Dieser Cocktail an Substanzen kann vielleicht erklären, weshalb die Frau keine Abwehrverletzungen aufweist. War sie völlig betäubt gewesen? Und auch der auffällige Regenmantel scheint identifiziert zu sein; er gehörte Elke Frey. Eine Freundin hatte ihn erkannt und sich auch so einen gekauft, weil er ihr gefiel.

Die folgenden Tage der Ermittlungen bringen einige Ungereimtheiten hervor, die die Version des Ehemannes über Elke Freys Verschwinden in einem anderen Licht erscheinen lassen. Danach hatte Joachim Frey am Montag bereits kurz nach 7.30 Uhr an der Arbeitsstelle seiner Frau angerufen und sie krankgemeldet. Für ihre Kollegen war dies ein ungewöhnliches Verhalten, da Elke Frey bei früheren Erkrankungen solche Anrufe selbst erledigt hatte. Sie schildern die Frau als gewissenhaft, offen, mitteilsam und hilfsbereit, aber auch als eine freundliche und warmherzige Person, die ein wenig bequem war und deshalb leidenschaftlich gerne mit offenem Cabrio durch die Stadt fuhr. Von einem Liebhaber wissen sie nichts und können sich das auch gar nicht vorstellen.

Etwa eine Stunde nach diesem Anruf informierte Frey seine Schwiegereltern, dass ihre Tochter »weg« sei. Die überraschten Eltern waren irritiert, auch weil er sie nicht fragte, ob sie sich bei ihnen aufhielt. Am Nachmittag dann erklärte er den völlig verunsicherten Eltern, dass ihre Tochter wohl durchgebrannt sei. Deshalb müsse er auch ihren Wagen verkaufen, denn allein könne er den Abtrag für die Eigentumswohnung nicht leisten. Elke Freys Eltern waren fassungslos und glaubten nicht, dass ihre Tochter ohne eine Nachricht verschwinden würde. Und sie fanden es sehr verwunderlich, dass ihr Schwiegersohn offensichtlich nicht mehr mit einer Rückkehr seiner Frau rechnete.

Auch Elkes Arbeitskollegen wurde ihr Verschwinden immer rätselhafter. Immer wieder versuchten sie in den folgenden Tagen, die kranke Freundin telefonisch zu erreichen. Joachim Frey reagierte allerdings wenig verständnisvoll und verbat sich Einmischungen in »sein Privatleben«. Zwei Tage später rief er bei der Polizei an und informierte sich, wie er sich verhalten sollte. Der Beamte gab ihm den Rat, erst einmal abzuwarten. Er glaubte Joachim Freys Erklärungen. Elke Freys Mitarbeiter aber blieben misstrauisch und befürchteten das Schlimmste. Sie erstatteten noch einen Tag früher als Joachim Frey eine Vermisstenanzeige. Sie waren sich sicher, dass er mit dem mysteriösen Verschwinden seiner Frau etwas zu tun hatte.

Joachim Freys Verhalten wurde in den darauf folgenden Tagen immer undurchsichtiger. Er schien sich endgültig mit der Rolle des verlassenen Ehemannes abgefunden und alle Hoffnungen auf eine Rückkehr aufgegeben zu haben. Innerhalb weniger Tage richtete er zur Verwunderung seines sozialen Umfelds sein Leben neu aus: Er verkaufte das Cabriolet seiner Frau, brachte auch ihren Wellensittich ins Zoogeschäft zurück, passte Ratenzahlungen seinem Einkommen an und wechselte das Türschloss zur Wohnung aus, denn seine Schwiegereltern hatten einen Schlüssel zur Wohnung. Von Elke Frey fehlte weiterhin jedes Lebenszeichen. Nur einmal keimte Hoffnung auf, sie könne sich noch in Bremen aufhalten, als in ihrem Namen eine Rechnung vom Bankkonto überwiesen wurde. Die Hoffnung starb schnell, als bekannt wurde, dass auch Joachim Frey Zugriff auf dieses Konto hatte.

Mit akribischer Sorgfalt begannen die Mordermittler, Joachim Freys Leben in alle Einzelheiten zu zerlegen. Die Auswertung der Telefonverbindungsdaten sprach eine klare Sprache. Die mutmaßlich heile Fassade der Zweisamkeit offenbarte tiefe Risse. Joachim Frey führte ein Doppelleben und hatte ein Verhältnis mit einer alleinstehenden Frau. Seine Behauptung, er müsse zum Wochenende eine berufliche Fortbildung besuchen, entpuppte sich als Lüge. Mit seiner Geliebten hatte er ein Konzert im Ruhrgebiet besucht und sich mit ihr auch das Hotelzimmer geteilt. Zwei Tage bevor Elke Frey plötzlich verschwand. Das letzte Mal telefonierte er am Samstagabend mit seiner Frau, es war deren letztes nachvollziehbares Telefongespräch. Danach häuften sich die Gespräche und Kurznachrichten zwischen Joachim Frey und seiner Geliebten. Am Sonntag wurde ein Nachbar kurz vor 17 Uhr Zeuge eines lauten Wortwechsels. Ein Mann und eine Frau stritten. Der Mitbewohner wollte nicht ausschließen, dass der Krach aus der Wohnung von Elke und Joachim Frey kam.

Danach, so ergab die Rekonstruktion des Abends, fuhr Joachim Frey zur Chorprobe und nahm offenbar seine neue Freundin mit. Niemand von den später befragten Chormitgliedern bemerkte irgendeine Veränderung an den beiden. Sie kannten auch die Freundin schon länger, auch sie war ein langjähriges Ensemblemitglied. Am Abend kehrte Frey gegen 21.30 Uhr in die Wohnung zurück. Er schrieb noch eine SMS an die Freundin und telefonierte anschließend über Festnetz mehr als eine Stunde mit ihr. Kurz vor Mitternacht beendete er das Gespräch, um sich auf eBay schnell noch über den Stand einer Versteigerung seiner Jacke zu informieren.

Am nächsten Tag, es war nun Montag, fuhr Joachim Frey wie üblich zur Arbeit und meldete von dort aus seine Frau krank. Die nächsten Tage versuchte er, Nachforschungen nach ihrem Aufenthalt zu verhindern, erst drei Tage später erstattete er auf Druck seiner Schwiegereltern die Vermisstenanzeige. An diesem Tag zeigte Joachim Frey ein unentschlossenes Verhalten.

Ich hatte so etwas bereits in anderen vorgetäuschten Vermisstenfällen erlebt. Täter, die situativ und ungeplant ihren Intimpartner töten, haben das Problem, ohne große Vorbereitung das plötzliche Verschwinden erklären zu müssen. Sie befinden sich in einem Erklärungsnotstand. Ihre daraus resultierende Unsicherheit überbrücken sie bei der vermeintlichen Suche mit einem bemerkenswerten Aktionismus. Dabei scheuen sie sich in der Regel davor, diejenigen zu informieren, die ihnen am meisten helfen könnten: die Polizei. Erst wenn alle Ausflüchte, Inszenierungen und Verzögerungen die Familie und Bekannten nicht mehr zu beruhigen vermögen und diese eine Anzeige fordern, fügen sich die Täter dem Unabwendbaren und zeigen ein erdachtes Szenario an. Jetzt ist von ihnen Kreativität und Scharfsinn gefragt; die begonnene Lügengeschichte muss weitergesponnen werden. Täter, die Geschichten nicht sorgfältig überlegt und vorbereitet haben oder gar intellektuelle Schwächen aufweisen, begehen Fehler. Logikbrüche etwa, wie sie bei spontanen Inszenierungen immer wieder vorkommen. Die Täter verlieren zudem die Hoheit über ihre Geschichte, wenn die Polizei die Erklärungen überprüft, dabei auf Widersprüche stößt und mit Nachfragen für weiteren Stress sorgt.

Joachim Frey schien die ihm gegenüber gezeigte Skepsis nicht sehr zu beeindrucken. Statt selbst Erkundigungen bei Nachbarn und Bekannten über den Aufenthalt seiner Frau einzuholen, arrangierte er sich immer mehr mit ihrem Verschwinden. Er mietete für die Geliebte und sich ein Ferienhaus an der Algarve, buchte eine Mittelmeerkreuzfahrt und bestellte Karten für ein Konzert. Gemeinsam ließ sich das Pärchen in einem Küchenstudio über eine Traumküche beraten.

Dann passierte etwas Unfassbares: Als Joachim Frey schließlich nach der Identifizierung des Torsos von einem Mordermittler über das Ableben seiner Frau informiert wurde, zeigte er kein Interesse an den näheren Umständen ihres Todes. Auch schien er von dieser schlimmsten aller Nachrichten nicht sonderlich berührt zu sein. Der Beamte hatte das Gefühl, der Mann nehme die traurige Nachricht »nur zur Kenntnis«, wie er es später formulierte. Am Ende kam es noch abstruser: Zu einer würdevollen Beisetzung seiner Ehefrau musste Joachim Frey von seinen Schwiegereltern erst überredet werden.

Für die Ermittler avancierte Joachim Frey aufgrund dieses Verhaltens sehr schnell zum Hauptverdächtigen. Sie begannen, sein Telefon zu überwachen, durchsuchten seine Wohnung, eine Scheune auf einem Wochenendgrundstück, das Auto von Elke Frey und sein eigenes. Die Suche schien den Verdacht gegen den Mann zu bestätigen. Die Ermittler fanden ein Seil, das der Verschnürung des Torsos ähnelte. Den Beweis, ob die Seile zusammengehören, musste die kriminaltechnische Untersuchung noch ergeben. Obwohl nirgendwo Blutspuren der Toten gefunden wurden, wurde Joachim Frey knapp neun Wochen nach dem plötzlichen Verschwinden seiner Frau vorläufig festgenommen. Ein Richter erließ auf Antrag der Staatsanwaltschaft gegen ihn einen Haftbefehl wegen Verdacht auf Totschlag und ordnete die Untersuchungshaft an. Für den Mann, der die Tötung und Verstümmelung seiner Frau vehement bestritt, veränderte sich schlagartig das Leben. Sollte er tatsächlich in einem Indizienprozess schuldig gesprochen werden, so drohten ihm wegen Totschlags mindestens fünf Jahre Haft.

Für uns als Fallanalytiker ergibt sich damit eine besonders schwierige Situation: Wie sollten wir eine Gewalttat analysieren, deren Hauptverdächtigen wir bereits kennen, ohne Momente von Sympathie oder Antipathie in unsere Gedanken einfließen zu lassen? Wir konzentrieren uns noch mehr als üblich auf den Schwerpunkt unserer Arbeit: Nur Spuren und Fakten bewerten, die Aussagen von Zeugen und deren Bewertung sind für uns irrelevant.

Wir sitzen bei mir im Büro. Uns ist allen klar, dass auf uns in den nächsten Wochen viel Arbeit zukommen wird, um eine Erklärung für Elke Freys Tod zu finden. Gedankenvoll betrachte ich einige Titelbilder der Zeitschrift »Jugend«, die in schlichten schwarzen Rahmen an der Wand hängen. Die »Jugend« wurde in München um die Jahrhundertwende herausgegeben, es war die Zeit des Jugendstils. Eine Epoche, die für mich die Abkehr von der gesellschaftlichen Enge des wilhelminischen Militarismus symbolisiert und für Weltoffenheit und Gleichheit der Geschlechter steht. Eine meiner liebsten Illustrationen zeigt ein Pastell einer jungen Frau in einem orangefarbenen Kleid.

Sie bläst Seifenblasen in den Himmel. In den changierenden Luftkugeln spiegeln sich die Buchstaben der »Jugend« in der Farbe des Kleides wider. Ich habe das Bild »Freiheit der Gedanken« getauft. Die Freiheit, alles denken und sagen zu dürfen. Kriterien, ohne die ich mir meine Arbeit als Profiler gar nicht vorstellen kann. In der Kunst symbolisiert die vergängliche Schönheit des hauchdünnen Seifenwasserfilms auch die Flüchtigkeit des menschlichen Lebens. Leider nicht nur dort, wenn ich an das Schicksal von Elke Frey denke.

Elke Freys Todesumstände müssen bis in alle Einzelheiten rekonstruiert werden, darüber sind wir uns in unserer Besprechung einig. Schon jetzt drängen sich zwei Annahmen auf:

Joachim Frey war ein Giftmörder, der seiner Frau heimlich das Schlafmittel in das Essen oder ein Getränk mischte, um die Wehrlose ohne größere Probleme ermorden zu können. Ein sehr schwerwiegender Vorwurf, der das Mordmerkmal der Heimtücke erfüllt.

Elke Frey war nach einer Tablettenvergiftung tatsächlich betäubt, und der Täter nutzte ihre hilflose Lage aus, um sie zu töten.

Für eine Fallanalyse ist es existenziell, dass wir unsere Arbeit ungestört und frei von Meinungen anderer durchführen können. Deshalb nehmen wir, wie auch in anderen Fällen, nicht an den Besprechungen der Mordkommission teil. Ich weiß aus eigener Erfahrung, dass sich bei den Ermittlungen recht schnell Meinungen manifestieren, die als Leitthema die Recherchen bestimmen können. Das muss nicht schlecht sein, denn Mordermittler arbeiten von der ersten Sekunde an »auf der Spur«. Sie müssen allen Hinweisen nachgehen, auch wenn sie noch so vage sind. Das wiederum zwingt dazu, manche Ideen zu favorisieren und die Arbeit darauf abzustellen.

Wir ziehen uns zurück und haben wenig später unseren Analyseraum eingerichtet: ein abgeschiedenes Zimmer im Souterrain des Präsidiums, abgeschottet von jeglichen Außenstörungen. Nur durch kleine Kellerfenster dringt etwas Licht in den Raum. Im Schein der Neonleuchten beginnen meine Augen schnell zu brennen. Trotzdem ist es für unsere Zwecke ein ideales Domizil. Ich bin in diesem Moment sehr zuversichtlich, dass wir am Ende der Analyse eine genaue Aussage machen werden, weshalb Elke Frey starb und weshalb sie verstümmelt wurde. Ich mag diese Momente, wenn sich aus dem Schmelztiegel unserer Ideen nach und nach die zentralen Punkte der Analyse herauskristallisieren. In meinen Stenoblock notiere ich die folgenden Fragen, während meine Kollegen mit langen braunen Packpapierbahnen die Wände des Zimmers tapezieren.

1. Welche Präparate enthalten den Wirkstoff Doxylamin? Welche Darreichungsformen gibt es? Besteht eine Verschreibungspflicht?
2. Nahm Elke Frey das Schlafmittel selbst ein, oder wurde es ihr heimlich verabreicht?
3. Wie wirkt das Schlafmittel?
4. War die Dosis tödlich?
5. Wie war der wahrscheinliche Tatablauf?
6. Kannten sich Täter und Opfer?
7. Wo waren die wahrscheinlichen Tatorte?
8. Weshalb und wie wurde Elke Frey verstümmelt?

Die erste Frage nach den Präparaten und den Darreichungsformen ist schnell beantwortet. Ein befreundeter Apotheker kann weiterhelfen. Als ich ihn aufsuche, hat er bereits ein Sortiment verschiedener Hersteller zusammengestellt. Die Erzeugnisse sind allesamt verschreibungsfrei. Ich erfahre, dass doxylaminhaltige Arzneimittel gängige Medikamente bei der Ruhigstellung nervöser Patienten und zur Behandlung von Ein- und Durchschlafstörungen zugelassen sind. Alkohol und zentral wirkende Arzneimittel können die Wirkung verstärken.

Mit vier verschiedenen Arzneiformen verlasse ich die Apotheke: klassische Tabletten, Filmtabletten, Brausetabletten und Saft. In einem Selbstversuch wollen wir den Geschmack der Schlafmittel testen und hoffen so, die zweite Frage beantworten zu können. Hätte Elke Frey es schmecken können, wenn ihr das Mittel heimlich ins Essen oder in Flüssigkeiten gemischt worden wäre? Ich erinnere mich, dass in ihrer Wohnung eine leere Whiskyflasche einer großen Discounterkette gefunden worden war, und so kaufe ich dort auch eine.

Zunächst muss ich allerdings noch mehr über die Wirkungsweise des Schlafmittels wissen. Ich rufe einen Pharmakologen an und diskutiere mit ihm den in Elke Freys Blut festgestellten Medikamentenspiegel. Jede Tablette enthält 25 mg des Wirkstoffes. Bei einer oralen Einnahme setzt nach ungefähr einer halben Stunde langsam die Schläfrigkeit ein. Erst nach gut zwei Stunden aber erzielt das Präparat seine effektivste Wirkung: Der Mensch schläft tief und fest. Bei einem Wirkspiegel von 1900 mg/ml Blut musste Elke Frey gut zwei Stunden vor ihrem Tod mindestens 20 Schlaftabletten oder auch zwei Flaschen Saft eingenommen haben. Mich interessiert, in welchem Zustand sie sich bei der festgestellten Dosierung befunden haben musste. Ob sie tief und fest schlief oder ob sie bei einem Angriff auf ihr Leben noch reagieren und sich hätte wehren können. Der Antwort des Fachmannes ist erschreckend: Elke Frey war tief bewusstlos und gänzlich unfähig, den geringsten Widerstand zu leisten. Sie hatte nicht einmal bewusst wahrgenommen, dass sie sterben würde. Wie kann jemand, frage ich mich in diesem Moment, eine völlig hilflose Frau ermorden? War es überhaupt Mord? Hätte sie nicht auch an der Vergiftung sterben können? Der Toxikologe schließt diese Möglichkeit aus: Elke Frey hätte dafür deutlich mehr Tabletten einnehmen müssen, nämlich den Inhalt mehrerer Schachteln.

Dafür, wie Elke Frey überhaupt in den bewusstlosen Zustand kam, fallen uns vier Möglichkeiten ein:

heimlich

Zwang

Irrtum

freiwillig

Die Kollegen und ich überlegen, wie der Täter bei einer geplanten Vergiftung vorgehen musste. Zunächst musste er natürlich das Schlafmittel bereits zu Hause haben oder es sich in einer Apotheke besorgen. Zudem musste er sich in der Nähe des Opfers befinden, um das Schlafmittel unauffällig in ein Getränk oder ins Essen mischen zu können. Die andere Variante: Er bedrohte Elke Frey und zwang sie, die volle Dosis innerhalb einer halben Stunde einzunehmen, bevor sie anfing, schläfrig zu werden. Wie wahrscheinlich ist es aber dann, dass der Täter noch gut zwei Stunden abwartet, bis er sie tötet? Reue wird ihn wohl kaum überkommen haben. Wir halten diese Version für wenig wahrscheinlich.

Die irrtümliche Einnahme der Tabletten schließen wir ebenfalls aus. Elke Frey war, auch wenn sie angetrunken war, kein kleines Kind, das die Tabletten für Bonbons halten konnte. Mit 0,7 ‰ Blutalkohol hatte sie noch nicht einmal die absolute Fahruntüchtigkeit von 1,1 ‰ erreicht. Mit zwei großen Kreuzen auf unseren Packpapieren streichen wir zwei der vier Möglichkeiten durch, übrig bleiben die heimliche und die freiwillige Einnahme des Schlafmittels. Wir beginnen mit dem Selbstversuch.

Ich muss zugeben, dass ich nach dem Gespräch mit dem Fachmann großen Respekt vor der Wirkung des Schlafmittels habe. Natürlich würde niemand von uns 20 Tabletten einnehmen oder zwei Flaschen Saft trinken, dennoch bin ich für meine Verhältnisse ziemlich aufgeregt vor unserem Experiment. Wir wollen folgende Frage beantworten: Hatte Elke Frey das Schlafmittel selbst eingenommen oder wurde es ihr heimlich in Flüssigkeit oder in die Nahrung gemischt? Ich erinnere mich an die Obduktionsbefunde: Danach hatte die Frau nur eine verschwindend geringe Menge an verdauter Speise im Magen. Kein Bestandteil war größer als zwei Millimeter. Vermutlich handelte es sich um unverdaute Körner und Fettbestandteile; Tablettenreste konnten nicht festgestellt werden. Das bedeutet, dass Elke Frey rund zwei bis drei Stunden vor ihrem Tod zuletzt gegessen hatte, vermutlich kurz vor oder gleichzeitig mit der Schlafmitteleinnahme. Es war aber wohl zu wenig Nahrung, um darin das Schlafmittel zu verstecken. Wir richten unser Augenmerk also auf die Flüssigkeiten.

Wir beginnen mit den Filmtabletten und probieren, fünf zerschnittene Kapseln in Wasser aufzulösen. Unser Versuch gelingt nicht so recht, die Flüssigkeit wird milchig. Kleine Partikel der Arznei schwimmen an die Oberfläche. Ich nippe vorsichtig an der Mixtur. Sie schmeckt abscheulich und bitter. Ich spucke sie gleich wieder aus.

Daraufhin lösen wir die klassischen Tabletten in einem Becher mit heißem Kaffee auf. Diesmal bleiben keine Rückstände. Allerdings verliert der Kaffee seine Klarheit, er wird trüb und nimmt einen penetranten salzigen Geschmack an. Selten habe ich so etwas Scheußliches probiert.

Als ich Brausetabletten in ein mit Cola und Whisky gefülltes Glas gebe, verändert sich erneut die Farbe des Getränks, dieses Mal in ein warmes Hellbraun. Es brodelt und schäumt tüchtig, weiße Partikel flocken aus, große Blasen steigen nach oben und bleiben mehrere Minuten erhalten. Es ist wie in einer Hexenküche. Oben am Glas bildet sich ein bräunlicher, schmieriger Schaum. Nach der neunten Brausetablette ist die Flüssigkeit gesättigt, weißes Pulver setzt sich am Boden des Glases ab. Vorgewarnt von den anderen Proben, koste ich vorsichtig das Mixgetränk. Wie nicht anders zu erwarten, ist es ungenießbar und völlig salzig. Vor Widerwillen muss ich mich schütteln und spucke das Gebräu sofort wieder aus. Die kleinen weißen Blasen an der Oberfläche bleiben noch über eine halbe Stunde erhalten.

Nun nippe ich an dem Schlafmittelsaft. Er schmeckt wie Sirup oder Hustensaft. Ohne Probleme kann ich den dickflüssigen Flascheninhalt in ein Glas Cola-Whisky geben. Der Geschmack verändert sich nur wenig: Ein bisschen süßer wird das Getränk allerdings, der herbe Geschmack des Whiskys verliert sich. Es ist für mich kaum vorstellbar, dass Elke Frey heimlich der Saft in ein Getränk gegeben wurde, ohne dass sie es bemerkt hätte. Es hätte fast ein halber Liter sein müssen, um sie in einen komatösen Zustand fallen zu lassen.

Nach Abschluss der kleinen Experimentreihe steht für mich fest: Nie und nimmer hätte jemand Elke Frey das Schlafmittel heimlich in ein Getränk mischen können. Auch wenn sie mit 0,7 ‰ Blutalkohol alkoholisiert gewesen war, so hätte sie den durchdringenden, unangenehmen Beigeschmack der aufgelösten Tabletten in jedem Getränk schmecken müssen. Schon allein bei dem Gedanken an die salzigen Proben könnte ich mich heute noch übergeben. Trotzdem nehme ich mir vor, die Wirkung des Schlafmittels vor dem Zubettgehen auszuprobieren – natürlich unter Aufsicht.

Ich liege im Bett. Die drei Tabletten brennen salzig auf meiner Zunge. Obwohl ich hastig einen großen Schluck Wasser trinke, bleibt der unangenehme Geschmack. Ich warte auf die Wirkung des Schlafmittels, doch ich habe für ein Gegenmittel gesorgt: »Die Rückkehr des Tanzlehrers« von Henning Mankell soll mich wach halten. Zunächst scheint der Plot des Films über das Schlafmittel zu siegen. Keine Spur von Müdigkeit. Nach etwa sieben, acht Minuten verspüre ich eine erste Wirkung. Meine Lider beginnen langsam immer schwerer zu werden, die Augen fallen zu. Ich will weiter zusehen und bemühe mich, gegen den einsetzenden Schlummer anzugehen. Doch nach wenigen Minuten kann ich dem Schlafdrang nicht mehr widerstehen. Nach einer guten halben Stunde bin ich tief und fest eingeschlafen. Meine Frau spricht mich an und rüttelt mich an der Schulter. Ich werde, wie sie mir später erzählt, für einen Moment wach und gebe ihr eine unverständliche Antwort. Ich selbst habe später daran keine Erinnerung, wiewohl ich nur wenige Tabletten geschluckt habe. Nach sieben Stunden ununterbrochenem Schlaf wache ich am Morgen erholt auf.

Ich rekapituliere unsere Versuchsergebnisse. Elke Frey hatte weder unter Zwang die Schlaftabletten geschluckt noch waren sie ihr heimlich verabreicht worden. Sie hatte das Präparat selbst eingenommen. Vielleicht, auch diese Theorie behielten wir im Kopf, wollte sie sich selbst töten. Die Gewissheit, betrogen worden zu sein, der Streit mit dem Mann, das verlorene Vertrauen, all das waren mögliche Gründe dafür. Allerdings tendiere ich mehr zu der Einschätzung, dass sie mit einem möglichen Suizidversuch eher einen verzweifelten Hilferuf an ihren Mann aussenden wollte in der Hoffnung, dass er sich sorgen, ihre Rettung veranlassen und sich das Verhältnis zu ihm dann verbessern würde. Eine fatale Fehleinschätzung, wie ihr Tod auf dramatische Weise zeigt.

Als Nächstes steht im Vordergrund unserer Überlegungen die Frage, ob Elke Frey und ihr Mörder sich gekannt hatten oder ob auch ein fremder Täter die Tat verübt haben könnte. Die letzte Möglichkeit schließen wir schnell aus: Es gab keine Einbruchsspuren, Elke Frey hätte ihren Mörder freiwillig in die Wohnung gelassen haben müssen. Aber wäre es nicht ein irrwitziger Zufall gewesen, dass der Besucher dann Zeuge ihres Suizidversuches geworden wäre? Dass er ihr dann nicht geholfen hätte und die besinnungslose Frau schließlich tötete? Dass er dann die Leiche nicht liegen gelassen, sondern mitgenommen hätte, um sie nach vielen Stunden des Abwartens zu verstümmeln und in einer einsamen Gegend zu entsorgen? Wie hätte er dann in den Besitz der Regenjacke kommen sollen und des Taus, das dem gefundenen Reststück auf dem Feriengrundstück des Ehemannes ähnelte? Ein großes Kreuz auf dem Packpapier verdeutlicht schnell, dass wir diese Idee nicht weiterverfolgen werden.

Elke Frey wurde in ihrer Wohnung getötet und sie kannte ihren Mörder. Daran haben wir keinen Zweifel. Ich rufe den mit der Obduktion beauftragten Rechtsmediziner an und bitte ihn zu unserer Analysesitzung dazu. Das Einholen von Expertenwissen in eine laufende Fallbesprechung ist gängige Praxis. Es hat den Vorteil, dass der Sachverhalt aus unterschiedlichen Blickwinkeln betrachtet wird. Auf diese Weise ergibt sich ein markanteres Bild vom Ablauf des Verbrechens. Wenn ich bei Vorträgen oder von meinen Studenten nach dem Sinn dieser Herangehensweise gefragt werde, so erkläre ich den Mehrwert folgendermaßen: Stellen Sie sich eine Litfaßsäule mit vielen Plakaten vor. Sie stehen um den Werbeträger herum und betrachten ihn. Einer von Ihnen sieht die Ankündigung für ein Konzert, ein zweiter die Werbung eines Kaffeerösters, ein dritter das Kinoprogramm, ein vierter ein Graffito. Jeder von Ihnen nimmt die Informationen selektiv auf, alle zusammen können ein detailgetreues Abbild der Litfaßsäule beschreiben.

Kurze Zeit später sitzt der Mediziner mit einem Becher Kaffee bei uns im kargen Analyseraum. Er hat das Obduktionsprotokoll mitgebracht. Leider muss ich meine Erwartungen an den Sachverständigen herunterschrauben;

die Todesursache ist immer noch ungeklärt. Alle Befunde deuten auf einen Angriff gegen den Hals oder Gewalt gegen den Kopf hin; für einen natürlichen Tod gibt es keine Anzeichen. Diese eingeschränkte Aussage ist für die Bewertung des Motivs wichtig, in beiden Fällen handelt es sich um eine Tötungsart der Nähe: Erwürgen, Erdrosseln, Ersticken und Schläge in das Gesicht oder auf den Kopf sind typische Verletzungen bei persönlich motivierten Taten oder Sexualmorden.

Wir gehen die einzelnen Ergebnisse der Sektion durch. Der Gerichtsarzt ist sich sicher, dass die Tote weit über zwölf Stunden in einer Schräglage auf dem Rücken und mit dem Kopf nach unten gelegen hatte, ehe die Verstümmelung erfolgte. So bildeten sich die Totenflecken ausschließlich im Bereich der Schultern, wobei das Kinn auf die Brust gedrückt wurde. Ich stimme dieser Vermutung zu und erinnere mich an die weiße Aussparung in dem dunkelvioletten Blau auf der Brust. Erst später sei es dann zu der Verstümmelung gekommen, ansonsten hätten sich die Totenflecken noch umlagern können. Auch diese Aussage leuchtet mir ein, zumal ich aus Studien weiß, dass Täter häufig nach einer ungeplanten Tötung ein bis zwei Tage verstreichen lassen, ehe sie sich an die Leiche wieder herantrauen und diese schänden.

Meine Kollegen notieren die verschiedenen Gedankenmodelle mit einem dicken blauen Filzstift emsig auf den langen braunen Papierbahnen. Mit Hightech und allwissenden Computerprogrammen, wie man sie aus Profilerserien wie CSI kennt, hat diese Vorgehensweise sicherlich nichts zu tun. Für unsere Zwecke aber genügt diese antiquierte Dokumentation: Unsere Überlegungen sind auf einen Blick präsent. Eines aber eint uns bei unserer Arbeit mit den TV-Helden tatsächlich: Es geht immer um die Lösung schwieriger Probleme. Auch wenn wir dem Rätsel nicht spätestens nach 45 Minuten auf die Spur kommen, sondern manchmal Tage oder gar Wochen dafür benötigen.

In unserer Fiktion entsteht folgendes Szenario: Elke Frey ging es nicht gut. Von ihrem Mann betrogen, gedemütigt und gekränkt, verließ sie die Wohnung, um sich an einem anderen Ort das Leben zu nehmen. Ich hatte schon viele Fälle bearbeitet, bei denen Lebensmüde ihre Wohnungen verließen, um sich in aller Abgeschiedenheit selbst zu töten. Häufig tranken sie dazu Alkohol, öffneten sich die Pulsadern oder zogen sich einen Plastikbeutel über den Kopf und verschlossen ihn mit Klebeband. Die Orte waren: im Auto, am Wasser, im Wald, manchmal aber auch auf dem Boden oder im Keller ihres Hauses. Es ist also zunächst ein realistisches Szenario.

Eine andere Überlegung: Elke Frey hatte sich in ihrem Kummer einem Menschen anvertraut, der diesen Suizidversuch aber nicht verhinderte. Statt Hilfe zu leisten oder einen Notarzt zu alarmieren, tötete die Vertrauensperson die Wehrlose, verstümmelte viele Stunden später ihren Körper und transportierte den Torso in das unwegsame Wiesengelände. Die Verstümmelung war nötig, weil Elke Frey nicht im Freien getötet worden war. Sie musste dorthin erst gebracht werden. Um nicht entdeckt zu werden, musste der Täter die Leiche in transportable Stücke teilen. Wäre sie in der Räumlichkeit ihres Todes verblieben, hätte diese Rückschlüsse auf den Täter zugelassen. Aber war diese Räumlichkeit eine andere als ihre eigene Wohnung? Diese Möglichkeit können wir gleich ausschließen:

Der Täter hätte Zugriff auf Elke Freys Regenumhang haben müssen. Wir sind also sicher: Elke Frey starb in ihrer Wohnung. Die Leiche blieb bis zu ihrem Abtransport in der Opferwohnung und wurde dort verstümmelt.

Inzwischen haben unsere Ideen schon fast alle Bahnen des Packpapiers gefüllt. Wir sind uns einig, dass der Täter für diese Zeit die »absolute Kontrolle« über den Tatort gehabt haben muss. Er musste sich sicher sein, dass die Tote dort nicht aufgefunden werden konnte. Er wird sich so verhalten haben, dass außer ihm niemand die Wohnung betreten konnte. Vielleicht traf er sogar Vorkehrungen, um Dritten den Zutritt zur Wohnung zu verwehren. Oder er versteckte den Leichnam bis zur Mutilation in einem zur Wohnung gehörenden Nebenraum, den nur er allein betreten konnte. Vielleicht war es auch ein Keller oder ein Bodenraum.

Wir unterbrechen die Analyse und fahren zu Elke Freys Wohnung auf der anderen Weserseite der Stadt. Ein lebhafter Stadtteil mit multikulturellem Hintergrund, in dem sie und ihr Mann die letzten fünf Jahre gewohnt hatten. Hochhäuser bestimmen die Silhouette. Der Concierge öffnet uns die Tür. Ohne dass er uns Fragen stellt, passieren wir den Eingangsbereich. Mit dem Fahrstuhl fahren wir in die oberste Etage. Zwölf Etagen hat das Haus, mit jeweils sechs Wohnungen auf einer Ebene. Im Souterrain ist die Tiefgarage. Von dem offenen Laubengang vor ihrer Wohnungstür können wir auf die endlose Weite des Wiesengebietes auf der anderen Seite der Autobahn sehen. Wie ein glänzendes Skelett durchziehen die Wasserläufe das Grün. In der Ferne erkennen wir sogar das Wäldchen wieder, hinter dem der Täter den Torso versteckt hatte.

Die weiß gestrichene Eingangstür mit dem Türspion zeigt keine Schäden. Niemand hatte versucht, mit Gewalt in die Wohnung einzudringen; das haben meine Kollegen von der Spurensuche bereits festgestellt. In der Dreizimmerwohnung ist überall aufgeräumt; doch der kalte Rauch von Zigaretten ist noch immer zu erahnen. Die Tapeten sind altweiß gestrichen, an den Wänden hängen großformatige Landschaftsfotografien aus Elke Freys süddeutscher Heimat. Ich lasse die Atmosphäre auf mich wirken. Die Wohnung wirkt verlassen und ohne Leben. Die Küche präsentiert sich in einer nahezu pedantischen Ordnung. Nur ein leerer Becher ist auf der Ablage der Küchenzeile abgestellt. Ansonsten ist kein einziger Teller, kein einziger Topf zu sehen; alles ist in den Einbauschränken verstaut. Unter der Heizung steht ein Paar Damenhausschuhe; ein letztes Lebenszeichen von Elke Frey. Im Regal über dem Esstisch zeigen Kochbücher, dass hier die gutbürgerliche Küche gepflegt wurde.

Das Wohnzimmer ist im altdeutschen Stil eingerichtet. Eine nussbaumfarbene Schrankwand dominiert den Raum: Kastentüren, offene Regale, mehrere Schubladen. Das Barfach ist mit noch ungeöffnetem Kirschlikör und Wodka ausgestattet – und mit der leeren Flasche Whisky, die in unseren Ermittlungen eine so große Rolle spielt. In den Regalen stehen dicht an dicht CDs mit klassischer Musik gedrängt. Ich erkenne zeitlose Kompositionen von Vivaldi, Mozart, Beethoven. Aber auch Vertreter der Neuen Musik wie Rachmaninow und Prokofjew sind vertreten. Die helle Couchgarnitur mit einem dreisitzigen Sofa und zwei Sesseln ergänzt den bürgerlichen Stil. Die Sitze sind zur Schonung mit bunten Tüchern abgedeckt. Auf den Sofalehnen lassen Puppen mit ausdruckslosen Magnesit-Gesichtern die Beine baumeln, an der Wand hängen schaukelnde Wichtelmännchen, vermutlich selbst gestrickt. Auf dem Glastisch davor liegt eine Fernbedienung für den Fernseher, daneben ein leerer Aschenbecher. In einer Ecke des Raumes steht auf dem altrosafarbenen Velours eine Bodenvase mit künstlichen dunkelgelben Sommerblumen. Die Grünpflanzen vor dem Fenster zeigen erste Spuren des Welkens und der Vergänglichkeit.

Ich frage mich, ob Elke Frey hier im Wohnzimmer den Schlafcocktail getrunken hatte und dort ohnmächtig aufgefunden wurde. Oder ist es nicht wahrscheinlicher, dass sie das Schlafzimmer als Ort zum Sterben gewählt hatte? Die meisten Suizidanten, die zu Hause nach einem Medikamentenmissbrauch gefunden werden, sind in ihrem Bett oder der vollgefüllten Badewanne gestorben. Die wohlige Wärme des Wassers scheint den Übergang in den Tod zu erleichtern; die Blutgefäße weiten sich, das Blut tritt schneller aus. Auch diese Suizide erfolgen häufig in Kombination mit Alkohol. Die Einnahme von Schlaftabletten ist eine für Frauen typische Vorgehensweise, die eher auf weiche Suizidmethoden wie Vergiftung setzen. Aus diesem Grund gelingt ihnen der Selbstmord auch wesentlich seltener als Männern, die zu den sogenannten harten Methoden greifen. In Deutschland ist es meist das Erhängen, in den USA das Erschießen.

Ich gehe ins Schlafzimmer. Der Raum ist sehr klein, gerade einmal ein Doppelbett passt hinein. Die beigefarbenen Laken und die florale rote Bettwäsche scheinen frisch aufgezogen zu sein. Ich muss mich an einem Bügelbrett vorbeizwängen, um überhaupt ins Zimmer kommen zu können. Das Bügeleisen steht noch darauf, als hätte jemand nur für einen Moment das Plätten unterbrochen. Elke Freys unerfüllter Kinderwunsch zeigt sich ebenfalls hier, Puppen mit ausdruckslosen Gesichtern, goldenen Haaren und langen Kleidern; manche sind engelsgleich.

In einem Regal stehen in silberfarbenen Rahmen Fotos aus der Vergangenheit. Reminiszenzen an scheinbar gute Zeiten. Das Opfer fröhlich dreinblickend beim Shrimp-Pulen und im Arm ihres Mannes. Ein weiteres Bild zeigt das Paar vor dem Standesamt nach dem Jawort. Gerade einmal zwölf Jahre sind seit diesem Tag vergangen; die vormals heile Welt ist zerbrochen und Joachim Frey wegen Mordverdacht im Gefängnis.

Das Bett der Frau steht dicht vor dem Fenster. Ein Hufeisen hängt mit der Öffnung nach oben an der Wand über dem Kopfteil. Es hat Elke Frey kein Glück gebracht; vielleicht stellen die beiden Schenkel tatsächlich die Hörner des Teufels dar, wie es im Volksglauben heißt. Die weißen, bodenlangen Gardinen sind zugezogen, der Veloursteppich ist cremefarben und wie frisch gesaugt. Der Abstand zum Fenster ist sehr schmal, gerade einmal 60 Zentimeter sind es. Ich versuche, mich gedanklich dem Moment zu nähern, als Joachim Frey an jenem Sonntagabend nach Hause kommt. Er zögert, ehe er die Tür aufschließt. In der Wohnung ist es dunkel, die Sonne ist erst vor einer guten halben Stunde untergegangen, nur wenig Tageslicht fällt noch in die Zimmer ein. Dem Heimkehrer ist sicher bange zumute, mit seiner Frau zusammenzutreffen, schließlich hatten sie sich im Streit getrennt. Weshalb ist er überhaupt zurückgekehrt und hat nicht bei der Geliebten übernachtet?

Es ist still in der Wohnung, das Wohnzimmer leer. Ebenso die Küche. Joachim Frey sucht seine Frau, vielleicht ruft er nach ihr, er findet sie schließlich im Schlafzimmer. Sie liegt im Bett. Hat er jetzt bereits die geleerte Whiskyflasche und die leeren Blister des Schlafmittels im Wohnzimmer entdeckt? Vielleicht auch ihre Abschiedsbriefe gelesen, die sie ihm und den Eltern geschrieben hatte? Die er später unterschlug und vernichtete, damit er das Verschwinden inszenieren konnte? Alles, was ich über die Frau weiß, spricht nicht dafür, dass sie sich klammheimlich aus dem Leben stehlen würde.

Rüttelte er die Schlafende, bis ihm gewahr wurde, dass sie apathisch und tief bewusstlos im Bett lag? Was ging in diesem Moment in ihm vor, als er den folgenschweren Entschluss fasste, die wehrlose Frau zu töten? Sah er sofort die günstige Gelegenheit, um die seinen Zukunftsplänen im Weg stehende Partnerin endlich loszuwerden? Waren es finanzielle Vorteile, die bei einer Scheidung nicht zum Tragen gekommen wären? War er wirklich davon überzeugt, dem Umfeld vormachen zu können, dass seine Frau Hals über Kopf mit einem Liebhaber geflüchtet war? Das sind die Momente, in denen es mir schwerfällt, mich in die Psyche eines Täters hineinzuversetzen. Welcher Realitätsverlust, welcher Tunnelblick mochte den Mann in diesem Moment verblendet und sein logisches Denken völlig ausgeschaltet haben?

Ich schaue mich in dem Raum um. Nichts spricht in dieser Enge dafür, dass Joachim Frey seine Expartnerin hier im Bett erschlagen hat: An keiner Stelle ist Blut zu sehen, nirgendwo scheint die Wand oder der Teppich frisch gesäubert zu sein. Ich hebe die Bettlaken an, auch die Matratzen sind ohne Blut. Trotzdem spricht vieles dafür, dass Joachim Frey seine Frau hier erwürgt oder erdrosselt hat. Es wäre die typische Art des Tötens bei persönlich motivierten Taten gewesen: Er kniete sich neben die Schlafende und fing an, sie zu würgen, drückte mit voller Kraft zu. Das Sterben der Wehrlosen dauerte mehrere Minuten, begleitet von Röcheln, Stöhnen, Krämpfen. Eine Zeit, die auch Joachim Frey wie eine Ewigkeit vorkommen musste und deren Länge er nicht einschätzen konnte. Schließlich ebbten die Krämpfe ab. Elke Frey war tot.

Welche Gedanken mochten nun in Joachim Frey vorgegangen sein? Wie wird er sich gefühlt haben? Von manchen Mördern weiß ich, dass sie nach der Tat völlig erschöpft und verzweifelt waren und das Unfassbare gar nicht glauben mochten. Dass sie versuchten, dem toten Körper neues Leben einzuhauchen. Die Tote schüttelten, anschrien, weinten. Ausgepowert und kraftlos neben der Leiche lagen, ehe sie die unwiderrufliche Realität begriffen. Denn auch ihr Leben wurde von einer zur anderen Sekunde völlig auf den Kopf gestellt. Nichts würde mehr so sein, wie es noch wenige Augenblicke zuvor war. Ein von der Gesellschaft angenommener Mensch ist von einer zur anderen Sekunde zu einem Außenseiter, zu einem Mörder mutiert. Zu einem, der das Böse verkörpert.

Schon bald aber verdrängt die Vernunft die Verzweiflung. Es folgen stakkatoartig die Fragen: Wohin mit dem Toten? Gibt es Spuren der Tat? Wie verhalte ich mich unauffällig und errege keinen Verdacht?

Es lässt sich vermuten, dass Joachim Frey ähnliche Gedanken durch den Kopf schwirrten, denn bereits kurze Zeit später schrieb er der Geliebten eine Nachricht, telefonierte mit ihr eine gute Stunde und fragte den Verkaufsstatus seiner Lederjacke bei eBay ab. Für mich sieht das wie kühle, sachliche Planung aus.

Ließ der Mann die Leiche im Schlafzimmer liegen? Ich schließe das wegen der ungewöhnlichen Lage der Totenflecken eher aus. Die Leiche muss über viele Stunden in einer Schräglage gewesen sein, der Kopf nach unten, die Füße nach oben. Einen Transport der Toten in die Badewanne halte ich nicht für ausgeschlossen. Bis zum Bad sind es lediglich wenige Meter. Den schweren Körper seiner Frau konnte Joachim Frey zwar nur mit Mühe über den Boden ziehen, aber es wäre ihm gelungen. Anschließend hob er sie in die Wanne. Der Kopf der Toten war jetzt im Nacken abgeknickt, die Beine lagen schräg nach oben auf dem Wannenrand. Diese Rückenlage erklärt auch die weiße Aussparung in den Totenflecken an der Brust durch das vordrängende Kinn. Allerdings war es in dieser Position nicht möglich, die Leiche in der Wanne zu verstümmeln. Da die Hiebe von oben gekommen waren, wird Joachim Frey seine Frau auf den gefliesten Boden gelegt und dort sein schauriges Werk vollendet haben. Unter dem Körper der Toten legte er vermutlich eine Plastikplane, damit keine Blutspuren übertragen wurden.

Joachim Frey zwängte schließlich den verstümmelten toten Körper in die blaue Tasche und verschnürte diese mit einem Tau zum Paket. Bei einer späteren Rekonstruktion mit einer 70 Kilogramm schweren jungen Frau in einem ähnlich großen Beutel zeigt sich, dass die schwere Tasche problemlos über den Boden gezogen werden kann. Es sei nur darauf hingewiesen, dass wir diese Frau für das Experiment natürlich nicht verstümmeln mussten. Joachim

Frey zog seine tote Frau zunächst bis zum Fahrstuhl auf der Etage, dann später bis zum Auto in der Tiefgarage.

Wir setzen uns in den Dienstwagen und fahren die Strecke bis zum Fundort ab. Die Entfernung beträgt genau elf Kilometer. Nach knapp 15 Minuten erreichen wir die Fundstelle. Niemand außer uns ist an diesem Abend im Gelände unterwegs; ideale Bedingungen für einen Täter, der unerkannt bleiben will.

Vieles spricht nach der Analyse tatsächlich dafür, dass Elke Frey in ihrer Wohnung getötet und verstümmelt worden war. Allerdings hatten die Spurensucher dort keine Blutrückstände gefunden. Auch der Einsatz von Leichenspürhunden war erfolglos verlaufen. Die auf den Geruch von menschlichen Überresten und Blut konditionierten Tiere zeigen normalerweise Ausdünstungen von Toten sofort durch Kratzen beziehungsweise durch Hinlegen neben der verdächtigen Spur an. Mich hatte bei früheren Gelegenheiten allerdings das unterschiedliche Anzeigeverhalten ab und an überrascht: Mal hatten die Hunde anscheinend Leichenausdünstungen oder Blut gerochen, ohne dass sich dies tatsächlich bestätigte. Andere Male hatten sie nicht an Tatorten reagiert, an denen wirklich Tote gelegen hatten. Ich nutze die Gelegenheit, um mit dem Leiter einer Polizeischule für Hundeführer die Frage zu diskutieren. Mit seinen langen blonden Haaren, dem kurzärmeligen karierten Hemd und verwaschenen Jeans sieht der Mann gar nicht wie ein Polizist aus. Als ich ihn frage, ob eine fehlende Reaktion tatsächlich den sicheren Ausschluss als Tatort bedeute, verneint er. Auch wenn an dem Ort tatsächlich ein Mensch gestorben, verletzt oder eine Leiche verstümmelt worden war,

könnte es sein, dass die Hunde nicht reagieren, nämlich wenn
- aus dem Leichnam kein Blut oder Körpersekret austrat oder
- die Übertragung des reinen Leichengeruchs durch Vorkehrungen verhindert wird, wie zum Beispiel durch das Auslegen einer Folie,
- oder ein größerer Zeitraum zwischen der Geruchsübertragung und dem Einsatz des Hundes liegt, da der Leichengeruch flüchtig ist.

Ich erinnere mich an Situationen in der Gerichtsmedizin. Als junger Mordermittler hatte ich angenommen, dass die Leichen bei der Sektion stark bluten müssten, doch meine Vorstellung bestätigte sich nicht. Meistens trat aus Schnitten in das Gewebe und die Organe nur wenig Blut aus, da bereits eine wesentliche Menge aus den Blutgefäßen in das umliegende Gewebe gesickert war und dort als Leichenflecken gebunden wurde. Auch Elke Frey war bereits einige Zeit tot gewesen, bevor sie verstümmelt wurde; ein weiteres Indiz, das für wenig Blutreste am Tatort sprach.

Wir beschließen, einen »Knochen-Experten« zu beauftragen, durch Vergleichsuntersuchungen das Werkzeug der Verstümmelung zu bestimmen. Den Fachmann hatten wir kurz zuvor auf einem kriminalistischen Workshop zum Thema »Was Knochen verraten« kennengelernt. Ich bin neugierig, was die Gebeine uns in diesem Fall verraten würden. Zunächst müssen jedoch die Knochen mazeriert, also von ihrem Gewebe befreit, und anschließend entfettet werden. Der Präparator übernimmt diese Aufgabe. Wenige Tage später treffen wir uns mit dem Biologen in der Rechtsmedizin. Dem Fachmann genügt ein Blick auf die Trennstellen, um zu sagen, wie Elke Frey verstümmelt wurde. Zwei Tage später halten wir sein Ergebnis in der Hand: eine 24 Seiten lange Dokumentation mit zahlreichen Nahaufnahmen. Bei allen Spuren an den Knochen handelt es sich zweifelsfrei um zielgerichtete menschliche Handlungen; eine zufällige Entstehung durch einen Unfall oder ein ähnliches Ereignis ist auszuschließen.

Ich lese, dass der Kopf und die Beine mit einem scharfen Werkzeug abgetrennt worden waren. Insgesamt 19 Mal hatte der Täter mit dem spitzwinkeligen klingenartigen Gegenstand auf die Knochen eingeschlagen, wobei die Klinge des Werkzeuges mindestens 44,5 Millimeter lang gewesen sein musste. Die größte messbare Eindringtiefe in den Knochen betrug 18,1 Millimeter. Er hatte dabei mit voller Wucht auf den Körper eingeschlagen. Leider war eine genauere Bestimmung der Waffe nicht möglich, doch ich gehe von einer Axt oder einem Beil aus. Sechs Hiebe richteten sich gegen die Wirbelsäule, neun gegen den linken und lediglich vier gegen den rechten Oberschenkelknochen. Der Täter hat schnell gelernt: Um das rechte Bein abzutrennen, brauchte er nur noch knapp die Hälfte der Schläge, die beim ersten Bein nötig waren.

So detailliert die Schilderung des Biologen auch ist, kann ich mir den tatsächlichen Akt der Verstümmelung nur schwer vorstellen. Wie stressig muss das für den Mörder gewesen sein? Wie hart die körperliche Anstrengung? Ich rufe mir wieder die Idee in den Kopf, die ich in den Räumen der Rechtsmedizin entwickelt hatte: Ich will diesen Teil des Täterhandelns nachahmen, um es besser zu verstehen. Natürlich nicht mit einem Menschen.

Ich rufe den Leiter des Schlachthofes an und erinnere ihn an unser Vorhaben. Nur einen Tag später sitze ich bei ihm im Büro. Er bittet mich, einen Overall und Plastikschuhe überzustreifen. Dann folge ich ihm in der blauen Schutzkleidung in das Schlachthaus. Der gefliese Boden ist nass und glatt. Ich muss aufpassen, dass ich nicht ausrutsche oder mit den Schweinehälften zusammenstoße, die dicht an dicht an den Haken der Schlachtlinie aufgehängt sind und sich ins Kühlhaus bewegen. Ein Mitarbeiter stoppt den automatischen Transport. Ich zwänge mich an den feuchten, kalten Hälften vorbei und betrete den kleinen, fast leeren Kühlraum abseits des geschäftigen Treibens. Die Wände sind mit weißen abwaschbaren Kunststoffplatten verkleidet, nur die Karkassen, wie die Tierhälften im Schlachterjargon genannt werden, baumeln herum. Um uns herum herrscht sterile Sauberkeit. In einer rechteckigen Wanne aus Edelstahl liegen die beiden Hälften eines Schweins. Für einen Moment fühle ich mich an den Sektionstisch in der Rechtsmedizin erinnert. Ich frage den Betriebsleiter, was mit dem Tier passiert ist. Der Mann erklärt, dass es dem Veterinär wegen seines geringen Körpergewichtes aufgefallen und deshalb für den menschlichen Verzehr als »ungenießbar« eingestuft worden sei. »Eine reine Vorsichtsmaßnahme«, wie er versichert.

Ich besinne mich auf das, weshalb ich hier bin – das Nachahmen der Verstümmelung eines Toten. Es gestaltet sich schwieriger als erwartet. Die anatomischen Merkmale eines Schweins sind nicht mit denen eines Menschen zu vergleichen; der Oberschenkel – oder, besser gesagt, der Schinken – des Tieres befindet sich versteckt im Körper und ist für mich nicht so einfach zu erreichen. Während ich das Messer nun tiefer ansetze und in den Unterschenkel des toten Tieres schneide, wird mir das Surreale meines Tuns bewusst.

Ein völlig ungewohntes Gefühl des Zauderns erfüllt mich. Was ich da tue, fühlt sich ganz anders an als das Zerlegen eines Rehs oder das Abtrennen eines Knochens bei der Fleischzubereitung. Es ist auch nicht mit meinem wissenschaftlichen Interesse zu vergleichen, das ich während meiner Praktika in der Rechtsmedizin entwickelte, als ich selbst Leichen öffnete. Es ist die fiktive Nähe zum Opfer, die mich hier hemmt. Trotzdem versuche ich, gedanklich immer mehr in die Rolle des Täters zu schlüpfen, der vor gar nicht langer Zeit den Körper von Elke Frey zerlegt hatte.

Ich schneide weiter, sehr vorsichtig. Ich überlege, wo das Gelenk sitzt und wie tief ich überhaupt bis zum Knochen schneiden muss. Immer wieder treffe ich auf den Schienbeinknochen. So braucht es einige Zeit, bis ich tatsächlich einmal um den Knochen herumgeschnitten habe. Die Schnittkanten sind glatt, zeigen innerhalb des Muskels Absätze und unterscheiden sich nicht von den Torsostümpfen, die ich noch gut in Erinnerung habe. Mit dem Beil versuche ich dann, den Knochen zu zerteilen, was sich als schwierig erweist, da ich das Schienbein nicht sehen, sondern nur ertasten kann. Ich schlage von oben in den Wundspalt. Einmal, zweimal und noch weitere Male. Doch der tote Körper des Tieres ist glitschig und rutscht bei den Schlägen in der Wanne hin und her. Ich muss ihn festhalten und habe zugleich Angst, mir auf die Hand zu schlagen. Deutlich vorsichtiger gehe ich nun vor, treffe trotzdem nicht immer dieselbe Stelle und verletze dabei das umgebende Schenkelgewebe. Erst beim achten Schlag brechen Schienbein und Wade. Ich schaue auf die Uhr: Mittlerweile sind gut sieben Minuten vergangen. Ich trenne auch den zweiten Unterschenkel ab; dieses Mal gelingt mir die Amputation sehr viel schneller; es genügen fünf Schläge. Ich bin heilfroh, als es vorbei ist. Welche Empfindungen muss der Täter bloß beim Abtrennen der Beine der nackten Frau gehabt haben, wenn ich mich schon so unwohl fühle, obwohl es nur das Bein eines Schweins ist?

Ich muss an die Schilderungen eines Wachmannes denken, der vor gut 20 Jahren ebenfalls eine Frau getötet und verstümmelt hatte. Seine Tat war von starken Emotionen geprägt gewesen. Den Mann hatte ich nach seiner Haftentlassung häufiger besucht, um mit ihm über die Motive der Tötung und der Mutilation zu sprechen. Sehr offen und für mich auch glaubwürdig hatte er in seiner einfachen Sprache erzählt, dass die beiden sich in einem Imbiss kennengelernt, dort Bier und Schnaps getrunken und sich im »Vollsuff« zum Sex in seiner Wohnung verabredet hätten. Irgendwann hatte sie nicht mehr gewollt. Angeblich hätte sie auf Bier und Korn beharrt, doch er habe ihr nur Wein anbieten können. Als sie gehen wollte, »habe ich das nicht eingesehen, schließlich war der Sex doch eine abgemachte Sache gewesen! Und da hab ich sie eine gedonnert!« Er habe schließlich ja auch ihren Kartoffelsalat und den Schnaps in der Kneipe gezahlt.

Die Frau sei gegen einen Türpfosten »geknallt«, ohnmächtig zusammengesunken und beim anschließenden Geschlechtsverkehr gestorben. Um ihre Lust zu steigern, habe er sie »ein wenig gewürgt«. Wie ich bei meinen Ermittlungen feststellen konnte, hatte der Mann tatsächlich eine Vorliebe für das Würgen beim Sex. Als die Frau tot war, hatte der Wachmann sie anschließend in seinem Keller verstümmelt. Als wir den Torso fanden, fehlten Kopf, Arme, Beine sowie Brust und Scham. Die Mutilation war aus unterschiedlicher Motivation erfolgt: beim Kopf und den Extremitäten, um den Abtransport der Leiche zu erleichtern. Bei Brust und Schambereich als Ausdruck seiner grenzenlosen Wut und eines abgrundtiefen Hasses gegen seine Exfrau. Er hatte sie für seine schlechte finanzielle Situation und schließlich auch für sein Verbrechen verantwortlich gemacht. »Die Dame aus dem Imbiss hat mir leidgetan. Ich hatte nichts gegen sie. Es ging mir nur um die Zerstörung des weiblichen Körpers. Nichts sollte mich an meine frühere Frau erinnern. Ich fühlte mich von ihr erlöst. Ich hatte keinen Hass mehr.«

Die Zeit zwischen der Tötung und der Verstümmelung der Toten will der Mann wie im Rausch erlebt haben, völlig betrunken und immer noch voller Hass gegen seine Expartnerin. »Es muss in mir wahnsinnig geworden sein, ich holte aus der Küche ein Messer, stach auf die tote Frau ein, schnitt die Brüste und das Geschlecht ab. Dann nahm ich die Säge und trennte alles andere ab. Ich habe nichts mehr gesehen. Mir wurde schlecht. Es war so schrecklich, was ich tat. Ich wurde überhaupt nicht mehr nüchtern.«

In Gedanken vergleiche ich die beiden Taten. Ich habe nicht das Gefühl, dass Elke Freys Mörder genauso emotional gehandelt hat wie der Wachmann. Die Verstümmelung des Torsos wirkt geplant, stringent und völlig ohne Emotionalität.

Ich überlege, ob ich nicht auch den Kopf des Schweins

abtrennen sollte. Doch die gerahmten Fotos von Elke Frey werden in meiner Vorstellung zu lebendigen Bildern: das Opfer beim Shrimp-Pulen und im Arm ihres Mannes. Beide Male fröhlich und glücklich in die Kamera blickend. Die Bilder sind erst wenige Wochen vor ihrem Tod beim letzten gemeinsamen Urlaub entstanden. Ein einziges Detail stört die Harmonie: Während Elke Frey ihren Ehering trug, fehlte dieser an der Hand ihres Partners.

Diese Bilder sind zu stark, als dass ich nüchtern und sachlich das tote Schwein malträtieren kann. So verzichte ich auf das Absetzen des Schweinekopfes, zumal der Hals des Tieres durch das Schlachten bereits weit geöffnet ist. Mir reicht das Wissen, dass die komplette Verstümmelung der Toten nicht länger als 20 bis 30 Minuten dauerte. Eine Zeit, die mir trotz aller Sachlichkeit wie eine Ewigkeit vorgekommen ist. Die Verstümmelung ist ohne anatomische Vorkenntnisse möglich.

Mit den durchtrennten Unterschenkeln verlasse ich das Schlachthaus. Obwohl es lediglich »Eisbeine« sind, die es bei jedem Schlachter zu kaufen gibt, haben sie für mich eine andere Bedeutung, eine andere Symbolik. In der Rechtsmedizin verspricht der Präparator, die Schweineknochen für eine mikroskopische Untersuchung zu präparieren. Zunächst würde er das Gewebe vom Knochen entfernen, um diese dann für etwa drei Tage im 30 bis 40 Grad warmen Spülmittel-Wasser zu mazerieren und anschließend einen Tag in Aceton zum Entfetten zu legen. Eingehüllt in zwei Gazeschläuchen übergibt mir der Sektionsgehilfe zum vereinbarten Termin die Knochenteile der Unterschenkel.

Auch der Biologe hat seine Unterstützung zugesagt.

Als ich sein Labor in einem alten Speicher in der Hafenstadt aufsuche, betrete ich eine andere Welt. Das sind die Momente, die so vieles von dem Leid und dem Kummer wiedergutmachen, denen ich sonst bei meiner Arbeit ausgesetzt bin. Ich fühle mich in ein paläontologisches Museum versetzt, nur dass keine riesigen Dinosaurier oder Mammuts zu bestaunen sind, sondern Hunderte oder gar Tausende weiß gebleichter Skelette, Schädel, Knochen von ungezählten Tierarten. In Regalen und Schränken, in Auszügen und auf Tischen liegen die fahlen Gebeine von Schweinen, Hunden, Ziegen, Schafen. »Dazu die großen Säugetiere wie Pferde, Kühe und Menschen«, wie der Fachmann mit einem Augenzwinkern verrät, finden sich in der Sammlung wieder. Ebenfalls die Gerippe von Katzen, Mäusen und Vögeln. An einem Stützpfeiler hängen wie Perlen an einer Kette weiße Wirbelkörper.

Sogar der Teil eines Mammuts und dicht daneben drei zahnlose Menschenschädel sind Bestandteil der Sammlung – alle Knochen sorgsam geordnet nach Gattung, Art und Körperseite. Ich erfahre, dass der Biologe als einer von zehn freiberuflichen Archäozoologen in Deutschland arbeitet und die Geschichte vom Zusammenleben von Mensch und Tier erforscht. Seine Auftraggeber sind Archäologen und Museen. Sicherlich ein spannendes Kapitel in der Menschheitsgeschichte, doch mich interessieren vornehmlich meine Knochen der Neuzeit. Auf einem weißen Tablett breiten wir die in einen Gazestrumpf verpackten Knochenfragmente aus: jewails zwei größere Röhrenknochenstücke vom Schien- und Wadenbein des Schweins, Tibia und Fibula, wie der Experte sie nennt.

Dazu acht kleine Knochenscherben, die durch die Schlageinwirkungen abgeplatzt waren.

Der Fachmann erkennt sofort, dass es sich um »Greenbone«, um frische Langknochen eines Jungtieres, handelt, da sie noch die Gewebestruktur wie zu Lebzeiten aufweisen. Er zeigt auf den Knochen und erklärt, dass die Oberflächenstruktur im Gegensatz zu der eines ausgewachsenen Schweins noch rau und nicht glatt ist.

Dann erläutert er, dass der architektonische Aufbau eines Röhrenknochens Stabilität und Leichtigkeit kombiniere und dadurch große Vorteile gegenüber einem Knochen aus Vollmaterial aufzeige. Ich erfahre weiter, dass der Innenraum des Knochens, die Spongiosa, wie ein Schwamm aufgebaut ist und aus feinen Knochenbälkchen besteht, die nach außen hin von einer festen Knochenschicht, der Kompakta, umhüllt wird. Die Spongiosa bildet ein engmaschig vernetztes Gerüst, das je nach Aufgabe des Knochens Druck oder aber Biege- und Verdrehungskräften ausgesetzt ist.

Bei unserer Untersuchung geht es um Biegekräfte, die den Bruch des Knochens bewirken. Als der Experte mir mit physikalischen Berechnungen seine Behauptung beweisen will, verzichte ich lieber auf weitere Erklärungen. Mir reichen seine Erläuterungen, dass der Knochen wie ein Verbundstoff, wie eine aus zwei Komponenten bestehende Karbonfaser, mit flexiblen und starren Anteilen aufgebaut ist. Bei Knochen heißen die flexiblen Anteile Kollagen und die starren Apatit. Bereits ohne Mikroskop kann ich erkennen, dass die Bruchkanten der Röhrenknochen zwei unterschiedliche Strukturen aufweisen, die auf die Schlageinwirkung zurückzuführen sind. Allerdings ist im ersten Drittel des Knochens, in dem die Klinge direkt im Kontakt mit dem Knochen stand, die eine Seite der Spur glatt, die andere ist jedoch unregelmäßig ausgebrochen und aufgeworfen. Der Experte erklärt mir, dass ab einer bestimmten Eindringtiefe die Keilform der Klinge einen Bruch der restlichen circa zwei Drittel des Knochens verursachen würde. Diese Bruchflächen weisen die typische, unregelmäßig wellenförmige Struktur einer Greenbone-Fraktur auf.

Im Mikroskop kann ich erkennen, dass der Knochen vier Einkerbungen eines keilförmigen Werkzeuges zeigt, das von rechts oben nach links unten geführt wurde. Ein vorsichtiger Hinweis darauf, dass die Schläge von einem Rechtshänder, wie ich es bin, erfolgten. Doch ich sehe noch mehr: Ganz feine Schartenspuren an der Klinge haben – ähnlich wie der Barcode eines Supermarktartikels – am Knochen ihre individuellen Merkmale hinterlassen: Allerdings kann an diesen Knochenabschnitten das Tatwerkzeug nicht bestimmt werden, da die individuellen Muster der Klinge einfach zu kurz sind.

Auch das Messer hat vier parallel verlaufende »Schnitt-Zugbewegungen« auf der Kompakta hinterlassen, wie der Fachmann mir erläutert. Als ich den Mann frage, ob die Spuren an den Schienbeinknochen denen des Torsos gleichen, bestätigt er, dass in beiden Fällen ein keilförmiges Schlaginstrument verwendet wurde, vermutlich Beile.

Ich bin mit dem Rechercheergebnis der vergangenen Tage und Wochen zufrieden. Die erteilten Untersuchungsaufträge und die nachgeahmten Tatabläufe ermöglichen es, die Persönlichkeit des Täters sehr detailreich beschreiben zu können.

Um die Suche zu konkretisieren, sortiere ich meine Notizen und favorisiere folgende Persönlichkeitsmerkmale:

1. Täter tötet die bewusstlose Elke Frey aus persönlichen Gründen. Ein vorangegangener Trennungskonflikt ist wahrscheinlich, auf den die Frau mit einem Hilfeappell/Suizidversuch reagierte.
2. Durch den gewaltsamen Tod hat der Mörder Vorteile. Er steht dem Opfer sehr nahe, kennt dessen Gewohnheiten und persönlichen Verhältnisse.
3. Keine sexuellen Motive.
4. Übertöten nach einer Gewalteskalation ist auszuschließen.
5. Die Verstümmelung der Toten erfolgt postmortal und dient ausschließlich dem Leichenabtransport (defensive Mutilation).
6. Der Tatort unterliegt der sozialen Kontrolle; es gibt Nachbarn, die den Abtransport der Leiche beobachten können.
7. Alleintäter: Die Tötung und die Verstümmelung begeht ein und dieselbe Person. Bei einer anderslautenden Erklärung, die Leiche zufällig gefunden und dann verstümmelt zu haben, handelt es sich um Schutzbehauptungen.
8. Das plötzliche Verschwinden von Elke Frey wird mit wenig glaubwürdigen Erklärungen kommentiert. Hinweis auf ungeplantes Tatgeschehen.
9. Berechtigter Zutritt zur Opferwohnung.
10. Täter kann sich dort längere Zeit ungestört aufhalten und das Opfer verstümmeln. Durch den Einbau zusätzlicher Sicherungen an der Wohnungstür kann er

das Betreten des Tatortes durch andere Personen verhindern.
11. Es besteht Zugriff auf den Regenponcho des Opfers und gegebenenfalls auf das zum Verpacken des Torsos verwendete Seil.
12. Täter kann auf ein Fahrzeug zurückgreifen.
13. Täter kennt den Leichenfundort und ist mit den örtlichen Gegebenheiten vertraut.
14. Vermutlich Rechtshänder.
15. Besitzt keine anatomischen Vorkenntnisse.

Die einzelnen Merkmale des Täterprofils treffen nur auf eine Person zu: auf Joachim Frey, den Ehemann der Getöteten. Der Verdächtige aber mochte zu den Vorwürfen keine Stellung beziehen. Er schweigt auch in der Untersuchungshaft beharrlich und bestreitet die gegen ihn erhobenen Vorwürfe.

Sieben Monate nach dem Fund der verstümmelten Toten beginnt am Landgericht Bremen unter großer Anteilnahme der Bevölkerung der Prozess gegen Joachim Frey.

Obwohl ich schon viele Male als Zeuge der Anklage in Mordgerichtsprozessen die Ermittlungsergebnisse vertreten musste, verfolge ich dieses Mal die Verhandlung aus einer anderen Perspektive. Für mich geht es nicht allein um die Frage, ob Joachim Frey tatsächlich seine Frau getötet hat, weil sie seiner neuen Beziehung im Weg gestanden war. Für mich entscheidet sich auch die Zuverlässigkeit des Methodenansatzes. Spiegelten die Spuren am Tatort oder die Verletzungen tatsächlich die Bedürfnisse, das Motiv und das Profil eines Täters wider? Ich bin gespannt, ob das Gericht im Urteil auch der Meinung sein würde, dass der Angeklagte tatsächlich die hilflose Situation seiner Partnerin ausgenutzt hatte, um sie zu töten. Oder haben die Zweifler recht, dass Joachim Frey ein moderner Giftmörder wie George Chapman ist? Chapman hatte Anfang des letzten Jahrhunderts in England drei seiner Ehefrauen durch Antimon-Gaben ermordet.

Der Schwurgerichtssaal 218 ist das architektonische Kleinod des Landgerichts – ein Prunkbau der Kaiserzeit und 1895 im damals zeitgenössischen Historismus erbaut. Schwere Eichenmöbel, mannshohe Wandvertäfelung, Tuchware als Tapetenersatz mit verschlungener Ornamentik, romanische Fenster mit feiner Bleiverglasung und Butzenscheiben bestimmen eindrucksvoll den gut 200 Quadratmeter großen und fünf Meter hohen Saal. Ein Ort, der Ehrfurcht einflößt.

Joachim Frey scheint ebenfalls von der Würde des Saals beeindruckt zu sein. Ruhig sitzt er auf der Anklagebank, schweigt zu den Vorwürfen und lässt seine beiden Verteidiger zum Prozessbeginn eine Erklärung verlesen, in der er die Anklage als »konstruiertes Indiziengebäude« bezeichnet. Es stehe weder die Todesursache bei seiner Frau fest noch der Tatort. Auch gebe es keine Tatzeugen, das Tatwerkzeug fehle zudem.

In den nächsten Wochen und Monaten hört sich Joachim Frey mit ausdruckslosem Gesicht die Berichte der Zeugen mit Details aus seiner Ehe an und lauscht den Erklärungen der Sachverständigen. Immer mehr zeichnet sich ab, dass die scheinbar heile Fassade der Beziehung tiefe Risse aufwies: Alkoholismus des Mannes, finanzielle Probleme, Streit in der Beziehung, die außereheliche Intimbeziehung des Angeklagten. Elke Frey hingegen wird als zuverlässige, pflichtbewusste Frau beschrieben, die auch in schweren Tagen zu ihrem Lebenspartner gestanden hatte. Ein Verhältnis mit einem anderen Mann wird kategorisch ausgeschlossen.

Und so wundert es mich nicht weiter, als sich Joachim Frey zu einer anderen Prozessstrategie entschließt. Es tritt eine bedrückende Stille ein, als der Vorsitzende Richter eines Tages die Verhandlung eröffnet und eine Erklärung des Angeklagten ankündigt. Nach 14 Monaten Untersuchungshaft bricht Joachim Frey endlich sein Schweigen. Auf 25 eng beschriebenen Seiten unternimmt er den Versuch, den Mordvorwurf zu entkräften. Seine Einlassung hatte er an das Gericht geschickt.

Ich wundere mich ein wenig, dass nicht der Verteidiger die Erklärung verliest, wie es üblich ist bei Angeklagten, die meist schweigen. Hofft der Exehemann vielleicht, die Richter auf diese Weise beeindrucken zu können? Erwartet er Nachsicht, da die Härte des Gesetzes untrüglich droht? Wäre es nicht viel überzeugender und ehrlicher gewesen, wenn er selbst das Wort ergriffen und seine Emotionen bei seiner Aussage gezeigt hätte? Ich bin gespannt, mit welchen Argumenten er das Gericht und die anderen Prozessbeteiligten von seiner Unschuld überzeugen will. Schnell wird deutlich, dass er zwar einräumt, seine Frau verstümmelt zu haben, doch bestreitet er, einen Mord begangen zu haben.

Mit ruhiger und sonorer Stimme liest der Richter Joachim Freys Brief vor. Selten zuvor habe ich eine solche Stille während einer Verhandlung erlebt. Nur gelegentlich dringt von draußen der Lärm der vorbeifahrenden Straßenbahnen durch die bleiverglasten Butzenscheiben in den Raum. Trotzdem bereitet es mir Mühe, alles zu verstehen und die einzelnen Passagen der Verteidigungsschrift mitzuschreiben.

»Ich war bei der Chorprobe. Elke hatte gebettelt, ich solle nicht fahren, bei ihr bleiben. Sonst passiert etwas Schreckliches. Ich dachte, schlimmstenfalls stellt sie meine Sachen vor die Tür, und fuhr trotzdem. Als ich nach Hause kam, lag sie auf dem Bett. Ich rüttelte sie. Neben ihr lagen Schlaftabletten. Sie war völlig regungslos.«

Bis dahin kann ich den Schilderungen folgen. So hatten meine Kollegen und ich das Geschehen an jenem Sonntag, als Elke Frey starb, auch bewertet. Weshalb hatte er nicht spontan Hilfe gerufen? Wie konnte er sich sicher sein, dass seine Frau tatsächlich gestorben war und nicht nur einfach todähnlich schlief? Sollten seine Angaben stimmen, so wäre er am Sonntag gerade einmal für viereinhalb Stunden von zu Hause weg gewesen, von 17.00 bis 21.30 Uhr. Elke Frey hätte dann erst noch den Schlafmittelcocktail einnehmen müssen, ehe sie starb. Ihre Körpertemperatur wäre mit fast 37 Grad noch relativ konstant geblieben. Ich sehe den Angeklagten an. Seine Augen sind starr nach unten gerichtet. Seine Schwiegereltern würdigt er keines Blickes. Kein Bedauern ist zu erkennen. Wie mag der Mann sich jetzt fühlen? Ob er wohl auch spürt, dass sich heute sein weiteres Schicksal entscheiden wird?

Der Richter holt mich in die Realität zurück, als er weiter vorliest: »Elke war immer für mich da. Aber ausgerechnet als sie mich brauchte, habe ich versagt und sie im Stich gelassen. Ich dachte, wenn herauskommt, dass sie sich das Leben genommen hat und ich schuld bin, würde mir das niemand je verzeihen. Da habe ich sie in eine Plane gewickelt, sie gegen zwei Uhr in einer Scheune außerhalb von Bremen abgelegt. Es war ein Fehler. Aber ich konnte nicht mehr zurück. Wie sollte ich das erklären?«

Dies also ist die weinerliche Strategie von Joachim Frey. In meinen Augen ist sie leicht zu durchschauen. Er beschreibt den Suizid seiner Frau und damit auch seine eigene Mitschuld an ihrem Tod, die freilich nicht bestraft werden kann. Ich beobachte Elke Freys Eltern, die zusammengesunken auf ihren Plätzen das Geschehen verfolgen und immer wieder ihre Gesichter hinter Taschentüchern verbergen. Mit dieser Ausrede haben die Eltern bestimmt nicht gerechnet. Allerdings sollte es noch schlimmer für sie kommen: »Ich bin dann am nächsten Tag wieder zur Scheune gefahren und wollte Elke wegbringen. Sie war aber zu schwer. Da habe ich die Amputationen vorgenommen. Ich konnte nur den Kopf und die Beine abtrennen. Dazu habe ich ein Messer und eine Axt genommen, den Körper dabei mit Tüchern abgedeckt ...«

Da ist sie also, die Erklärung, die in der Vergangenheit auch andere Täter vorgebracht hatten, um einen Tötungsvorwurf zu entkräften: die Verstümmelung einer zufällig gefundenen Leiche, um nicht unberechtigt für den Tod der Person verantwortlich gemacht zu werden. Sollte diese Erklärung tatsächlich stimmen, dann würde Joachim Frey Kriminalgeschichte schreiben. Doch wer soll ihm das glauben? Ich jedenfalls nicht. Allein seine Erklärung zum zweimaligen Leichentransport nehme ich ihm nicht ab. Weshalb konnte er beim ersten Transport seine tote Frau tragen, während sie ihm später für den Weitertransport zu schwer wurde? Was wollte er mit der Toten in der Scheune, wenn er sie dort gar nicht verstecken konnte? Ich vermute, dass er einfach nicht zugeben mochte, seine Frau bereits in der gemeinsamen Wohnung verstümmelt zu haben.

Unbeirrt folgt er seiner eigenen wirren Logik: »Den Torso habe ich in eine Tasche gelegt und verschnürt ... Das Werkzeug und die Kleinteile habe ich mitgenommen und in einen Müllcontainer geworfen.«

Ich bin sprachlos, wie gefühlskalt dieser Mann ist, wie abwertend er über die Tote spricht. Schon allein der Begriff »Kleinteile« drückt seine Menschenverachtung aus, sind doch damit der Kopf und die Beine seiner ehemaligen Frau gemeint. Allerdings glaube ich Joachim Frey, dass er den Kopf und die Gliedmaßen über den Hausmüll abtransportieren ließ. Das ist eine gängige Praxis nach Verstümmelungen.

Zum Schluss seines Geständnisses scheint Joachim Frey doch so etwas wie Reue ergriffen zu haben, als er sich schriftlich bei den Eltern der Toten entschuldigt und bei »allen, die ich belogen habe« – oder ist es reine Prozesstaktik? Ich vermute eher Letzteres. Als der Richter mit dem Vortrag endet, scheint Joachim Frey von seinen Worten selbst ergriffen zu sein. Er tuschelt kurz mit seinem Verteidiger, der um eine Unterbrechung der Verhandlung bittet. Für viele der Anwesenden ist es ein Affront: Würde das Beantragen der Pause nicht den Eltern des Opfers zustehen?

Wie viel von den Selbstvorwürfen und der Entschuldigung zu halten ist, wird am nächsten Verhandlungstag deutlich. Die Ermittler der Mordkommission haben heimlich aus der Untersuchungshaft geschmuggelte Briefe des Angeklagten an seine Geliebte gefunden, vergraben in ihrem Garten. Seitenlange Liebesschwüre voller Pathos, die in den Sätzen gipfeln wie »Ich bin süchtig nach dir« und »Nie habe ich so viel Wärme und Liebe erfahren«.

Unbeeindruckt von diesem Fund, beantragen Joachim Freys Verteidiger, den Haftbefehl gegen ihren Mandanten aufzuheben und ihn auf freien Fuß zu setzen. Nach Meinung der Anwälte spricht »vieles dafür, dass Elke Frey Selbstmord beging«. Allerdings folgt das Gericht der Argumentation nicht und lehnt diesen Antrag ab.

Es dauert noch ein halbes Jahr, bis sich Joachim Frey ein erstes Mal persönlich zu den Anschuldigungen äußert. Mit belegter Stimme flüstert er in das Mikrofon und betont dabei jede einzelne Silbe: »Ich habe meine Frau nicht getötet.« Damit bekräftigt er die Forderung seiner Anwälte nach Freispruch. Seine Ehefrau habe sich selbst das Leben genommen. Für sie sei eine Welt zusammengebrochen, als sie merkte, dass ihr Mann sie betrogen habe. Dabei berufen sich die Anwälte interessanterweise auch auf das Ergebnis unserer Fallanalyse, die es als unmöglich ansah, »die bitteren Tabletten einem anderen Menschen unbemerkt zu verabreichen«. Ein Meisterstück der Rhetorik, denn die wesentlichen Aussagen unserer Analyse fehlen in der Rede der Anwälte: Der Täter kannte Elke Frey, hatte Zugang zur Wohnung, nutzte aus persönlichen Gründen ihre hilflose Lage aus und tötete sie. Wer – außer ihrem Ehemann – erfüllte sonst all diese Bedingungen?

Eine Woche später sitze ich wieder im ehrwürdigen und völlig überfüllten Schwurgerichtssaal. Das Urteil soll gesprochen werden. Über ein Jahr hat die Kammer in 33 Verhandlungstagen gegen Joachim Frey verhandelt und dabei weit über 100 Zeugen und zahlreiche Sachverständige gehört. Ich bin gespannt, ob sich das Gericht den Rechercheergebnissen der Anklage anschließt oder ob es der Verteidigungsstrategie folgt. Auch wenn ich schon häufig nach Tötungsdelikten bei der Urteilsverkündung im Gerichtssaal war, ist es auch diesmal wieder ein sehr besonderes Erlebnis. Nicht nur für den Angeklagten, sondern auch für mich: Meine Arbeit würde überprüft werden. Würde das Gericht zu der gleichen Einschätzung wie meine Kollegen und ich über die Tatumstände und das Motiv kommen?

Im Saal herrscht eine gespannte und zugleich bedrückende Stille, als der Vorsitzende Richter das Urteil im sogenannten Torso-Prozess im Namen des Volkes verkündet: lebenslang wegen Mordes aus niedrigen Beweggründen. Ein Raunen der Zustimmung geht durch die Reihen, einzelne Zuhörer klatschen dezent Beifall. Ich schaue auf den Angeklagten. Seine Unterlippe zittert heftig, als er sich setzt und sein Gesicht in seinen Händen vergräbt. Scheinbar teilnahmslos lässt der Mann die weitere Urteilsbegründung über sich ergehen. Für das Gericht gibt es keinen Zweifel, dass Joachim Frey nach einem Suizidversuch die hilflose Lage seiner Frau ausnutzte und sie ermordete, um frei für seine Geliebte zu sein. »Eine Nacht mit seiner Geliebten muss ihm den Verstand geraubt haben.« In seiner mündlichen Urteilsbegründung pulverisiert der Richter die vorgebrachten Einlassungen der Verteidigung. Bei den Worten »Das glaubt Ihnen doch niemand« sieht er Joachim Frey lange an. Ein Mann von außergewöhnlichem Einfühlungsvermögen und einem unbestechlichen Gespür für falsche Töne.

Die Verstümmelung der Leiche hat allerdings keinen Einfluss auf das Urteil, sie begründet keine besondere

Schwere der Schuld. Der Richter bewertet sie lediglich als Störung der Totenruhe. Auch das Mordmerkmal der Heimtücke lehnt das Gericht ab. Elke Frey sei vermutlich bewusstlos gewesen, als sie starb. Anders als ein Schlafender, der sich arglos der Wehrlosigkeit hingäbe und nicht mit einem Angriff rechne, beruhe die Wehrlosigkeit eines besinnungslosen Menschen nicht auf Arglosigkeit. Eine, wie ich finde, sehr formale Grundsatzentscheidung des Bundesgerichtshofes.

Am Ende der Urteilsbegründung wendet sich der Vorsitzende noch einmal an Joachim Frey: »Der Fall hat nicht nur großes Leid über eine Familie gebracht.« Die Tat habe auch »die Kammer deutlich berührt«.

Die von der Verteidigung gegen das Urteil eingelegte Revision wird vom Bundesgerichtshof verworfen. Joachim Frey wird damit frühestens nach 15 Jahren aus dem Gefängnis entlassen. Allerdings verbüßen Mörder durchschnittlich 17 bis 20 Jahre Haft, ehe sie tatsächlich in die Freiheit zurückkehren dürfen. Bei Anerkennung der besonderen Schuldschwere erhöht sich die Haftzeit bis zur Entlassung auf etwa 23 bis 25 Jahre. Nach einer Entscheidung des Bundesverfassungsgerichtes muss einem Verurteilten die Möglichkeit gegeben werden, irgendwann in die Freiheit zurückzukehren. Eine generelle und absolute Strafverbüßung bis zum Tode verstößt gegen das Rechtsstaatsprinzip und die Menschenwürde.

Aber was bedeutet der Schuldspruch für die Arbeit meiner Kollegen und von mir als Fallanalytiker? Der methodische Ansatz hat die Feuerprobe bestanden. Wir konnten den Ablauf des Verbrechens rekonstruieren, das Motiv des Täters und auch sein Profil bestimmen. Als einzig logischer Täter war nach der Analyse nur Joachim Frey übrig geblieben.

Auch wenn wir nur den Endzustand eines Verbrechens sahen, bin ich mehr denn je davon überzeugt, dass allein die Bewertung der Entscheidungen eines Täters am Tatort und an der Leiche seine Bedürfnisse, sein Motiv und sein Profil verraten. Die Spuren lügen nicht.

Mörder ohne Gesicht –
40 Jahre Warten oder die Tote am Bahndamm

Ein norddeutscher Sommernachmittag in Grau. Ich sitze an meinem Schreibtisch und sehe mir im hellen warmen Schein meiner Schreibtischlampe die düsteren und wie schockgefrorenen Tatortbilder eines viele Jahre zurückliegenden Verbrechens an. Eine junge Frau liegt tot in der Wildnis. Ihre schulterlangen, zum Mittelscheitel gekämmten blonden Haare sind blutig, das Gesicht ist geschwollen, die Unterlippe aufgeplatzt. Die Tote trägt schwarze Hotpants, schwarze Kniestrümpfe, schwarze Schuhe und einen kurzen dunkelblauen Mantel. Die helle Oberbekleidung ist hochgeschoben, der Reißverschluss der kurzen Hose geöffnet. Am nackten Oberkörper erkenne ich vier Stichwunden.

Ein anderes Dokument: diesmal eine Aufnahme aus der regionalen Tageszeitung: Elf Kriminalbeamte stehen dicht im Kreis um die Tote herum. Der Leser sieht die auf dem Rücken liegende Leiche. Es ist dieselbe Tote. Der Tatort ist nicht abgesperrt. Statt Schutzanzügen tragen die Ermittler im Stil der damaligen Zeit Sakko, Oberhemd und Schlips, weiße Rollkragenpullover und Halbschuhe. Nur der Spurensucher trägt Gummistiefel und hat sich dicke Arbeitshandschuhe übergestreift. Einige der Kommissare haben ihre Hände in Jacken- oder Hosentaschen gesteckt, um auf diese Weise keine Fingerabdrücke am Tatort zurückzulassen oder aus Versehen etwas anzufassen. Weiter unten auf der Nachrichtenseite ist ein Porträt vom Vater des toten Mädchens abgedruckt. Er trägt Arbeitskleidung. Mit panischem Blick identifiziert der Mann am Tatort seine Tochter. Auch jetzt ist der Pressefotograf ganz nah dran, als gehöre er zur Mordkommission.

Was ich mir ansehe, sind detailgetreue Momente eines viele Jahre zurückliegenden Verbrechens, die zugleich unzensiert Einblicke in die Arbeitswelt und Geisteshaltung der frühen 70er-Jahre geben. Den unberührten Tatort als Quelle und Füllhorn unzähliger Spuren für die Täteridentifizierung zu nutzen hatte sich noch nicht in der Vorstellungswelt der Ermittler manifestiert. Stattdessen war die Nähe zur Leiche gefragt. Auch ich konnte jahrelang dem Reiz der Unmittelbarkeit nicht widerstehen und wollte jedes Detail des Verbrechens selbst sehen, so lange, bis die moderne DNA-Analytik ihren Einzug am Ort des Verbrechens hielt. Persönlichkeitsrechte wurden nicht gewahrt. Die Öffentlichkeit saß als Voyeur am Tatort in der ersten Reihe und nahm mit wohligem Schaudern hautnah Anteil an menschlichen Tragödien und Sensationen. Es herrschte tatsächlich ein ganz anderer Zeitgeist: Viele Beamte hatten noch aktiv am Krieg teilgenommen. Sie kannten den Schrecken des Todes und übertrugen ihre Erfahrungen auch auf die Opfer und deren Angehörige. Sentimentale Gefühle hatten da keinen Platz. Allein die Aufklärung der Tat war wichtig. Informationen über das Opfer waren gefordert, und stundenlange Vernehmungen der Angehörigen standen im Vordergrund. Trauern konnte man später immer noch.

Es geht um den Mord an Swantje Lorenz. Sie war gerade einmal 17 Jahre alt, als sie an einem Sonnabend im frühen

Mai 1971 starb. Sie hatte eine Diskothek besucht und sich kurz nach 23 Uhr zu Fuß auf den Weg zum nahe gelegenen Bahnhof gemacht. Dort wollte sie mit dem Vorstadtzug in den Norden der Stadt fahren. Gegen Mitternacht musste sie zu Hause sein.

Pünktlich um 23.26 Uhr lief der Zug ein, Swantje stand nicht am Gleis. Während des kurzen Halts beobachteten Fahrgäste im fahlen Schein einer Straßenlaterne, wie unten am Bahndamm eine junge Frau von einem Mann bedrängt wurde. Sie wehrte sich heftig, schrie um Hilfe, aber dann stürzte sie zu Boden. Der Täter machte sich über sie her. Er trug dunkle Kleidung und einen weißen Pullover mit Stehkragen, aber sein Gesicht war nicht zu erkennen. Niemand von den Reisenden zog die Notbremse. Bald darauf verschwand der Zug im Dunkel der sternenklaren Nacht.

Erst am nächsten Halt informierte der Schaffner die Notrufzentrale. Auch Anwohner der angrenzenden Siedlung waren auf die verzweifelten Hilferufe der Frau aufmerksam geworden, aber die von ihnen alarmierten Polizisten konnten einige Minuten später im Scheinwerferlicht ihrer Streifenwagen nichts Verdächtiges feststellen. Nach einer guten halben Stunde brachen sie die Suche ab und beruhigten sich mit dem Gedanken, dass wohl ein Pärchen nach einem feuchtfröhlichen Gaststättenbesuch einen heftigen Streit ausgefochten hatte. Tatsächlich kam es in diesem Stadtteil von Bremen mit den vielen Gaststätten immer wieder zu körperlichen Übergriffen, die normalerweise glimpflich verliefen. Die Einschätzung der Beamten aber erwies sich diesmal als falsch.

Swantje war ein freundliches, zuverlässiges Mädchen.

Und sie war noch Jungfrau. Von ihrem Freund hatte sie sich gerade getrennt, da er mit ihr intim werden wollte. Sie arbeitete als Schuhverkäuferin. Eine Freundin von ihr wird mir später berichten, dass sie ein »handfestes« oder, wie man heute sagen würde, ein »toughes« Mädchen war. Keine, die gleich losheulte, wenn sie sich einmal wehgetan hatte. Sie habe Stärke ausgestrahlt und sei als Kind trotz ihres zierlichen Körperbaus ein Kraftpaket gewesen, eine, »die nicht aufgab«. In besonderer Erinnerung sind der Freundin ihre schönen grün-braunen Augen geblieben und ihr völlig entwaffnendes Grinsen. Ein Lächeln, das von Ohr zu Ohr reichte.

Als Swantje entgegen aller Absprachen und Gewohnheiten nicht nach Hause kam, erstatteten ihre ratlosen Eltern am nächsten Tag eine Vermisstenanzeige. 62 Stunden nach der Beobachtung am Bahndamm wurde aus ihrer Angst, der Tochter könnte etwas zugestoßen sein, furchtbare Gewissheit. Das Mädchen wurde bei der Verfolgung zweier entwichener Gefängnisinsassen auf der anderen Seite des Bahndamms inmitten von Sträuchern und hohem Gras gefunden. Der Täter hatte sie rund hundert Meter auf die andere Seite des Bahndamms getragen und in dem einsamen und feuchten Gelände unmittelbar neben einer früheren Müllkippe abgelegt. Swantje war geschlagen, vergewaltigt, zu Tode gewürgt und mit einem stilettähnlichen Messer mehrmals ins Herz gestochen worden. Sie war innerlich verblutet. Ihre braune Wildlederumhängetasche und ihre Armbanduhr fehlten. Der Täter hatte am Slip der Toten seine genetische Einzigartigkeit als Ejakulat zurückgelassen.

Mit den heutigen wissenschaftlichen Möglichkeiten

wäre die Spermaspur eine gute Voraussetzung für eine schnelle Aufklärung des Verbrechens gewesen. Doch damals war die Wissenschaft noch nicht so weit, die Methoden der DNA-Analytik gab es noch nicht. Stattdessen wurden Blut und andere Körpersekrete nach den klassischen ABO-Blutgruppenmerkmalen typisiert und hatten unter heutigen Gesichtspunkten nur wenig Beweiswert. Der Mörder hatte die Blutgruppe A und mit ihm gut 40 Prozent aller deutschen Männer.

Der Beweiswert von Körperflüssigkeiten änderte sich erst 15 Jahre nach dem Mord an Swantje Lorenz. Die 15-jährige Schülerin Dawn Ashworth aus dem kleinen mittelenglischen Ort Enderby war auf dem Heimweg, als sie von ihrem Mörder niedergeschlagen, vergewaltigt, erdrosselt und unter Laub versteckt wurde. Vermutlich wäre die Tat nie aufgeklärt worden, wenn dem britischen Naturwissenschaftler Sir Alec Jeffreys zu dieser Zeit nicht eine Jahrhunderterfindung gelungen wäre: der genetische Fingerabdruck. Auf einmal war es möglich, den individuellen genetischen Code eines Menschen zu entschlüsseln und für die Täteridentifizierung zu nutzen. Nach einem Massen-Gentest wurde der Mord an Dawn Ashworth und an einem zweiten Mädchen aufgeklärt. Der Serienmörder Collin P. hatte die beiden getötet.

Einen Tag nach dem Leichenfund am Bahnhof habe ich als junger Polizeischüler meinen ersten Einsatz in einem Tötungsdelikt. Wir sind weit über Hundert Beamte, die unter Anleitung der Mordkommission am Bahnhof im morastigen, unwegsamen Dickicht mit langen Stöcken, Harken und Schaufeln nach Tatspuren stöbern und jeden Grashalm, jedes Blatt mindestens dreimal umdrehen.

Aber unsere Suche bringt nur wenig hervor: Eine Fahrkarte für die Hin- und Rückfahrt nach Bremen-Nord und ein geflicktes Taschentuch unten am Bahndamm sind unsere ganzen Hoffnungen. Ob beides mit dem Verbrechen zu tun hat, ist ungewiss. Die Fahndung nach dem Täter verläuft ähnlich deprimierend, obwohl weit über Tausend Hinweise von den Ermittlern verfolgt wurden. Der Mörder kann nicht überführt werden.

Der Fall der toten Swantje bestimmte fortan in gewisser Weise meinen beruflichen Werdegang. Eigentlich wollte ich lediglich 18 Monate bei der Polizei bleiben, um auf diese Weise den Wehrdienst zu vermeiden. Doch nun ging mir das Schicksal des jungen Mädchens vom Bahnhof nicht mehr aus dem Sinn. Als zudem auch noch mein Kriminalistik-Dozent sehr bildhaft über Mordfälle aus Bremen berichtete, erlag ich endgültig der Faszination des Verbrechens – zum Glück auf der richtigen Seite. Ich beschloss, bei der Polizei zu bleiben und mich nach meiner Ausbildung so schnell wie möglich in der Mordkommission zu bewerben.

Bis ich meinen Wunsch jedoch realisieren konnte, entwickelte sich das Verbrechen an Swantje Lorenz zu einem einzigartigen Fall der Bremer Justizgeschichte. Zunächst wurde 1973 der 37-jährige Johann Kaufmann verhaftet. Der Bauarbeiter trank gerne Alkohol und stahl ebenso gerne Autos. In der Tatnacht hatte er sich in einer Gaststätte in der Nähe des Oslebshauser Bahnhofs betrunken, einen Teil der Zeche nicht zahlen können und den Wirtsleuten den Schlüssel eines unterschlagenen Autos als Pfand hinterlassen. In seiner über Stunden andauernden Vernehmung räumte Johann Kaufmann schließlich ein, am Bahnhof gewesen zu sein und auch Swantjes Hilferufe gehört zu haben. Die Ermittler dachten: Wer ganz nah am Tatort gewesen war, der könnte auch der Täter sein. Obwohl Kaufmann das Verbrechen vehement bestritt, er mit seinem Freund zusammenwohnte und sich nicht mehr für Frauen als Intimpartner interessierte, hielten ihn die damaligen Kommissare trotzdem für verdächtig: Womöglich sei er bisexuell. Swantje habe einen jungenhaften Körper gehabt, der ihn gereizt haben dürfte. In einem aufsehenerregenden Indizienprozess wurde Johann Kaufmann am 14. Januar 1975 vom Schwurgericht wegen Vergewaltigung in Tateinheit mit Mord zu einer Freiheitsstrafe von zwölf Jahren verurteilt. Das Gericht billigte Kaufmann eine erheblich verminderte Zurechnungsfähigkeit zu und sah von einer lebenslangen Freiheitsstrafe ab, da es nicht ausschließen mochte, dass er bei der Tat betrunken gewesen war. Noch im Gerichtssaal kündigte Kaufmanns Verteidiger Revision gegen den Schuldspruch an.

Als das Urteil gesprochen wurde, hatte ich die erste Hürde auf dem Weg in die Mordkommission überwunden. Seit Anfang Januar arbeitete ich als sogenannter Durchläufer bei der Kriminalpolizei. Auch ich war ganz im Stil der Mode mit Sakko, Oberhemd und Schlips und blank geputzten Schuhen gekleidet. Jeans und lange Haare waren verpönt.

Wenige Tage nach dem Urteil begann meine vierwöchige Probezeit in der Abteilung für Tötungsdelikte. Hier wurde ich Zeuge von emotional aufgeladenen Debatten der Kollegen. War Kaufmann tatsächlich der Mörder oder nicht? Ich erfuhr, dass es in der Spurenakte 59 einen zweiten Verdächtigen gab, der ebenfalls die Tat begangen haben konnte: Franz Hagen. Der 35-jährige vorbestrafte Kellner hatte gegenüber Bekannten geprahlt, am 1. Mai 1971 in der Diskothek zum Mordopfer Kontakt gehabt und sogar mit ihm getanzt zu haben. Es hieß, er habe kurz nach Swantje Lorenz die Diskothek verlassen. Auch ein angebliches Geständnis stand im Raum. Er galt als Macho, als Weiberheld mit Hang zu jungen Frauen. Und am Tag, als der Mord entdeckt wurde, hatte er zwei dunkle Anzüge in die Reinigung gegeben. Schließlich war er im Besitz eines Messers gewesen, das der Tatwaffe glich und das er im süddeutschen Rosenheim verkauft haben wollte. Aber die Beweise reichten nicht für eine Anklage. Schließlich kam seine Spurenakte in die Ablage und geriet in Vergessenheit.

Die Revision der Verteidigung verlief erfolgreich, der Bundesgerichtshof hob wegen eines Verfahrensfehlers das Urteil im Oktober 1975 auf: Ein Schöffe war falsch bestellt worden. Johann Kaufmann wurde aus der Untersuchungshaft entlassen. Ein Jahr später begann die zweite Auflage des Prozesses gegen ihn. Kaufmanns Anwalt erfuhr angeblich zufällig von dem Verdacht gegen den Kellner und der Existenz der Spurenakte 59. So wurde diesmal auch Franz Hagen als Zeuge geladen. Er wurde aus dem Gefängnis vorgeführt, da er schon wieder wegen Diebstahls und Betrugs in Haft war. Bei seiner Vernehmung saß er neben Johann Kaufmann auf der Anklagebank. Ein ungleiches Pärchen, das sich keines Blickes würdigte.

Ich kann mich noch gut an das dramaturgische Meisterwerk des Anwalts im Gerichtssaal erinnern, als er bei der Befragung des Kellners den Anschein erweckte, eine von Hagen in der JVA Hamburg-Fuhlsbüttel – im Knastjargon der Gefangenen auch Zuchthaus Santa Fu genannt –

verfasste Romanvorlage über einen Sexualmord zu besitzen. Die fiktive Tat gleiche dem Verbrechen an Swantje Lorenz. Auch in dem Skript werde eine Frau mit einem Messer bedroht, vergewaltigt und getötet. Aus dem Zeugen Franz Hagen wurde nicht nur in den Augen des Verteidigers nach und nach ein Angeklagter. Der völlig konsternierte Mann redete sich beinahe um Kopf und Kragen, als er in höchster Not einräumte, im Zuchthaus gemeinsam mit einem Mitgefangenen tatsächlich Tötungsfantasien aufgeschrieben zu haben. Den realen Mord begangen zu haben bestritt er aber.

Der Prozess endete für den Angeklagten mit einem Freispruch. Gegen Franz Hagen wurde keine Anklage erhoben. In den nächsten Jahren ruhten unverständlicherweise die Ermittlungen. Niemand kümmerte sich um die Romanvorlage. Das Schicksal von Swantje Lorenz versank langsam im Staub der Akten. So geriet nicht nur die Spurenakte 59 in Vergessenheit, auch der prall gefüllte Schrank mit den Mordakten blieb im Keller verschlossen. Darin schlummerte auch der Hinweis auf einen Wachmann, der zur Tatzeit Kontrollen in der Nähe des Tatortes durchgeführt hatte. Ihm sollte das am Bahndamm gefundene Taschentuch gehören. Seine Ehefrau hatte es erkannt. Allerdings ließen die von ihm in der Nacht bedienten Stechuhren in den Überlegungen der Ermittler nur den Schluss zu, dass er als Täter auszuschließen war.

Eine neue Ermittlergeneration wuchs nach, die den Fall Swantje Lorenz nur vom Hörensagen kannte.

So soll es tatsächlich bis Anfang der 90er-Jahre dauern, bis ich die Akten aus dem dunklen Kellerarchiv hervorhole und einen Neubeginn versuche. Inzwischen hat sich mein Berufswunsch erfüllt. Ich bin Leiter einer Mordkommission. Und so bin ich recht hoffnungsfroh, die Gewalttat nach 20 Jahren aufklären und endlich dem Täter vom Bahnhof ein Gesicht geben zu können. Mein Optimismus liegt vor allem in dem wissenschaftlichen Fortschritt begründet: Die DNA-Analytik hat sich inzwischen auch bei lange zurückliegenden Tötungsdelikten immer mehr als zuverlässige Methode zur Täteridentifizierung etabliert. Bereits einige Jahre vorher hatte ich in einem Mordfall die erste DNA-Untersuchung in Deutschland veranlasst. Meine Idee ist diesmal einfach zu realisieren: Ich muss nur die mit dem Sperma des Täters befleckte Unterhose von Swantje Lorenz untersuchen und mit der DNA der Verdächtigen vergleichen lassen.

Dann aber geschieht das Unfassbare: In der Beweisstückstelle erfahre ich, dass erst vier Wochen zuvor alle Asservate vernichtet wurden, auch die Unterhose mit dem Sperma. Obwohl Mord nicht verjährt, wurde hier eine Ermittlung endgültig begraben. Ein zweiter Justizskandal in diesem Verfahren. Alles, was so leicht und einfach erschien, zerplatzt innerhalb weniger Sekunden wie eine Seifenblase. Frustriert bringe ich die Akten in den Keller zurück.

Anfang 2000 verstirbt Johann Kaufmann, wenige Jahre danach auch der Wachmann. Gemeinsam mit dem jetzt für die Akte zuständigen Staatsanwalt Uwe Picard überlege ich, was wir noch tun können, um das Verbrechen aufzuklären. Swantjes gewaltsamer Tod hatte auch die Berufswahl des Staatsanwaltes bestimmt. Für uns steht fest, dass die späte Aufklärung der Tat nur mit einem Sachbeweis möglich sein würde. Ich steige erneut in den Keller, befreie die schwarzen Aktenordner ein zweites Mal von ihrem Staub und beginne mit dem Lesen.

Die Fahrkarte vom Bahndamm ist in den Akten. Nur die Hinfahrt ist abgestempelt. Ich habe inzwischen keinen Zweifel daran, dass sie dem Opfer gehörte, wahrscheinlich hatte das Mädchen den Fahrschein verloren, als der Täter es überwältigte. Und da inzwischen selbst in Hautzellen die Erbsubstanz eines Menschen typisiert werden kann, hoffe ich, dass sich an dem Karton die DNA des Täters oder von Swantje Lorenz nachweisen lässt.

Ich überlege, wo ich trotzdem noch Beweismittel finden kann. So beginne ich, mir aus der Akte alle wissenschaftlichen Institute herauszusuchen, die jemals Spuren in dem Fall untersucht haben. Ich rufe überall an und frage nach noch vorhandenen Beweismitteln. Zugegebenermaßen habe ich nur eine vage Hoffnung, dass über 30 Jahre nach dem Mord tatsächlich noch irgendwo in einem Labor oder einem Archiv tatrelevante Spuren schlummern und auf ihre späte Untersuchung warten sollten.

Meine dunklen Ahnungen scheinen sich zu bestätigen. Die Antworten, die ich bekomme, sind schlichtweg frustrierend; alle Beweismittel wurden vor Jahren nach den Untersuchungen zurückgeschickt. In der Gerichtsmedizin finde ich zwar die fein säuberlich gebundenen Obduktionsprotokolle und gesammelten Zeitungsausschnitte von den Fällen des früheren Rechtsmediziners, auch den Fall von Swantje, ordentlich sortiert in einem Extraband im Archiv. Doch entgegen seiner sonstigen Angewohnheit hat der Gerichtsarzt den zweiten Objektträger mit ihrem Scheidenabstrich nicht aufgehoben.

Als ich schon gar nicht mehr an eine positive Antwort

hoffen mag, meldet sich der wissenschaftliche Leiter des Fachbereiches Serologie im Bundeskriminalamt. Er hat tatsächlich noch Asservate gefunden, die der damaligen staatsanwaltschaftlichen Vernichtungsverfügung entgangen waren: Haare von Swantjes Mantel. Für einen Moment muss ich an das Foto in der Tageszeitung denken, auf dem die elf Kriminalbeamten zu sehen sind, die das Opfer am Tatort umrahmen. Nicht auszuschließen, dass von ihnen Haare auf die Leiche gefallen sind.

Aber auch diese schwache Hoffnung, die gerade aufgekeimt ist, schwindet sehr schnell wieder: Die Haare sind, wie es dem wissenschaftlichen Stand der frühen 1970er-Jahre entsprach, in einer wässrigen Lösung konserviert worden. Die DNA der Haare ist deshalb verdaut und kann somit nicht typisiert werden. Es gibt wohl trotzdem eine Möglichkeit, die mitochondriale Erbsubstanz zu bestimmen. Das sind jene Erbinformationen, die ausschließlich von der Mutter an die Nachkommen vererbt werden. Doch, so sagen mir die Experten, ist der Nachweis sehr schwierig und kann zurzeit noch nicht in polizeieigenen Laboren erfolgen.

Wenige Tage später bekomme ich Post vom BKA. Die Haare ruhen zwischen mehreren gläsernen Objektträgern. Auch die Vergleichshaare von einigen Verdächtigen sind dabei, unter ihnen die von Johann Kaufmann und Franz Hagen, allerdings keine des Wachmannes. Und so mache ich mich auf die Suche nach einem geeigneten Institut, das die Untersuchung durchführen kann. Tatsächlich signalisiert wenig später ein Labor eines großen rechtsmedizinischen Institutes in Süddeutschland, dass es dazu in der Lage ist. Auch bei der Untersuchung der Fahrkarte zeigt man sich optimistisch; mit einem neuen Verfahren soll es möglich sein, auch geringste DNA-Mengen zu sichern, die Erbinformationen identisch zu kopieren und auch zu bestimmen. Ich hoffe auf eine schnelle Antwort, doch lange Zeit geschieht nichts. Als ich nachfrage, folgt die nächste Enttäuschung. Am Fahrschein lassen sich keine Erbinformationen finden. Ich hatte eine andere Antwort erhofft, weiß ich doch, dass sich unsere Haut alle 40 Minuten von einer Million toter Zellen trennt. Auch die Untersuchung der Haare gelingt nicht. Trotzdem mag ich nicht aufgeben und suche weiter. Ein rechtsmedizinisches Labor unweit des Rheins gibt mir neue Hoffnung. Ich bin guter Dinge, bald das Ergebnis zu bekommen.

Zwischenzeitlich war ich mit dem Staatsanwalt nach Hamburg gefahren, um Franz Hagen noch einmal auf das Verbrechen anzusprechen und nach der Romanvorlage zu fragen, die im Gerichtssaal zur Sprache gekommen war. Wir hatten uns nicht angemeldet, doch der Mann empfing uns freundlich. Er war in die Jahre gekommen, seine vormals dunklen Haare waren längst ergraut, aber schließlich war er nun auch gut 70 Jahre alt. Er wirkte kränklich, abgemagert und rauchte unentwegt. Von dem einst so forschen »Weiberheld mit Hang zu jungen Frauen« war nicht mehr viel übrig geblieben, auch wenn sich an der Pinnwand in seinem Wohnzimmer noch einige Fotos von leicht bekleideten jungen Damen aus besseren Zeiten zeigten. Aber nicht nur sie waren zu bewundern, auch Fotos von Männern, mal mehr oder weniger muskulös. Auf unsere erstaunte Nachfrage erklärte Hagen, dass er sich in seinen langen Knastzeiten »umorientiert« habe. Als er das sagte, lächelte er verschmitzt.

Auf den Mord an Swantje Lorenz angesprochen, antwortete er bestimmt und resolut, mit ihrer Tötung nichts zu tun zu haben. Das wirkte glaubhaft. Weniger dagegen seine Erklärung zur Romanvorlage, die sei doch vor einigen Jahren bei einem großen Feuer in seiner Wohnung verbrannt. Ich erwähnte seine Befragung durch Johann Kaufmanns Verteidiger im Schwurgerichtssaal. Hagen erinnerte sich noch sehr gut daran und meinte, der Anwalt habe das Manuskript doch gehabt. Als wir ihn um eine Speichelprobe für spätere Vergleichsuntersuchungen baten, stimmte er zu.

Franz Hagen habe ich danach nie wiedergesehen. Fast auf den Tag genau verstarb er zwei Jahre später als letzter der drei Verdächtigen.

Ich sitze an meinem Schreibtisch und studiere nochmals die Akten, als mich ein penetrantes Klingeln des Telefons aus meinen Gedanken reißt. Ich bin unschlüssig, ob ich das Gespräch überhaupt annehmen soll, ich hatte mich gerade auf einen Aspekt konzentriert: die Frage nach dem Tätertypus. Der Serienmörderexperte Robert Keppel und der Kriminalpsychologe Richard Walter hatten Typologien von Sexualstraftätern entwickelt, von denen eine auch auf diesen Fall gut passen könnte: ein Täter, der sich für ein tatsächliches oder eingebildetes Unrecht rächen will. Als Bestrafung dient die Degradierung von Frauen. Dem Mord geht häufig ein Konflikt mit einer Frau aus seinem persönlichen Umfeld voraus, zum Beispiel mit seiner Partnerin. Das Opfer begegnet dem Täter etwa während seiner täglichen Routine. Solche Täter gelten als unbeherrscht und egozentrisch, sie waren im Bereich häuslicher Gewalt gegen Frauen wahrscheinlich schon auffällig.

Bei dem Mord finden sich häufig Anzeichen des Übertötens, also eine Ansammlung von Tötungsarten, die jede für sich zum Tod des Opfers geführt hätte. Es sind spontane Taten. Die Fantasie ist vorhanden, nur das Opfer fehlt.

Der Anrufer scheint mein Zögern zu spüren; die schrille Störung endet nicht. Entnervt gebe ich auf. Am anderen Ende der Leitung ist eine Beamtin der Mordkommission. Als hätte ich es geahnt: ein neuer Fall. Ein Mann schwebt in Lebensgefahr. Er heißt Heinz Schmale, ist 59 Jahre alt und hatte etwa eine Woche zuvor früh morgens gegen 4.30 Uhr wohl einen Einbrecher auf frischer Tat überrascht. Der habe mit äußerster Brutalität reagiert und das Opfer fast totgeschlagen. Schmale liege im Koma und sei nicht ansprechbar. Der Täter sei dann durch einen von beiden Seiten begehbaren Schuppen mit der Tatwaffe unerkannt ins Dunkel der Nacht geflüchtet.

Wie beim Fall von Swantje Lorenz hatten einige Zeugen wichtige Wahrnehmungen gemacht und die Polizei informiert. Zunächst hatte ein Nachbar Stimmen von zwei Jugendlichen gehört. Etwa gleichzeitig wachte die im Hinterhaus wohnende Schwester von Heinz Schmale durch lautes Krachen und die verängstigten »Nein, nein«-Rufe eines Mannes auf, denen ein lang anhaltendes Stöhnen folgte. Als es nicht endete, informierte sie um 5.09 Uhr die Polizei. Die zu Hilfe gerufenen Beamten trafen acht Minuten später ein. Die Schwester führte sie durch einen Schuppen, dessen beide Türen geschlossen waren. Um 5.17 Uhr fanden sie auf dem Hinterhof den schwer verletzten Mann. Er lag auf dem Bauch und war nicht mehr ansprechbar. Wenig später traf auch die Ehefrau des Verletzten ein. Sie war bereits auf dem Weg zur Arbeit gewesen, hatte die

Fahrt jedoch abgebrochen, da sie zu Hause etwas vergessen hatte.

Ich erfahre weiter, dass vom Täter jede Spur fehlt. Es sei bereits eine Auswertung der Funkzellen veranlasst, um die Handybesitzer zu ermitteln, die so früh am Morgen ihr Gerät eingeschaltet hatten und sich in der Nähe des Tatortes aufhielten; die Daten würden in ein paar Tagen erwartet.

Die Kollegin erzählt weiter, dass es am Tatort eine Menge Blut gab, das aber allein vom Opfer stammte. Allerdings habe ein Hundeführer beim Absuchen der näheren Umgebung in einem Gebüsch einen schweren Hammer, einen sogenannten Fäustel, gefunden. Das etwa anderthalb Kilo schwere Werkzeug mit den beiden quadratischen Schlagflächen stand aufrecht mit dem Stiel nach oben auf dem Boden. Das schwere Werkzeug sei vermutlich die Tatwaffe, denn, obwohl das Werkzeug gründlich abgewaschen worden war, sei am Eisen Blut nachgewiesen worden. Wem es allerdings gehört, müsse erst noch durch serologische Blutuntersuchungen geklärt werden.

Die Kollegin bittet, für die Eingrenzung möglicher Verdächtiger ein Täterprofil zu erstellen, denn auch registrierte Einbrecher sollen in die Überprüfungen einbezogen werden.

Ich seufze, weil ich meine Arbeit und Gedanken zum Mord an Swantje Lorenz unterbrechen muss. Aber ich sehe schon ein: Der versuchte Mord hat Priorität. Die Aufklärung des Lorenz-Falles wartet ja auch schon über 30 Jahre, da sollten ein paar Wochen mehr nicht das Problem sein. So denkt ein Ermittler. Erst viele Jahre später wird mir durch meine Erfahrungen als Buchautor und in vielen

Gesprächen mit Angehörigen auf Lesungen bewusst, wie schmerzlich für diese ein ungeklärter Tod ist. Und wie sich dieser Schmerz von Jahr zu Jahr noch verstärkt.

Wenig später bringt die Mordermittlerin meinen Kollegen und mir die Akte mit den Aussagen der nächtlichen Zeugen und den Arztberichten über Heinz Schmales Verletzungen. Auch die Vernehmung von Schmales Frau Karin ist dabei. Dazu zahlreiche Bilder der Spurensucher vom Tatort, die Aufnahme einer Sofortbildkamera mit den Kopfverletzungen sowie ein Foto mit der Fundsituation des Opfers. Als wir dieses Bild betrachten, ist meine Enttäuschung groß: Das Bild ist unscharf. Als hätte der Fotograf einen starken Weichzeichner als Filter benutzt. Nur schemenhaft sind im hinteren Teil des Fotos der Notarzt und ein Rettungssanitäter zu erkennen, die sich im grellen Schein einer Handleuchte über einen auf dem Boden liegenden Mann beugen. Von ihm sind nur die Beine zu sehen, da zwei Blumenkübel die Sicht auf seinen Oberkörper verdecken. Der Verletzte liegt parallel zur Hauswand, er ist gerade einmal einen halben Meter von einer Hoftür mit großem Lichtausschnitt entfernt. Die Außenbeleuchtung ist ausgeschaltet.

In dem Ermittlungsbericht der Schutzpolizisten lese ich, dass völliges Dunkel herrschte, als sie den Mann fanden. Er lag auf dem Bauch, der Kopf in einer Blutlache, direkt unter dem Schlafzimmerfenster. Die Beine zeigten in Richtung des Badezimmers. Das Fenster des Bades war nur knapp einen Meter entfernt.

Die Ehefrau hatte erklärt, dass ihr Alltag von Routinen bestimmt war: Der Wecker klingelte um 4 Uhr, Heinz Schmale stand auf und kochte Kaffee in der Küche. Dann

Morgentoilette, Medikamenteneinnahme, Brote für die Arbeit schmieren. Gegen 4.30 Uhr verließ er das Haus, um mit dem Bus zur Arbeit zu fahren, wo er um 5.20 Uhr eintraf. Da er wegen der Spätfolgen eines Schlaganfalles das Treppensteigen vermied, habe er stets die Hintertür zur Terrasse benutzt, um über den Schuppen zur Straße zu gelangen. Für den Morgen sei eine gemeinsame Fahrt zur Arbeit verabredet gewesen, erzählte die Frau, da auch sie Frühdienst hatte. Zu ihrer Überraschung sei ihr Mann kurz nach 4.30 Uhr nicht mehr in der Wohnung gewesen, sodass sie angenommen habe, er habe den Bus genommen. Kurz vor 5 Uhr sei sie mit dem Auto zur Arbeit gefahren, habe alsbald ihre einsetzende Regelblutung bemerkt, habe am Schulzentrum ganz in der Nähe gewendet und sei zurückgefahren.

Heinz Schmale war mit einer blauen Daunenjacke, Jeans und Sportschuhen bekleidet; in der Gesäßtasche hatte er sein Portemonnaie mit Münzen und seinem Ausweis, in der Jacke eine Brille und sein Schlüsselbund. Für mich sieht es so aus, als wollte der Mann aus dem Haus gehen. Beeindruckend ist seine Krankenakte mit den notärztlichen Aufzeichnungen, dem OP-Bericht, den Ergebnissen der Computertomografie und der Aufnahme mit dem Ausmaß der Kopfverletzungen. Das Sofortbild aus der Klinik zeigt den glatt rasierten Schädel des Verletzten. Mindestens sechs bis sieben lange und manchmal auch sternförmig verlaufende Platzwunden in der Kopfhaut beweisen, dass sich die Schläge auf das seitliche Schädeldach und den Hinterkopf konzentrieren. Das spricht dafür, dass der Täter hinter dem Opfer stand, als er zuschlug. Dabei prügelte er mit einer solchen Wucht auf das Haupt des Mannes ein, dass nicht nur die Kopfhaut, sondern auch der knöcherne Schädel gleich an mehreren Stellen aufplatzte und die harte Hirnhaut zerriss. Starke Blutungen hatten das Gehirn geschädigt und die tiefe Bewusstlosigkeit hervorgerufen, aus der der Mann noch nicht aufgewacht war. Ohne Notoperation wäre der Verletzte gestorben, allerdings sind lebenslange schwere körperliche Beeinträchtigungen zu erwarten. Aber es gibt noch zwei weitere Verletzungen, die in der Klinik beim Röntgen festgestellt worden waren: Das Sprunggelenk des rechten Beines ist gebrochen, und auch das Wadenbein zeigt unterhalb des Knies eine Fraktur. Die beiden Brüche sind ungewöhnlich und passen nicht zu den Kopfverletzungen. Ich versuche, mir ihre Ursache zu erklären. Hatte der Täter sein Opfer auch getreten? Im Moment bin ich noch ein wenig ratlos, sicherlich werde ich nach einem Gespräch mit einem Rechtsmediziner mehr wissen. Was noch auffällt: Das Opfer hat überhaupt keine Abwehrverletzungen. Der Angriff muss für Heinz Schmale völlig überraschend gekommen sein.

Aber zunächst muss ich zum Tatort. Hier hat der Täter gewirkt und seine Bedürfnisse verraten. Ich werde sicherlich einige Stunden am Tatort sein und versuchen, mich wie der Einbrecher zu verhalten und mich auch ein wenig so zu fühlen wie er. Ganz besonders gespannt bin ich auf die verschiedenen Blutspuren, denn bereits ein Blick in die Fotomappe zeigt, dass das Opfer vor dem Täter geflüchtet sein muss. Man kann an verschiedenen Stellen der Terrasse Blut erkennen, teils an der Schuppenwand, teils auf den Blumenkübeln oder als rote Lache auf dem Boden. Ich bin froh, dass ich erst vor einigen Wochen einen Kurs über Blutverteilungsmuster an Tatorten organisiert hatte und nun die unterschiedlichen Spuren zu deuten weiß.

Es ist noch stockdunkel, als meine Kollegin und ich am nächsten Tag kurz nach 4 Uhr am Tatort eintreffen. Es ist eine ruhige Vorstadtsiedlung im Bremer Osten mit kleineren Ein- und Zweifamilienhäusern, weitläufigen Gärten und verkehrsberuhigten Straßen. Die meist älteren Bewohner kennen sich und achten aufeinander. Unsere frühe Ankunft bleibt tatsächlich nicht unbemerkt, wie wir an den verstohlen zur Seite geschobenen Gardinen erkennen können. Ich hätte nie gedacht, dass es so viele Frühaufsteher gibt oder Menschen, die an seniler Bettflucht leiden und nicht schlafen können. Aber das kann für unsere Ermittlungen nur von Vorteil sein, denn vielleicht gibt es noch Zeugen, die wir nicht kennen.

Wir überlegen, wie der Täter vor einer Woche in das Haus eingedrungen sein kann und wo Heinz Schmale ihn überrascht haben könnte. Das Grundstück ist etwa 20 Meter breit und 75 Meter lang. Genügend Platz für zwei hintereinanderstehende Wohnhäuser, die durch einen Schuppen miteinander verbunden sind. Im hinteren Haus wohnt Schmales Schwester. Sie war von den Hilferufen und dem lang anhaltenden Stöhnen ihres Bruders aufgewacht und hatte die Notrufzentrale informiert.

Das unauffällige, hellgelb gestrichene Wohnhaus des Verletzten ist fünf Meter vom Gehweg entfernt. Nur schwach fällt das Licht der Straßenbeleuchtung auf den Hauseingang. Der Eingang liegt gut 60 Zentimeter oberhalb eines schmalen, gepflasterten Zugangs und ist über drei gemauerte Stufen zu erreichen. Ich wundere mich, dass es keinen Handlauf zum Festhalten gibt, wo sich doch

Heinz Schmale nicht richtig bewegen kann. An der Hausfront wird der Täter nicht eingedrungen sein, es fehlen Einbruchsspuren. Den Vorgarten begrenzt ein zwischen Haus und Nachbargrundstück errichteter und zwei Meter hoher Maschendraht mit Sichtschutzelementen. Wir kommen von hier nicht in den Garten und zur Terrasse, wo der Schwerverletzte gefunden worden war. An der anderen Gebäudeseite führt ein Kiesweg am Schuppen vorbei zum Haus der Schwester. Als wir uns nähern, springt der Bewegungsmelder an und erleuchtet den Vorplatz. Die Tür zum Schuppen ist unverschlossen, die Beleuchtung lässt sich nicht einschalten, die Glühbirne in der Deckenlampe scheint defekt zu sein. Wir tasten uns durch den mit Regalen vollgestellten Raum und gelangen schließlich auf die mit roten Gehwegplatten ausgelegte Terrasse. Die Tür geht nach außen auf. Ich schalte die Außenlampe ein. Links von uns beginnt am Ende der Terrasse eine große Rasenfläche. Als wir den Rasen betreten und dabei am Haus der Schwester vorbeigehen, schalten sich sofort zwei Bewegungsmelder mit starken Leuchten ein. Sie bestrahlen das Grün taghell. Wir kehren zur Terrasse zurück.

Meine Kollegin nimmt das unscharfe Foto und die Fotomappe der Spurensucher mit den Tatortbildern aus ihrer Tasche. Wir beginnen, uns die Fundsituation vorzustellen. Wir stehen jetzt ungefähr an der Stelle, von der die verschwommene Aufnahme gemacht wurde. Der Mann auf dem Foto liegt vor der Tür auf dem Bauch, seine Beine versperren den Eingang. Der Täter hat dort Heinz Schmale beinahe wie einen räudigen Hund erschlagen, wie die große Blutlache auf den Bildern und die massiven Verletzungen beweisen. Durch die Gehwegplatten wurde der

Schädel wie in einem Schraubstock fixiert und durch die Wucht der Schläge förmlich zerschmettert. Wir sprechen in diesem Zusammenhang von Widerlagerverletzungen.

Mit unserer Taschenlampe leuchten wir den Bereich ab, denn auch an der Hauswand waren Blutspuren, aber die sind inzwischen mit viel Wasser abgewaschen worden. Wir sehen uns die Fotos an und erkennen drei lang auslaufende blutige Schleuderspuren. Sie entstanden, als der Täter mit der Tatwaffe für einen weiteren Schlag ausholte und durch die schnelle Bewegung das Blut von der Waffe schleuderte. Heinz Schmale muss hier drei Mal am Kopf getroffen worden sein. Wir kehren zur Schuppentür zurück. Aus den Berichten wissen wir, dass auf den Gehwegplatten zwischen dem Hinterausgang des Hauses und der Schuppentür kein Blut vorhanden war. Die ersten blutigen Tatbeweise fanden sich erst am Schuppen.

Leider ist auch die Tür tüchtig mit Wasser geschrubbt worden. Wir finden nicht den kleinsten Tropfen Blut, aber dafür strahlt die Tür jetzt im reinsten Weiß. Allerdings sehen wir in der Bildmappe der Spurensucher, dass sich im oberen Drittel der Tür viele kleine Blutspritzer angesammelt hatten. Sie sehen aus wie Spermien, die wie im Schwarm von rechts oben zur Mitte wandern. Die Schwänze der Eizellen zeigen nach oben und geben damit die Schlagrichtung an.

Wir interpretieren diese Blutspuren: Heinz Schmale stand mit dem Gesicht zum Schuppeneingang, als ihn die Hammerschläge trafen. Er hatte keine Chance, dem Überfall zu entrinnen, denn die nach außen aufgehende Tür versperrte ihm den Weg.

Aber wie ist das Opfer überhaupt dorthin gekommen?

Wir werden versuchen, den wahrscheinlichen Ablauf des Geschehens durch Nachstellen der Spuren am Tatort zu rekonstruieren, und haben dafür einen Hammer mitgenommen. Das Nachahmen der Tatsituation ist für mich das Herz jeder kriminalistischen Bewertung, da es hilft, einzelne Abläufe der Tat zu verstehen, die sonst bei einer rein theoretischen Diskussion verborgen bleiben könnten. Mit anderen Worten: Sobald ich weiß, wie der Täter agierte und wie das Opfer auf den Angriff reagierte, kann ich die Bedürfnisse des Täters und somit sein Motiv erkennen. Ist mir das gelungen, so ist auch eine Aussage zu seiner Persönlichkeit, zu seinem Profil, möglich.

Hatte Heinz Schmale ebenfalls wie seine Schwester das laute Krachen gehört und war nach draußen auf die Terrasse gegangen, um nach dem Rechten zu sehen? Aber sollte er das tatsächlich im Dunklen gemacht haben? Als die Polizisten ihn fanden, hatte dort kein Licht gebrannt. Wir schalten das Licht wieder aus, um dieselben Bedingungen wie der Täter zu haben. Der abnehmende Mond gibt uns genügend Helligkeit. Aber wo hatte sich der Täter aufgehalten, als das Opfer das Haus verließ? Von vorne schlug er jedenfalls nicht zu, er muss dem Opfer gefolgt sein. Die Blutspritzer zeigen auch, dass der Täter links hinter Schmale gestanden und mehrmals zugeschlagen haben muss. In der ersten Wunde bildete sich ein »Blutsee«, aus dem bei den folgenden Schlägen das Blut nahezu explosionsartig herausgeschleudert wurde. Ich nehme die Position von Heinz Schmale ein. Meine Kollegin berührt mit unserem mitgebrachten Fäustel zweimal symbolisch meinen Kopf. Instinktiv ducke ich mich, als ich das Metall spüre, und versuche, in Richtung des Rasens zu fliehen. Bereits nach zwei Metern versperrt mir ein großer Blumenkübel den Weg. Auch Heinz Schmale muss es so ergangen sein, wie wir an den Blutspuren auf den Fotos erkennen können. Die Ränder der eigentlich runden Tropfspuren auf den Betonplatten sind unregelmäßig und wie Sonnenstrahlen geformt. Das spricht dafür, dass sie aus größerer Höhe herunterfielen und auf dem Beton zerplatzten. Wir suchen auch hier vergeblich nach weiterem Blut. Alle stummen Tatzeugen sind auch hier gründlich und mit viel Wasser entfernt worden.

Für Heinz Schmale endete hier das Entkommen. Er fiel vornüber auf den großen Blumenkübel und zerdrückte die Margeritenbüsche. Weitere Schläge auf den Kopf folgten, sein Blut färbte die weißen Blütenblätter tiefrot. Der Verletzte rappelte sich auf und versuchte, sich ins Haus zu retten. Auch das zeigen die zahlreichen, dicht nebeneinanderliegenden Tropfspuren auf den Platten. Das Blut tropfte gleichmäßig herunter und offenbarte, dass Heinz Schmale sich nur noch langsam bewegen konnte. Der Täter brauchte sich nicht zu beeilen, als er weiter mit äußerster Kraft auf ihn einschlug. Der Mann stürzte vor der Haustür zu Boden, blutete und röchelte nur noch. Ein Blick in die Fotomappe verrät, dass die blutigen Schleuderspuren an der Wand nach links oben ansteigen; der Täter muss beim Ausholen neben der linken Schulter des Schwerverletzten gehockt oder gekniet haben. Nach diesen finalen Schlägen ließ der Aggressor endlich von ihm ab und flüchtete. Das Tatwerkzeug nahm er mit.

Ich lege mich wie das Opfer auf den Boden. Ehe wir uns das Nachtatverhalten des Täters überlegen können, fällt durch den Glasausschnitt der Tür Licht auf die Terrasse. Meine Kollegin muss einen großen Schritt über mich machen, stößt dabei gegen meinen Fuß und klopft an die Türscheibe. Wir hören, dass sich der Schlüssel im Schloss dreht. Karin Schmale öffnet sofort. Sie blickt verwundert auf die Kollegin mit dem Fäustel in der Hand und zu mir nach unten, während ich mich langsam erhebe. Sie bittet uns herein. Vermutlich hat sie die ganze Zeit höchst interessiert beobachtet, was wir auf der Terrasse so anstellen. Schließlich wusste sie, dass wir kommen würden.

Vor uns steht eine kleine unscheinbare Frau mit mittellangen, braunen, ungewaschenen Haaren, blauen Augen und einer Brille. Das Rot ihrer Lippen ist für mein Gefühl zu stark aufgetragen. Ich weiß, dass sie nicht einmal 45 Jahre alt ist, doch sie wirkt deutlich älter. Sie ist schlank und wiegt wohl um die 50 Kilo. Ihre Kleidung ist schlicht: dunkle Jeans, ein beigefarbener Pullover mit Zopfmuster und rote Hausschuhe aus Plüsch. Um den Hals trägt sie eine schmale Goldkette mit einem Sternzeichen als Anhänger, an ihrem rechten Zeigefinger einen schmalen Ehering aus Gelbgold.

Die Wohnung ist überheizt, obwohl es draußen trotz des frühen Morgens schon sommerlich warm ist. Es riecht nach abgestandener Luft und Zigarettenqualm. Die Decken sind mit dunkel gebeiztem Holz verkleidet, die Wände mit weiß gestrichener Strukturtapete beklebt. Daran lehnen einige Gipskarton-Platten. Auf dem Boden sind Säcke mit Spachtelmasse abgestellt und einige Werkzeuge abgelegt. Wir kommen an der geöffneten Wohnzimmertür vorbei. Im Raum herrscht penible Ordnung, es scheint das Vorzeigezimmer zu sein. Aber die Einrichtung ist einfach, die Bilder an den Wänden sind gerahmte Drucke mit

Blumenmotiven und Bernsteinbilder mit Strandmotiven. Ich frage mich, was hier für einen Einbrecher lukrativ gewesen sein soll. Schnell schließt Karin Schmale die Tür. Das sei so Usus bei ihnen, auch am Tattag sei es so gewesen. Sie bittet uns in die Küche, wo uns das genaue Gegenteil der »guten Stube« erwartet, wie sie das Wohnzimmer im Vorbeigehen nennt. In der Spüle liegt das schmutzige Geschirr der letzten Tage. Ich achte auf leere Bierflaschen oder Alkoholika, zumindest offen stehen keine herum, auch keine benutzten Gläser. Der Fußboden scheint längere Zeit nicht gefegt worden zu sein. Wir setzen uns an den Küchentisch und trinken vom angebotenen Kaffee. Als unsere Gastgeberin ihren Becher an den Mund führt, kann sie das Zittern ihrer Hände nicht unterdrücken. Sie steht unter Strom und kann sich nur mit Mühe beherrschen, das ist klar. Der Beinahtod ihres Mannes muss sie völlig aus dem Gleichgewicht geworfen haben.

Wir erklären der Frau unsere Vorgehensweise als Fallanalytiker und sagen ihr auch, dass sie als Angehörige keine Aussage zu machen braucht, da sie sich damit selbst belasten könnte. Aber sie winkt nur ab und meint: »Ich hab mir doch nichts vorzuwerfen. Hauptsache, der Täter wird gefasst.«

Wir erklären Karin Schmale weiter, dass es besonders wichtig sei, die Persönlichkeit ihres Mannes zu kennen und eine Antwort auf die Frage zu finden, weshalb gerade er zum Opfer wurde. Ob es Feinde gegeben habe, möchte ich wissen und ärgere mich sogleich über diese Klischeefrage eines Fernsehkommissars. Die Frau schüttelt energisch den Kopf. Nein, wie soll dieser Mann Feinde haben? Sie beschreibt ihren Partner als ruhig, genügsam, eigenbrötlerisch, zuverlässig, weder aggressiv noch jähzornig. Er sei Konfrontationen aus dem Weg gegangen. Ein wenig vorwurfsvoll fügt sie schnell hinzu, dass ihr Mann Verantwortung gescheut habe. Als ich sie frage, wie er sich gegenüber einem Einbrecher verhalten hätte, zögert die Frau ein wenig mit der Antwort. Dann sagt sie, dass er wohl laut um Hilfe gerufen hätte. Körperliche Auseinandersetzungen seien ihm fremd.

Kaum dass die Frau ihre Zigarette im übervollen Aschenbecher ausgedrückt hat, steckt sie sich sogleich die nächste an. Dabei zieht sie den Rauch tief ein, ehe sie ihn heftig ausprustet. Manchmal habe ich das Gefühl, dass ich es in meinen Fällen nur mit Kettenrauchern – oder Alkoholikern – zu tun habe. Wir erfahren, dass die beiden seit 22 Jahren verheiratet sind und eine 20-jährige Tochter haben, die allerdings seit fast einem Jahr mit ihrem Verlobten zusammenlebt.

Freimütig erzählt die Frau, dass die Ehe zunächst nicht so gut gelaufen sei, denn sie habe ihren Mann bereits kurz nach der Hochzeit als Alkoholiker entlarvt. Täglich habe er einen Kasten Bier und auch Weinbrand getrunken. Nun sei er aber seit mehreren Jahren trocken. Die Beziehung sei seitdem sehr harmonisch. Wegen der Schlaganfälle sei ihr Mann zu 40 Prozent schwerbehindert, jedoch könne er seine Arbeit als Bote ausführen – wenn auch langsam. Auch sei er ein guter Handwerker, mit dem sie gerne zusammenarbeite. Mit den Worten »Sehen Sie doch mal« führt sie uns in den Flur, in dem die Baumaterialien und Werkzeuge lagern. Voller Stolz zeigt sie die letzte Gemeinschaftsproduktion mit ihrem Mann: der Umbau des Bades mit einem Wanddurchbruch zu einem Ankleidezimmer.

Die Kollegin und ich bewundern die neue Duschkabine und die Fliesen in floraler Baumarktqualität. Auch wenn mir das Design nicht gefällt, so sind die Arbeiten doch sehr sorgfältig und penibel ausgeführt worden. Das passt so gar nicht zu der schmutzigen Küche. Auf einer Ablage vor dem Spiegel sind Hygieneartikel wie Zahnbürste und Creme, Parfum, Puder und Haarshampoo abgestellt. Als wir sie auf den Fäustel ansprechen, meint sie, ein solches Werkzeug zu besitzen und vielleicht auch schon einmal damit gearbeitet zu haben. Doch zeigen kann sie uns den schweren Hammer nicht. Wie sollte sie auch? Der Täter hatte doch den Hammer vom Tatort mitgenommen und in das Dickicht geworfen.

Zum ersten Mal wirkt die Frau fast ein wenig gelöst. Doch schnell ist sie wieder in sich zurückgezogen, als wir sie bitten, uns den Morgen zu schildern, als ihr Mann schwer verletzt wurde. Obwohl sie fast wortwörtlich ihre erste Aussage bei der Polizei wiederholt, gibt sie uns doch einige Informationen preis, die mir vorher nicht bewusst waren. Das Licht auf der Terrasse war ausgeschaltet. Hilferufe oder das Stöhnen ihres Mannes habe sie nicht gehört. »Ich war spät dran und hab mich in der Küche gewaschen, das Wasser wird dort schneller warm.« Fast gedankenverloren frage ich, ob sie sich dort auch die Zähne geputzt habe. Die Frau sieht mich misstrauisch an und meint, dies bereits abends erledigt zu haben. Außerdem werde ja das Badezimmer renoviert und die Heizung sei ausgestellt gewesen. Sie habe das Bad deshalb gemieden – aber ist das ein Grund, sich morgens nicht die Zähne zu putzen? Ich mag es gar nicht glauben. Sie habe stattdessen eine Zigarette geraucht und hätte später einen Apfel essen wollen.

Ich sehe mir die Frau nochmals an. Sie ist unverkennbar eine Kettenraucherin; Mittel- und Zeigefinder sind vom Nikotin gelblich braun gefärbt. In beinahe atemberaubender Geschwindigkeit hat sie sich einige neue Filterlose gedreht und sie in einer silberfarbenen Zigarettenbox verschwinden lassen, auf dem Tisch häufen sich die Tabakkrümel. Unser Blickkontakt reißt ab. Ich achte auf ihre übergeschlagenen Beine. Der rechte Fuß beginnt plötzlich stark auszuschlagen. Unsere Fragerei ist ihr sichtlich unangenehm.

Ohne die Frage zu stellen, überlege ich, weshalb sie trotz aller Eile nicht nach ihrem Mann gesehen hat. Sie wollten doch gemeinsam zur Arbeit fahren. Hatte sie nicht nach ihm gerufen? Überhaupt finde ich das Verhalten der Frau auffällig: Gerade an dem Morgen, wie ich aus den mir übergebenen Berichten weiß, will sie ihre Hygieneartikel holen, während ihr Mann blutend und fast tot auf der Terrasse liegt. Ich nehme mir vor, Karin Schmale darauf noch einmal anzusprechen.

Natürlich möchte ich der Frau nicht gleich unterstellen, dass sie ihn so schwer verletzte, aber ihre Rückkehr erinnert mich an das Verhalten von Tätern, das ich schon häufiger bei Tötungsdelikten beobachten konnte. Es geht um die emotionale Wiedergutmachung, um das »Undoing«, wie der Fachbegriff in der amerikanischen FBI-Terminologie heißt. Darunter ist das sehr spezielle Bedürfnis von Menschen zu verstehen, die, häufig aus der Situation heraus, eine für sie sehr wichtige Person töten und dann die Tat zumindest symbolisch ungeschehen zu machen suchen. Haben sie erst einmal das Ausmaß ihres Kontrollverlustes realisiert, beginnt ein verzweifeltes Bemühen, dem Opfer wieder Leben einzuhauchen. Da sie natürlich die Leiche nicht wieder erwecken können, folgt die Totenfürsorge. Leichen werden wie beim Bestatter aufgebahrt, Hände werden gefaltet, Wunden versorgt, oder Blut wird vom Körper abgewaschen oder mit Tüchern verdeckt. Aber auch Blumen oder sakrale Gegenstände können neben der Leiche drapiert sein. Finde ich an einem Tatort Anzeichen eines solchen Verhaltens, so muss ich die Suche nach einer dem Opfer nahestehenden Person ausrichten.

Hier hatten sich am Tatort keine Symbole der Totenfürsorge oder Reue gezeigt, doch die Rückkehr der Ehefrau kann mit dem Bemühen, dem Opfer wieder Leben einzuhauchen, verglichen werden: Den Schwerverletzten zu finden und Hilfe zu organisieren ist auch eine Art Wiedergutmachungsversuch. Dass es dazu nicht kam, lag an der schnellen Reaktion der Nachbarn, mit der sie, wenn sie die Täterin wäre, wohl nicht gerechnet hatte.

Und noch einen Aspekt finde ich aus verhaltenspsychologischer Betrachtung auffällig. Es geht um das penible Entfernen der Blutspuren auf der Terrasse. Es könnte sich um eine Form der Distanzierung vom Verbrechen handeln: Das Blut verwässert nach und nach und somit auch das Verbrechen selbst. Die Tat hat gleichsam nicht stattgefunden. Die eigene Schuld gibt es nicht. Ich kenne dieses Verhalten von Tätern, die, um ihre getöteten Opfer nicht mehr sehen zu müssen, sie einfach abdecken und so im sprichwörtlichen Sinne den Mantel des Vergessens über die Tat ausbreiten: keine Leiche, keine Tat, keine Schuld.

In der Rückkehr von Karin Schmale an den Tatort könnte sich noch ein weiterer Schwachpunkt ihrer Aussage zeigen, der symptomatisch für das Verhalten von Tätern nach einer völlig aus dem Ruder gelaufenen Streitigkeit ist. Da das Verbrechen aus dem Nichts geschieht, kann es keine Planung für das Nachtatverhalten geben. Es sind vom Täter jetzt schnelle Entscheidungen gefordert, um nicht für das Verbrechen die Verantwortung tragen zu müssen: den Tatort verändern, Beweismittel verschwinden lassen oder auch eine Geschichte erfinden, die plausibel genug ist, um den Verdacht auf eine andere Person zu lenken. Die vergessenen Hygieneartikel zum Beispiel, von der die Ehefrau sprach – welcher Ermittler mag eine solche intime Erklärung schon gerne hinterfragen? Ebenso könnte das Entfernen des abgewaschenen Fäustels vom Tatort ein Grund für die vermeintliche Fahrt zur Arbeit sein. Das Säubern und das Verstecken des Tatwerkzeuges zeigen aber auch, dass nach diesem heftigen Gefühlsausbruch der Täter schnell wieder die Kontrolle über sich gewann und überlegt und planvoll agierte.

Ich spüre den Blick der Ehefrau auf mir ruhen und überlege, ob sie wohl meine Gedanken erahnt. Dieses Mal bin ich derjenige, der sich ein wenig unwohl fühlt. So bitte ich sie – um abzulenken –, noch den Vorabend der Tat zu schildern. Karin Schmale zeigt sich jetzt entspannt. Es sei ein harmonischer Abend gewesen. Sie hätten tagsüber gemeinsam im Bad renoviert, abends gegrillt, sie seien früh ins Bett gegangen und hätten gekuschelt, aber nicht miteinander geschlafen. Als meine Kollegin sich nach ihrem Sexualleben erkundigt, spricht sie von zwei bis drei Intimkontakten die Woche. Sie sagt das, ohne uns dabei anzusehen. Bei der Verabschiedung reicht sie uns zögernd und kraftlos die Hand.

Das Ergebnis unseres Besuches muss ich auf mich wirken lassen. Aber eines zeigt sich schon jetzt: Wut, Aggressionen und Kontrollverlust bestimmten das Geschehen. Der Täter wollte etwas zerstören, das er nicht mehr ertragen konnte. Aber ist das typisch für einen überraschten Einbrecher, dessen einzige Reaktion bei der Tatentdeckung doch die Flucht sein sollte? Wo sollte er zudem auch den schweren Hammer abgewaschen haben?

Wir fragen die Nachbarn nach eventuellen Beobachtungen, aber niemand hat an diesem frühen Morgen auf den leeren Straßen eine Person flüchten sehen. Allerdings ist Karin Schmale von einem Zeugen kurz vor 5 Uhr beobachtet worden, wie sie vor ihrer Haustür rauchte und kurz darauf mit ihrem Wagen davonfuhr. Etwa 20 Minuten später sei sie zurückgekehrt; Polizei und Notarztwagen seien bereits da gewesen. Von der Schwester erfahren wir, dass zur tatkritischen Zeit die Bewegungsmelder der Außenbeleuchtung nicht ansprangen. Der Täter kann somit nicht durch den Garten geflüchtet sein.

Mir geht der aufrecht stehende Fäustel im Gebüsch nicht aus dem Sinn. Die Kollegin und ich fahren zur Fundstelle. Sie ist gut 15 Meter von der Straße entfernt. Wir versuchen, durch die geöffnete Seitenscheibe den schweren Hammer zu werfen, doch es gelingt uns nicht. Erst nach dem Aussteigen überwinden wir die Entfernung. Allerdings kippt nach jedem Wurf der Fäustelstiel zur Seite und bleibt kein einziges Mal aufrecht stehen. Als wir später im Präsidium Kollegen bitten, es uns gleichzutun, fällt der Stiel auch nach über hundert Versuchen immer zur Seite. Doch was bedeutet dieses Ergebnis? Es könnte dafür sprechen, dass der Täter zu Fuß flüchtete und den Fäustel im Gebüsch abstellte.

Am nächsten Morgen sind wir wieder um 5 Uhr unterwegs. Wir wollen die Fahrtstrecke vom Tatort zum Schulzentrum abfahren, um die Angaben von Karin Schmale zu überprüfen. Dabei schlüpfen wir ein wenig in die Haut der klassischen Ermittler, doch für mich gehört dieses Vorgehen dazu: Nur abgesicherte Informationen können fallanalytisch bewertet werden. Die Straßen sind zu der frühen Zeit menschenleer. Lediglich ein Zeitungsausträger ist mit seinem Fahrrad unterwegs. Aber er hat am Tatmorgen niemanden flüchten sehen, wie er uns bei einem schnellen Halt versichert. Wir fahren 50 Kilometer in der Stunde und schaffen die anderthalb Kilometer lange Strecke in nicht einmal zwei Minuten. Ich denke, dass Karin Schmale schneller fuhr, da sie ja spät dran gewesen sein will. Wir wenden, halten nach eventuellen nächtlichen Passanten Ausschau, die wir befragen könnten, aber niemand läuft uns über den Weg. Nach gut fünf weiteren Minuten stehen wir wieder vor dem Haus des Opfers. Uns wird schlagartig bewusst: Die Frau hat für die Fahrtstrecke 15 Minuten länger gebraucht.

Wir warten das Ergebnis der serologischen Blutuntersuchung des Werkzeuges ab. Tatsächlich stammen die Blutspuren am Hammerkopf und aus dem Innenbereich der Stielöffnung vom Opfer. Auch Merkmale der DNA von Karin Schmale können die Wissenschaftler am Stiel des Schlagwerkzeuges nachweisen. Damit steht fest, dass der Fäustel aus dem Haushalt des Opfers stammt und er auch die Tatwaffe ist. Allerdings bedeutet das Ergebnis nicht, dass die Frau auch tatsächlich ihren Mann niedergeschlagen hat, denn darüber, wann die Spuren entstanden sind, sagt der Test nichts aus.

Bei der Untersuchung eines Tatortes oder von Tatwerkzeugen müssen wir generell bedenken, dass serologische Spuren wie Blut, Sperma, Speichel oder Fingerabdrücke und Schuhspuren auch von Familienangehörigen oder Freunden stammen können, die nichts mit dem Verbrechen zu tun haben müssen. Deshalb ist Vorsicht geboten, wenn Spuren einem bestimmten Menschen zugeordnet werden. Zunächst ist nur die Aussage zulässig, dass sich die Person an einem Ort aufgehalten hat, der bereits Tatort war oder später wurde. Dort hat sie entweder einen Gegenstand angefasst und ihre Fingerabdrücke hinterlassen, sich verletzt und Blut verloren oder sexuellen Kontakt mit dem Opfer gehabt. Die Aufgabe eines Ermittlers besteht darin, die gesicherten Spuren mit dem Verbrechen in Einklang zu bringen und alle Möglichkeiten auszuschließen, die nichts mit der Tat zu tun haben. Deshalb ist für die Beweisführung auch die genaue Eingrenzung der Tatzeit so wichtig. Es ist meine Aufgabe, den Nachweis zu führen, dass die gesicherten Spuren tatrelevant sind; ein Verdächtiger hingegen braucht seine Unschuld nicht zu beweisen. Er kann schweigen und die Aussage verweigern.

Aus der Rechtsmedizin liegen inzwischen die Befunde zu den knöchernen Verletzungen des Kopfes vor. Dabei haben die Gerichtsärzte die Aufnahmen der Computertomografie des Kopfes in ein 3-D-Bild umgewandelt und können sagen, dass Heinz Schmale von mindestens sechs Schlägen auf den Kopf getroffen wurde. Der im Gebüsch gefundene Fäustel ist aufgrund der quadratischen Form der Schlagfläche als Tatwaffe gut geeignet. Der verletzte Schädelknochen zeigt gleiche Umrisse. Auch die Entstehung der beiden Frakturen des Unterschenkels lässt sich erklären. Es handelt sich um sogenannte Verbiegungsbrüche, die bei einem traumatischen Ereignis entstanden sind. Der Fuß des Opfers muss nach vorne fixiert gewesen sein. In dieser Position trat jemand von hinten mit voller Kraft gegen die Ferse. Da der Fuß wegen des Hindernisses nicht dem Druck ausweichen konnte, brach zunächst das Gelenk. Gleichzeitig entwickelten sich im Wadenbein enorme Hebelkräfte, die auch den Knochen unterhalb des Knies brechen ließen. Ich überlege, in welcher Phase der Tat Heinz Schmale so heftig getreten wurde. Mir fallen dazu die Situationen an der Schuppentür und am Blumenkübel ein.

Inzwischen haben wir alle Informationen gesammelt, die wir für die Antwort auf die Frage benötigen, wer Heinz Schmale zum Krüppel schlug und dabei beinahe tötete. Wir ziehen uns wie üblich hinter verschlossene Türen zurück; kein Telefon, kein ungebetener Besuch soll unsere Überlegungen stören.

Nach dem amerikanischen FBI-Analysemodell teilen wir das Verbrechen in die drei Sequenzen Vortat, Haupttat und Nachtat ein. In jedem Abschnitt trifft der Täter Entscheidungen, die seine Bedürfnisse beim Verbrechen widerspiegeln. Dieses Verlangen ist an den Spuren am Tatort und an den oftmals tödlichen Verletzungen des Opfers zu erkennen.

Im Fall von Heinz Schmale spricht sehr viel dafür, dass es sich um eine spontane Tat handelte, die ohne Planung und aus dem Nichts entstand. Ein Streit eskalierte. An einen Einbrecher als Täter mag ich nicht glauben. Es gibt keine Einbruchsspuren. Weshalb sollte ein ertappter Täter überhaupt den behinderten Mann angreifen und so schwer verletzen? Würde er nicht eher weglaufen? Stattdessen ergriff der Täter in seinem Zorn den Fäustel und bedrohte den Mann. Der versuchte, über die dunkle Terrasse in den Schuppen zu flüchten, und schrie dabei ängstlich: »Nein, nein!« Dieser doppelte Schreckensruf drückt für mich eine Nähe zum Täter aus; Heinz Schmale kannte den Täter. Bei einem Fremden hätte er vermutlich »Hilfe, Hilfe« gerufen, wie viele andere Opfer auch, die ich kennengelernt habe. Die geschlossene Schuppentür versperrte ihm den weiteren Fluchtweg. Der Täter holte ihn ein und drosch mit voller Kraft auf den Kopf des Flüchtenden ein. Er versuchte zwar, den Schlägen zu entrinnen, doch er hatte keine Chance. Nicht einmal seine Hände konnte er nach oben reißen, um sich zu schützen. Von weiteren Hieben getroffen, brach er vor der Tür des Hinterausganges zusammen. Endlich ließ der Täter von ihm ab und flüchtete. Doch wohin?

Das ist die alles entscheidende Frage der Analyse, denn sie beantwortet auch die Frage nach dem Täter-Opfer-Kontakt: Ein fremder Täter würde versuchen, vom Grundstück zu fliehen, ein dem Opfer bekannter Aggressor ins Haus. Nach vorne zur Straße versperrte ihm der hohe Maschendrahtzaun mit den Sichtschutzelementen den Weg. Die Möglichkeit, am Haus der Schwester vorbeizulaufen, entfiel ebenfalls, denn dann wären die beiden Bewegungsmelder angesprungen und hätten die Nacht zum Tag gemacht. Auch ein Verschwinden durch die Garage konnten wir verneinen. Als Heinz Schmale gefunden wurde, waren beide Türen des Holzbaus geschlossen. Kaum vorstellbar, dass der Täter in seiner Eile die Türen ordentlich hinter sich verschloss. Als einzige Möglichkeit blieb nur noch die Flucht in das Haus durch die Terrassentür. Aber vor der Tür lag Heinz Schmale und versperrte den Fluchtweg. Der Täter hätte einen großen Schritt über ihn machen müssen. Auf einmal fällt es mir wie Schuppen von den Augen; die Frakturen entstanden in diesem Moment. So, wie meine Kollegin gegen meinen Fuß gestoßen war, trat der Täter auf Heinz Schmales rechtes Sprunggelenk. Nicht die Schuppentür oder der Blumenkübel auf der Terrasse hatten diesen Fuß fixiert, es waren die Betonplatten, auf denen er lag. Sie fungierten wie schon bei den schweren Kopfverletzungen als eine Art Widerlager. Der Spann konnte dem plötzlichen Druck nichts entgegensetzen, sodass zunächst das Fußgelenk und dann das Wadenbein brach.

Doch ist die Überlegung realistisch? Ich bin froh, dass ich so gut vernetzt bin. Ein Anruf bei dem Rechtsmediziner bestätigt die Theorie; die Wahrscheinlichkeit, dass die Frakturen auf diese Weise entstanden sind, ist ungleich höher.

Doch welcher Täter würde in das Haus des Opfers flüchten, wenn er dort nicht wohnen würde? Nur Karin Schmale, die Ehefrau des fast toten Opfers. Auf einmal bekommen auch alle anderen Handlungen einen Sinn: der abgewaschene weggeworfene Fäustel mit dem schwachen DNA-Nachweis, Karin Schmales nachlässige Morgentoilette, die frappierende Zeitdifferenz bei ihrer morgendlichen Fahrt zur Arbeitsstelle, die Rückkehr als begonnene Wiedergutmachungshandlung. Auch die Kopfverletzungen lassen sich erklären. Die Intensität der Tat deutet auf ein Motiv der Nähe hin. Sie basiert auf Wut und Zorn.

Wir teilen der Beamtin der Mordkommission unser

Analyseergebnis mit und raten ihr, die Überprüfungen der Handybesitzer abzubrechen, die am Tatmorgen ihr Gerät eingeschaltet hatten. Auch die Theorie eines Einbrechers als Täter halten wir für abwegig. Wir empfehlen, die Ehefrau in den Fokus zu nehmen.

Es braucht nicht viele Vernehmungen, bis Karin Schmale gesteht, in grenzenloser Wut mit dem Fäustel auf ihren Mann eingeschlagen zu haben. Er habe nach einem Streit angekündigt, sich an einer Tankstelle mit Schnaps zu versorgen. Auf einmal seien die lange zurückliegenden Bilder seiner Alkoholexzesse lebendig geworden. Sie habe das nicht noch einmal ertragen können.

Karin Schmale wird vom zuständigen Amtsgericht wegen schwerer Körperverletzung in Tateinheit mit gefährlicher Körperverletzung angeklagt und zu einer Strafe von einem Jahr und neun Monaten verurteilt. Ihre Strafe wird zur Bewährung ausgesetzt, da sie sich verpflichtet, die Pflege ihres jetzt geistig und körperlich behinderten Mannes zu übernehmen. Die Angeklagte nimmt das Urteil sofort an.

Etwa ein Jahr nach dem Urteil suche ich Karin Schmale zu Hause auf. Ihr Mann ist tatsächlich ein Pflegefall. Er sitzt bei meinem Besuch im Rollstuhl und leidet an den Spätfolgen der schweren Schädel-Hirn-Verletzung: Seh- und Sprachstörungen, epileptische Anfälle und Bewegungsstörungen bestimmen seinen Tagesablauf. Als ich ihm einen guten Tag wünsche, reagiert er nicht. Er lebt in einer anderen Welt.

Ich berichte der Frau von meinem Ansatz, mehr über die Motivation der Täter zu erfahren. Karin Schmale schaut mich misstrauisch an; diesen Blick kenne ich von unserem Treffen, als ich sie nach der morgendlichen Toilette fragte.

Vielleicht hat sie Angst, dass ich die Bewährungsauflagen kontrolliere. Wir sitzen wieder in der Küche, doch im Gegensatz zu unserem ersten Treffen scheint sie ihr inneres Gleichgewicht wiedergefunden zu haben. Sie ist gepflegt, die Haare sind gewaschen, und auch ihren Zigarettenkonsum hat sie deutlich reduziert, was ich nicht nur an dem fehlenden Aschenbecher bemerke.

Ganz langsam traut sie sich aus ihrer Zurückhaltung heraus. Ich erfahre, dass der exzessive Alkoholkonsum ihres Mannes die Beziehung früh zerstörte. Als ihre Tochter drei Jahre alt wurde, hatte sie sich von ihm getrennt. Er zeigte sich reumütig, versprach Besserung, sie kehrte zu ihm zurück. Seine Sucht nach Alkohol war stärker als die Kraft der Beziehung, doch da fehlte ihr die Stärke für eine erneute Trennung. Nach seinem dritten Schlaganfall stellte er tatsächlich das Trinken ein. Allerdings wurde Sexualität ein Fremdwort. »Fast 15 Jahre lebte ich mit einem geschlechtslosen Wesen zusammen.« Karin Schmale spricht leise, als sie fortfährt: »Als wir an jenem Abend zu Bett gingen, sah es tatsächlich so aus, als könnten wir intim werden.« Aber die Nacht wurde zum Fiasko. Statt inniger Zärtlichkeit nur sexuelles Versagen. Ihr Mann konnte nicht erigieren. Völlig frustriert schlief er ein. Sich am nächsten Morgen als Versager betrachtend, kündigte er an, sich an der Tankstelle mit Alkohol zu versorgen. »Er wollte tatsächlich gehen. Ich versuchte, ihn festzuhalten, doch er fauchte mich an und schubste mich weg. Da habe ich nur noch Rot gesehen, nach dem Erstbesten gegriffen und zugeschlagen.« Erst später habe sie realisiert, dass es der Fäustel gewesen sei, der von der Badrenovierung noch im Flur lag.

Ich bitte Karin Schmale, mir ihre damaligen Gefühle zu beschreiben. Sie wird jetzt sehr ernst, als sie fortfährt: »Es war ein Ausraster, wie ich ihn noch nie erlebt habe. Klar, Streit gab es immer, doch geschlagen haben wir uns nie. Alles ging wie von alleine. Ich stand neben mir und sah Bilder von früher. Ich bilanzierte mein Leben, das er mir versaut hatte. Sah ihn sturzbetrunken und vollgepisst in seiner Kotze liegen, wenn ich von der Arbeit nach Hause kam und er auf die Tochter aufpassen sollte. Diese ständigen Demütigungen. Da muss ich einfach zugeschlagen haben.«

Ich möchte von ihr wissen, ob sie sich an Details ihres Kontrollverlustes erinnern könne, doch sie verneint das. »Ich weiß nicht, was auf der Terrasse passierte.« Erst als sie später im Auto saß und den abgewaschenen Hammer in der Hand fühlte, sei ihr langsam bewusst geworden, irgendetwas nicht richtig gemacht zu haben. »Ich kam zurück, und die Polizei war da. Erst da war mir klar, dass mit meinem Mann etwas war, als ich ihn dort liegen sah. Ich hatte kein schlechtes Gewissen.«

Schnell habe sie sich eine Begründung für ihre Rückkehr ausgedacht, die vergessenen Hygieneartikel. Als dann die Polizei einen Einbrecher als Täter vermutete, habe sie das einfach nur bestätigt.

Ich mag Karin Schmales Erklärung nicht so einfach hinnehmen. Von anderen Tätern weiß ich, dass sie nach einer spontanen Tat relativ schnell ihr Handeln realisieren und ihr Nachtatverhalten planen. Ob das denn nicht auch bei ihr so gewesen sei, möchte ich wissen. Schließlich habe sie doch die Tatwaffe abgewaschen, sich umgezogen und auch den Fäustel weggebracht. Die Frau bleibt bei ihrer Version.

»Erst am Schulzentrum hat es Klick gemacht. So als sei ein Schalter umgelegt worden.« Abends im Bett will sie gegrübelt haben, was denn passiert sei, ohne allerdings eine Antwort zu finden. »Es kam das Eingeständnis, dass es meine Schuld war, dass ich die Kontrolle über mich verloren hatte.« Auch habe sie Bilder gesehen, »vom Festhalten und so«, doch nicht vom Schlagen. »Es war wie ausgeblendet. Auch das Stöhnen meines Mannes habe ich nicht gehört. Es war wie in einem Albtraum, doch leider Realität.«

Ich verabschiede mich von der leidgeprüften Frau. Von ihr werde ich nicht mehr über die Tat und ihre Gefühle erfahren können. Auch wenn ich ihre Amnesie, ihren absoluten Erinnerungsverlust, in der Nachtatphase nicht so recht glauben mag, bin ich froh, dass sie dennoch relativ freimütig mit mir über ihren Kontrollverlust gesprochen hat.

Es sollte etwa vier Jahre dauern, bis ich wieder etwas von Heinz Schmale höre, besser gesagt, lese. Es ist eine Todesanzeige. Der Text rührt mich. Karin Schmale scheint doch noch Frieden mit ihrem Mann geschlossen zu haben:

Ohne dich – zwei Worte so leicht zu sagen,
doch so endlos schwer zu ertragen
Nach kurzer schwerer Krankheit verließ uns
mein lieber Mann und Vati
Heinz Schmale
Du wirst uns fehlen.

Auch die Angehörigen von Swantje Lorenz können etwa zur selben Zeit ihren Seelenfrieden finden. Die Untersuchung der Haare war nach jahrelangem Warten endlich erfolgreich. Eines davon kann dem Wachmann zugeordnet werden; seine Schwester hatte sich zu einer Speichelprobe bereit erklärt. Ihre von der Mutter vererbte mitochondriale DNA verfügte über signifikante Übereinstimmungen mit der ihres Bruders. Sein Alibi erwies sich als falsch; er hatte die Stechuhren manipuliert. Ermittlungen ergaben, dass er häufig seine Arbeitsstellen gewechselt und bereits als Bergmann, Hafenarbeiter und im Schlachthof gearbeitet hatte. Er hatte eine Vorliebe für Pornohefte mit jungen Frauen. In der Familie verhielt er sich sehr gewalttätig, schlug die Kinder mit der flachen Hand oder Faust. Er trank viel und häufig Alkohol. Sobald er betrunken war, wurde er brutal und vergewaltigte auch seine damalige Ehefrau, manchmal zwei bis drei Mal in der Woche. Eine Anzeige hatte sie allerdings nie gegen ihn erstattet und auch Szenen der Ehe in ihrer Vernehmung durch die früheren Mordermittler verschwiegen. Sein Profil entsprach der Vergewaltigertypologie.

Meine Berufswahl vor fast 40 Jahren war die richtige. Nicht nur der Mörder von Swantje Lorenz hat in den vielen Ermittlerjahren ein Gesicht bekommen.

Epilog: Wer klärt die ungelösten Morde auf?

Es ist ein warmer Herbsttag, als ich Ende Oktober 2014 das letzte Mal in meinem Büro bin. Ich gebe meine Dienstmarke ab und verabschiede mich von vertrauten Menschen, mit denen ich viele Jahre lang zusammengearbeitet habe. Es ist ein Tag voller Wehmut und Erinnerungen. Als sei es gestern gewesen, sehe ich noch meinen ersten Tatort vor mir. Es war im Januar 1975, ein Sohn hatte seinen Vater erschlagen. Viele ähnliche Fälle sollten folgen. Zum Glück konnten meine Kollegen und ich die meisten von ihnen aufklären.

Seither werde ich in Interviews häufig darauf angesprochen, wie ich mich fühle, wenn nach jahrelanger Arbeit ein Verbrechen ungeklärt bleibt. Mitunter war ich deprimiert, wie im Fall der kleinen Adelina, die nur elf Jahre alt wurde. Sie hatte ihren Großvater besucht, steckte voller Pläne für die Sommerferien und verschwand eines späten Nachmittags spurlos. Wochen später wurde ihre Leiche in einem großen blauen Sack gefunden. Der Mörder hatte sie missbraucht und wie Müll entsorgt. Das alles geschah vor über zehn Jahren. Ihre Mutter wartet noch heute auf die Antwort, wer ihre Tochter umgebracht hat.

Dann die Morde an zwei Frauen im Jahre 1991 – sie wurden innerhalb weniger Stunden in ihren Autos getötet. Das erste Opfer hatte bis spät am Abend in einer Bremerhavener Klinik gearbeitet und wollte zu ihrer Tochter fahren. Als sie ins Auto stieg, gab der Täter mehrere Schüsse auf ihren Kopf ab. Wenig später starb die Frau. Fünf

Stunden später geschah der zweite Mord, diesmal in Bremen, rund 60 Kilometer vom ersten Tatort entfernt. Das zweite Opfer war eine Altenpflegerin, die auf dem Weg zu ihrer Familie war. Zwei Tage später wurde sie tot in ihrem Auto gefunden. Der Täter hatte sie mit einem Kopfschuss exekutiert. Ein Fall voller Rätsel: zwei Frauen, die sich nicht kannten, die nur eines einte – die Pistole, mit der sie getötet wurden.

Natürlich lassen mir diese Verbrechen auch jetzt keine Ruhe. Sie schleichen sich immer wieder in meine Gedanken ein. Manchmal schlafe ich auch mit Bildern des Todes ein und wache mit ihnen auf. Bei einem ungeklärten Mord gibt es keinen geschlossenen Aktenschrank. Bei diesen »Altfällen«, den sogenannten »cold cases«, habe ich immer versucht, optimistisch zu bleiben und nicht aufzugeben: Probieren ist alles! Irgendwann wird man auf die Spur stoßen, die zum Mörder führt.

Dieser Maxime versuche ich auch jetzt zu folgen, obwohl ich nun kein Ermittler im Staatsdienst mehr bin. Es passiert aber immer wieder, dass Angehörige von Verbrechensopfern aus ganz Deutschland mit der Bitte an mich herantreten, mich um einen ungeklärten Fall zu kümmern. Momentan sind es mehr als zehn dieser Schicksale, die ich ergründen soll. Ich empfinde es als meine gesellschaftliche und moralische Pflicht, auch im Ruhestand alles dafür zu tun, dass solche Fälle irgendwann gelöst werden. Nie hätte ich gedacht, wie existenziell wichtig es für Angehörige ist, zu erfahren, weshalb ein ihnen lieb gewesener Mensch getötet wurde und wer dafür verantwortlich ist. Manche Hinterbliebene grämt die Ungewissheit noch nach Jahrzehnten. Sie hoffen immer noch auf eine Aufklärung. Dabei geht es selten um Rache, eher darum, einen Abschluss für sich zu finden. Und Ruhe. Aber auch, um die Würde des Getöteten wiederherzustellen.

Ich bin davon überzeugt, dass ich als Profiler hierbei entscheidend weiterhelfen kann, auch wenn ich bei meinen Nachforschungen nicht mehr die offiziellen Befugnisse eines Ermittlers habe. Ich kann versuchen, neue Perspektiven zu entwickeln und Ansätze, die bei den bisherigen Ermittlungen zu kurz gekommen sind. Wie bei Heike Rimbach, deren trauriges Schicksal ich in diesem Buch vorgestellt habe. Oder wie im Fall der Studentin Alexandra Wehrmann, die im Sommer 2013 am Strand von Juist ermordet und im Sand verscharrt aufgefunden wurde. Der Täter hatte sie erwürgt, erdrosselt, mit Sand erstickt und sie ausgezogen, ehe er symbolische Handlungen an ihr vornahm. Auf Bitten eines Rechtsanwalts hatte ich mich des Falles angenommen, weil das Gericht von Totschlag und nicht von Mord ausging. Ich half ihm und den Eltern des jungen Opfers, den Ablauf des Verbrechens zu rekonstruieren und die sexuelle Komponente dieser Tat zu verstehen. Ihr auch mit dieser Erkenntnis begründeter Revisionsantrag gegen das Urteil wird nun in einer mündlichen Verhandlung beim Bundesgerichtshof geprüft. Eine Ausnahme in der gängigen Rechtspraxis, denn nur in den wenigsten Fällen sind dort Revisionen in Strafverfahren ganz oder teilweise erfolgreich.

Was ändert sich mit dem Ruhestand jetzt in meinem Leben? Zum einen, dass ich nun völlig selbstbestimmt arbeiten und, ohne auf Zuständigkeit zu achten, mich um die Aufklärung von Rätseln und ungeklärten Todesfällen kümmern und Angehörigen hoffentlich Antworten auf das Warum geben kann. Andererseits werde ich zukünftig ganz gewiss dem Leid der Menschen wieder viel näherkommen. Gefühle, die ich als aktiver Mordermittler und Profiler gerne verdrängt habe.

Ich möchte auch meine Arbeit mit den Tätern fortsetzen, sie in Gefängnissen und forensischen Kliniken aufsuchen, um das Motiv ihrer Taten besser zu verstehen. Dabei hoffe ich, auch Antworten auf die Frage zu finden, was am Bösen faszinierend ist. Denn eine Gewissheit gibt es in diesem Leben: Das Böse wird es immer geben. Auch über meinen Ruhestand hinweg.

Dank

Ich danke all denen, die mich bei der Aufklärung der geschilderten Verbrechen und beim Schreiben des Buches auf vielfältige Weise unterstützt haben, unter anderem:

für rechtsmedizinische, biologische und toxikologische Fachkompetenz: Dr. Norbert Beck, Dr. Kerstin Boomgaarden-Brandes, Prof. Dr. Christiane Erfurt, Dr. Dr. Axel Gehl, PD Dr. Heike Klotzbach, Dr. Thomas Krämer, Dipl.-Biologe Hans Christian Küchelmann, Prof. Dr. Ute Lockemann, Klaus Lüninghake, Prof. Dr. Klaus Püschel

für entomologisches Know-how: PD Dr. Jens Amendt, Dipl.-Biologin Kristina Baumjohann, Hans-Georg Rudzinski

für psychologische und psychiatrische Sachkunde: Prof. Dr. Luise Greuel, Friedrich Schwerdtfeger

für kriminalistischen Spürsinn: Susanne Bischoff, Stefan Bothe, Thomas Dölvers, Monika Heim, Uwe Picard

für weitere fachkompetente Unterstützung: Arne Bastian, Rüdiger Boschen, Torsten Riffler

für journalistische Tipps: Dr. Hauke Hirsinger, Roland Schulz, Rita Schuhmacher, Astrid Sievert für das Lektorat und alles um das Buch: Marita Böhm, Simone Hasselmann, Lianne Kolf, Heike Plauert

für ausdauernde Rechercheunterstützung: Norman Petermann

Mordfälle, die das echte Leben schrieb

978-3-453-60287-8

Wann werden Menschen zu Mördern? Eine Frau tötet ihre Mutter, weil diese sie nicht vor den Übergriffen des Vaters geschützt hat. Ein Mann erschlägt seine Frau, weil sie droht, ihm die gemeinsame Tochter zu entziehen. Ein Baggerfahrer begräbt einen cholerischen Kollegen. Für uns unfassbar, für Josef Wilfling der Normalfall: Der Mordkommissar schildert seine Begegnungen mit den Tätern, erläutert ihre Motive und führt uns vor Augen, dass jeder zum Mörder werden kann. Ein Blick in die menschliche Seele und ihre Abgründe – ungeheuerlich und ergreifend!

Leseprobe unter **www.heyne.de**

Schockierende Fakten, brillant recherchiert

Jürgen Roth bei Heyne

978-3-453-62020-9

Jürgen Roth
Der Deutschland-Clan
Das skrupellose Netzwerk aus Politikern, Top-Managern und Justiz
978-3-453-62020-9

Jürgen Roth / Rainer Nübel / Rainer Fromm
Anklage unerwünscht!
Korruption und Willkür in der deutschen Justiz
978-3-453-64518-9

Jürgen Roth
Der tiefe Staat
Die Unterwanderung der Demokratie durch Geheimdienste, politische Komplizen und den rechten Mob
978-3-453-20113-2

Jürgen Roth
Gangsterwirtschaft
Wie uns die organisierte Kriminalität aufkauft
978-3-453-60202-1

Leseproben unter **www.heyne.de**   **HEYNE ‹**

Besuchen Sie den Heyne Verlag im Social Web

Facebook
www.heyne.de/facebook

Twitter
www.heyne.de/twitter

Google+
www.heyne.de/google+

YouTube
www.heyne.de/youtube

www.heyne.de